U0614632

我国高校思想政治理论课改革的实践逻辑

袁进霞◎著

中国水利水电出版社
www.waterpub.com.cn
·北京·

内 容 提 要

思想政治理论课是马克思主义学习研究传播的重要渠道,在高校教育事业中位居要津。

本书在总结思想政治理论课教学改革的经验教训的基础上,分析高校思想政治理论课教学改革的问题及成因,着力探求提高高校思想政治理论课教学质量的针对性和实效性的路径。

总体来看,全书结构完整、逻辑清晰、内容翔实。本书理论与实践相结合,宏观和微观相结合,对于加强思想政治理论课教学实效有着指导作用。适用于高校思想政治教育人员参阅。

图书在版编目（CIP）数据

我国高校思想政治理论课改革的实践逻辑 / 袁进霞
著. -- 北京 : 中国水利水电出版社,2018.2 (2024.10重印)
ISBN 978-7-5170-6317-9

Ⅰ.①我… Ⅱ.①袁… Ⅲ.①高等学校－思想政治教育－教学改革－中国 Ⅳ.①G641

中国版本图书馆CIP数据核字(2018)第028960号

书　　名	我国高校思想政治理论课改革的实践逻辑
	WO GUO GAOXIAO SIXIANG ZHENGZHI LILUNKE GAIGE DE SHIJIAN LUOJI
作　　者	袁进霞　著
出版发行	中国水利水电出版社
	(北京市海淀区玉渊潭南路 1 号 D 座 100038)
	网址:www. waterpub. com. cn
	E-mail:sales@ waterpub. com. cn
	电话:(010)68367658(营销中心)
经　　售	北京科水图书销售中心(零售)
	电话:(010)88383994、63202643、68545874
	全国各地新华书店和相关出版物销售网点
排　　版	北京亚吉飞数码科技有限公司
印　　刷	三河市同力彩印有限公司
规　　格	170mm×240mm　16 开本　17.5 印张　227 千字
版　　次	2018 年 9 月第 1 版　2024 年 10 月第 3 次印刷
印　　数	0001—2000 册
定　　价	84.00 元

导　言

十九大报告指出,新时期我们必须牢牢掌握意识形态工作的领导权,推进马克思主义中国化、时代化、大众化,推动中国特色社会主义理想深入人心。同时要不断培育和践行社会主义核心价值观,发挥社会主义核心价值观对国民教育、精神文化建设的引领作用。十八大以来,以习近平同志为核心的党中央在系列讲话和报告中曾多次强调思想政治教育的重要性。2016年12月召开的全国高校思想政治工作会议指出高校思想政治工作关系着高校培养什么人、如何培养人以及为谁培养人这样一个根本问题。习近平强调,我国高等教育的发展方向要同我国当代的发展目标联系在一起,坚持为人民服务,为中国共产党的治国理政服务,为巩固和发展中国特色社会主义制度服务,为改革开放和社会主义现代化建设服务。

思想政治理论课作为思想政治教育的主渠道,在高校教育事业中位居要津。教育部党组高度重视高校思政课建设,将2017年定为"高校思想政治理论课教学质量年"。加强和改进高校思想政治理论课教学,努力提升思想政治教育的科学性、实效性和吸引力,满足学生成长发展的需求和期待,是高校思想政治理论课教学改革的出发点和归宿。

《国家中长期教育改革和发展规划纲要(2010—2020年)》明确提出,要"牢固确立人才培养在高校工作中的中心地位,着力培养信念执着、品德优良、知识丰富、本领过硬的高素质专门人才和拔尖创新人才",并提出要"创新人才培养模式。遵循教育规律和人才成长规律,深化教育教学改革,创新教育教学方法,探索多种培养方式,形成各类人才辈出、拔尖创新人才不断涌现的局面"。

这就构成了思想政治理论课教学的出发点和落脚点。

本书共八章。第一章介绍了我国高校思想政治理论课改革的实践渊源,解析了高校思想政治理论课的发展历程和功能定位;第二章论述了我国高校思想政治理论课改革的实践演进,主要内容有高校思想政治理论课改革的"98 方案""05 方案"和高校思想政治理论课改革的演进理路三方面内容;第三章分析了我国高校思想政治理论课改革的实践基础,对高校思想政治理论课改革的机遇和挑战以及意义进行了论述;第四章对我国高校思想政治理论课改革的实践指引进行分析,主要就我国高校思想政治理论课改革的理论渊源、学科借鉴和国际视野进行了研究;第五章分析了我国高校思想政治理论课改革的实践现状,内容有我国高校思想政治理论课改革取得的成绩、存在的问题和影响因素三方面;第六章研究分析了当前我国高校思想政治理论课改革的实践探索,从运用现代技术、拓展实践教学、调动心理因素、提高教学艺术、深耕教材内容五个方面进行了探索;第七章为当前我国高校思想政治理论课改革的实践研究,包括研讨式、启发式、探究式和"3+2"教学模式四个方面;第八章阐述了当前我国高校思想政治理论课教学改革的实践保障,主要从深化高校思想政治理论课的学科体系改革、加强高校思想政治理论课的教学队伍建设、构建高校思想政治理论课的教学评估体系三个方面进行了研究。

本书理论与实践相结合,宏观和微观相结合,在总结经验教训的基础上,对高校思想政治理论课教学改革的问题及成因进行分析,着力探求提高高校思想政治理论课教学的针对性和实效性的路径,对于加强思想政治理论课教学实效有着指导作用。

总体来看,全书结构完整、逻辑清晰、内容翔实。本书在撰写过程中,参阅了部分同行专家、学者的相关著作、论文,吸取了诸多有益的成果、见解,在此致以诚挚的谢意。由于作者水平有限,书中难免有不妥之处,敬请同行专家、学者和广大读者批评指正。

作 者

2017 年 11 月

目　录

导言

第一章 我国高校思想政治理论课
改革的实践渊源

把高校思想政治理论课程作为一个重点研究的对象,全面、深入地研究它的发展历程、功能定位,使高校思想政治理论课程的实践建设得到一定程度上的加强,使高校思想政治理论课程在我国大学生思想政治教育中的应有作用得到全面、具体的发挥,这是新世纪新阶段我国高校思想政治理论课程建设面临的重大课题。

在经历了数次改革,特别是 20 世纪 90 年代末和 21 世纪初的两次改革之后,高校思想政治理论课成为集理论教育、思想教育、道德教育、政治教育为一体的教育体系,这一体系既富有综合性又富有层次性,既注重理论灌输又注重联系实际,其具体成果就是"98 方案"和"05 方案"。具体内容会在第二章进行论述,本章重点围绕高校思想政治理论课程的发展历程、功能定位进行论述。

第一节 我国高校思想政治理论课的发展历程

自 1976 年粉碎"四人帮"以后,特别是在党的十一届三中全会以后,在党中央领导下,高校思想政治理论课经过拨乱反正、恢复与重建,逐步适应改革开放和社会主义现代化建设的整体需要,形成了初步的体系。1989 年党的十三届四中全会以后,在以江泽民同志为核心的党中央领导下,坚持"两手抓,两手都要硬"的方针,在"三个代表"重要思想的指导下,高校思想政治理论课焕发出了新的蓬勃生机。2002年11月,党的十六大以后,在以胡锦涛为总书记的党中央领导下,坚持以科学发展观为主要指导思想,明确提出了"培育什么样的人,为谁服务"是高校思想政治理论课的首要任务。2012年11月,党的十八大把"立德树人"作为教育的根本任务,并采取了一系列的相关措施,由此开创了高校思想政治理论课前所未有的大好局面。2017年刚刚闭幕的十九大也提出加强思想道德建设的倡议,不断深化对高校思想政治教育的要求。

一、恢复与重建时期(1978—1984年)

在"文化大革命"期间,由于受到林彪、"四人帮"长达十年的破坏,导致全国高校遭受到一场史无前例的浩劫,特别是大学生思想政治理论课,在此期间遭到了严重的破坏,几乎变得面目全非、一无是处。

为了培养一批中国特色社会主义的接班人,1978年2月,邓小平在全国的教育工作会议上明确指出:"'四人帮',对教育事业的破坏,不仅造成科学文化的教育质量惊人下降,而且对学校的思想政治教育造成了严重的损害,使学校的纪律遭到败坏,使社会主义社会的革命风气受到了严重的腐蚀。'四人帮',在口头上把政治口号喊得特别响亮,实际上搞的是反革命反社会主义的政治,是用剥削阶级最腐朽最反动的思想来毒害青少年,制造'文盲加流氓'式的人物。彻底清除'四人帮'所造成的这种恶果,是关系到巩固无产阶级专政的一项极其严重的政治任务。"①邓小平的这番讲话在一定程度上为大学生思想政治理论课的恢复和重建提出了具有指导性的意见。

从1978年4月教育部办公厅发布《关于加强高校马列主义理论教育的意见》,到1979年5月发布《高校政治理论课的基本

---

① 邓小平文选(第2卷)[C].北京:人民出版社,1994:306.

情况和存在问题》,到 1980 年 7 月教育部印发《改进和加强高校马列主义课的试行办法》的通知,再到 1984 年 9 月中央宣传部、教育部印发《关于加强和改进高等院校马列主义理论教育的若干规定》的通知。这一系列文件的发布,都具体又明确地表述了对大学生思想政治理论课"恢复和重建"的轨迹。在这一时期,主要有以下几方面的问题需要得到解决。

(一)努力清除"文化大革命"对大学生思想政治理论课的影响

从 1977 年底开始,高校又一如既往地恢复了招生的具体制度,但是由于林彪、"四人帮"的影响并没有被彻底清除以及还伴有其他一些原因,就使得大学生思想政治理论课还存在不少的问题,尤其是体现在教师在进行讲授课的过程中明显地感到有一定的难度,对于学生而言,他们也不是特别愿意主动去学习。

整体来看,大学生思想政治理论课的教学效果不是很好、质量相对也不是特别高。"文化大革命"严重地影响了大学生思想政治理论课,确实有必要进行拨乱反正,肃清影响。

(二)从多方面论证思想政治理论课在高校中的地位

当时,高校思想政治理论课统一被称为是马列主义理论课,上述文件也分别从多个方面对该课程的重要地位进行了重点论述。因为马克思列宁主义、毛泽东思想作为我们党和国家的指导思想和理论基础的同时,还是全党、全军和全国人民的具体行动指南,一切革命者都必须对此认真地进行学习。列宁说:"没有革命的理论,就不会有革命的运动。"[①]毛泽东说:"不论是知识分子,还是青年学生,都应该努力学习,除了学习专业之外,在思想上要有所进步,政治上也要有所进步,这就需要学习马克思主义,学习时事政治。没有正确的政治观点,就等于没有灵魂。"[②]所以,马列主义理论课是社会主义高校的一门政治必修课。"开设马列主义

---

① 列宁选集(第 1 卷)[C].北京:人民出版社,1995:153.
② 毛泽东文集(第 7 卷)[C].北京:人民出版社,1999:226.

理论课,是新中国大学区别于旧中国大学,社会主义高校区别于资本主义高校的一个重要标志。"

由此可见,在我国高校开设相关的马列主义理论课,对大学生进行马列主义、毛泽东思想基本理论的教育,是社会主义高校的特点和优势的体现,这对所有的学生来说都是大有裨益的,也是十分必要的。这也是社会主义高校的性质和马列主义、毛泽东思想基本理论的指导作用所决定的,从而也决定了马列主义理论课在我国高校中的重要地位。

(三)强调思想政治理论课的教学方针

当时的一系列文件还重点强调了关于思想政治理论课教学的方针,主要包括以下几个方面。

1.坚持教学上的拨乱反正

对高校马列主义理论课的教学进行一定程度的改进和适度的加强,必须始终做到坚持党的政治路线和思想路线,解放思想,坚持四项基本原则,把林彪、"四人帮"的流毒彻底清除,从根本上做到拨乱反正。

2.发扬理论联系实际的学风

教师必须按照课程中所规范的科学体系,把最基本的原理讲清楚的同时,还要与客观实际密切地联系起来。客观实际是多方面的,有历史实际、国内外形势实际、学生的思想实际和专业实际等。要根据教材内容有机地联系,着重联系我国社会主义现代化建设的实际和学生的思想实际,引导学生运用基本原理分析研究实际问题,进一步加深对理论的领会,把思想放端正,提高觉悟。

通过相关的调查,对思想政治理论课的理论联系实际的具体状况作了以下分析。

第一种情况,有些问题教师既能讲清理论,也能联系实际。

第二种情况,有不少问题教师能够讲清理论,但很难结合实际。例如当时政治经济学中讲社会主义国家的国民经济有计划按比例发展规律问题。由于"文革"前后国家近数十年来没有发表具体数字,教师就无法结合实际数字进行说明。

第三种情况,有大量问题教师既无法讲清理论,也无从联系实际。例如国际共运史中对南斯拉夫的前后评价问题。

因此,教育部采取的办法是:集中思想政治理论课中的疑难问题,商请中央有关理论部门和专家帮助解决。对有些理论性的问题,教育部和省市教育部门将分别组织讨论会或科学报告会来解决。[①] 这种权宜之计在当时发挥了很大的作用。

3. 坚持科学性和党性相一致的原理

马列主义、毛泽东思想的基本原理具有严密的科学性和鲜明的党性,是我们党制定路线、方针和政策的一种理论基础。

对马列主义课程的相关教学,必须做到始终坚持马列主义、毛泽东思想的科学性和党性,为全党全国人民的最大政治——实现社会主义现代化建设服务。

(四)确定改革课程设置和教材内容

当时的文件就明确做出了相关的规定,"马列主义公共理论课一年级设《中共党史》;二年级设《政治经济学》;三年级设《哲学》;文科四年级设《国际共产主义运动史》"[②],其教学时数:"文科四年制本科(含艺术院校的理论、创作、编导专业)一般占总学时的 20%左右,每门课最低不少于 105 学时;四年制外语专业按文科开设马列主义的各门课程,每门课最低不少于 80 学时;理工农医等四年制本科和艺术院校的技巧、表演专业占总学时的 10%左

---

① 教育部社会科学司.普通高校思想政治理论课文献选编[C].北京:中国人民大学出版社,2008:72—73.

② 教育部社会科学司.普通高校思想政治理论课文献选编[C].北京:中国人民大学出版社,2008:76.

右,每门课最低不少于 70 学时。"自习与课堂教学时间比例为
1∶1,要列入课程表,由任课教师掌握。任何学校和个人都不能
任意减少和侵占马列主义理论课的时间。①

由于当时的"教材对当代出现的许多新情况和新问题缺乏新
的理论概括,不能适应形势发展的需要"。为了对这种状况做出
相应的改变,文件明确指出,"马列主义理论课教材必须阐述社会
主义社会发展的客观规律,反映中国社会主义现代化建设的新经
验,分析当代世界政治经济发展的新现象和科学技术发展对于社
会生活和经济发展的影响,科学地阐明马克思主义是人类历史上
优秀思想文化成果的继承和发展,逐步地建立起具有中国特色的
教材体系"②。

(五)提倡新的教学制度、教学环节和教学方法

(1)马列主义理论课在各类专业课程中,都应该属于一门必
修课程,无论是被当作选修或是免修都是不可行的。而且同时关
于这一课程,每个学生都必须认真地进行相关学习,只有这样才
能够达到教学计划和教学大纲所规定的具体要求。

(2)课堂讲授是马列主义理论课教学的主要环节和基本形
式。③ 当时有明确的规定,要求教师应该在进行讲授的同时也要
不断地使自身的讲授水平得到一定程度的提高,对于学生的学习
和具体思想情况要随时做到有较为清晰的了解和掌握,对于一些
不太适合学生的教学方法要及时地做适当改进,从而引导学生主
动积极地学习。而至于学生,就必须明确马列主义课的主要目的
和具体要求,做到在上课时专心听讲,不搞小动作,严格遵守课堂
纪律,不旷课不打闹,积极维护教学秩序。

---

① 教育部社会科学司.普通高校思想政治理论课文献选编[C].北京:中国人民大
学出版社,2008:96.

② 教育部社会科学司.普通高校思想政治理论课文献选编[C].北京:中国人民大
学出版社,2008:96.

③ 石云霞.高校思想政治理论课程建设史研究[M].武汉:武汉大学出版社,
2006:93.

(六)提出加强教师队伍建设的种种措施

文件对大学生思想政治理论课教师的主要职责做了进一步的明确,提出教师的职责主要是从事相关的教学和科研。

(1)要把思想政治理论课教师的积极性充分地调动起来,鼓励他们全心全意地把课程教学的光荣任务顺利完成。

(2)对师资队伍进行积极的补充,中国人民大学等重点大学应每年针对一些较为优秀的毕业生、研究生实施选留计划,这样一来,就可以使大学生思想政治理论课师资队伍逐渐地充实和壮大起来。

(3)对思想政治理论课教师的学习、工作条件要进行切实的改善,同时有一定的保证。首先,能够保证教师每周有 5/6 的时间用于进行单独的教学和科研;其次,原则上凡发到县、团级的内部文件,都应让党员教师进行重点阅读;最后,再向非党员教师详细地传达。[①]

(4)对思想政治理论教师进行合理的培养,使他们的能力能够得到不断的提高。

正是得到了党中央和邓小平的鼎力支持,大学生思想政治理论课的改革发展在拨乱反正中逐渐有了可观的起色。在经过五六年的不懈努力之后,"文化大革命"的流毒基本被全面肃清,大学生思想政治理论课的改革发展逐渐走上了正道,越来越受到广大学生的热烈欢迎。

二、改革与规范时期(1985—1997 年)

(一)新形势对思想政治理论课改革发展提出新要求

随着在理论上和实践上进行拨乱反正,在各方面集中进行的

---

① 教育部社会科学司.普通高校思想政治理论课文献选编[C].北京:中国人民大学出版社,2008:89.

相关努力下,大学生思想政治理论课在很大程度上取得了可喜的成果。但是,随着改革开放影响的不断深入,思想政治理论课并没有如释重负,反而面临很大的现实和理论的挑战,这就进一步表明了思想政治理论课仍需要不断地改革发展。

1. 大学生思想政治理论课受到西方各种思潮的影响

随着开放的形势,西方各种思潮如新自由主义、历史虚无主义等开始涌入中国,对学生、人民形成了一定的影响。

邓小平后来在总结1989年的"政治风波"时指出:"十年最大的失误是教育,这里我主要是讲思想政治教育,不单纯是对学校、青年学生,是泛指对人民的教育。"[①]邓小平还指出:我国虽进行思想政治教育,却对"坚持四项基本原则还不够一贯,没有把它作为基本思想来教育人民、教育学生、教育全体干部和共产党员"[②]。

把邓小平的指示进一步落实,始终坚持四项基本原则,成了这一时期大学生思想政治理论课改革的主基调。

2. 大学生思想政治理论课仍是以灌输为主

尽管按照列宁的灌输理论,在思想政治理论课中对大学生进行马克思主义理论灌输有其一定的合理性和必要性,因为在当代中国大学生中,马克思主义是不可能自发地产生的,但是中国大学生对于马克思主义的方式却是持着认可和接受的观念,与当时列宁所分析的20世纪初的俄国工人阶级认知和接受马克思主义的方式相比已经有了翻天覆地的变化。

同时,改革开放以来,中国大学生对政治理论学习与对其他专业理论学习一样有很强的主体性和自我选择性,这也就不难解释他们对于各种理论灌输和方法本身存在一种逆反心理。

因此,当时以灌输为主要方法的大学生思想政治理论课的教

① 邓小平文选(第3卷)[C].北京:人民出版社,1993:306.
② 邓小平文选(第3卷)[C].北京:人民出版社,1993:305.

育效果并不能达到人们的期望,这就需要改革发展。①

3.大学生思想政治理论课的传统教育模式已难以适应学生需求

由于在对马克思主义理论和党的方针、政策进行深刻的理论及实践的研究和符合时代特点的表达上不是特别的充足,这也就不可避免地导致大学生思想政治理论课中缺少一定的实践性,只凭借空口讲授一些泛泛的理论或口号,这些理论或口号在一定意义上来说虽然也是符合马克思主义的,但是如果与现实的政治经济情况比起来,却依旧有着较大的差异,由于表达方式和相关语境也多是书面形式的和较为传统的,学生并不是很感兴趣。

同时,对于这些空泛的理论或口号来说,它们还不具稳定性,总是经常变换,于是如此反反复复,久而久之,最终使学生对思想政治理论课从最开始的不感兴趣,到逐渐产生抵触情绪,他们自身也会有一种思想,认为思想政治理论课光走表面形式,对于实际过程中出现的问题根本没有办法解决,这也就进一步地说明了思想政治理论课需要做出相关的改变,不能原地徘徊,而应对原先的注重"大而空"的教学模式进行整体的改革。

(二)新时期大学生思想政治理论课的新特点

1985 年 8 月,中共中央发出《关于改革学校思想品德和政治理论课程教学的通知》,这就意味着"85 方案"的诞生,"85 方案"的诞生,标志着新的思想政治理论教育改革的全方面启动。我们把 1985 年至 1997 年这个时期,称为大学生思想政治理论课的改革和规范时期,这也是在恢复和重建时期的基础上所进行的进一步具体深化。这一时期有着以下新特点。

(1)把高校的德育体系全面地落实了下来,大学生思想政治理论课不再是以往单一、零散的马克思主义理论课,而是在进行相关改革之后逐步发展成了马克思主义理论课和共产主义思想

———————————
①　忻平.通幽曲径——马克思主义理论最新成果进高校思想政治理论课方法研究[M].上海:上海大学出版社,2011:25.

品德课的统一。

由此,大学生思想政治理论课教育正式被简称为"两课"教育。

(2)全面形成高校学生从专科生、本科生到研究生的大德育体系,对研究生思想政治理论课的地位、课程设置等重要内容进行专门的阐述。在进行相关的思想政治理论课的改革发展中,"85"方案特别注重理论联系实际,旗帜鲜明地要始终做到坚持四项基本原则。

总之,1985—1997年,大学生思想政治理论课形成了"两课"大德育的体系,形成了从专科、本科到研究生的高校大德育的体系,"两课"课程在改革的过程中也变得越来越规范。同时,随着理论联系实际的重视和不断加强,"两课"课程在规范中也逐渐取得了改革性的突破。

三、反思与发展时期(1998—2004 年)

邓小平在 1992 年进行的"南方谈话"和 1992 年 10 月召开的党的十四大,使我国的改革开放进入到了一个全新的发展阶段。同样,大学生思想政治理论课的改革建设也进入到了一个新的发展阶段。

(一)从邓小平理论"三进"到"三个代表"重要思想的"三进"

邓小平理论进课堂是人们不断反思最终得出的一种结果。对于当时大学生思想政治理论课所存在的一些主要问题,大家深深地感到,还缺少一门有针对性的课程相对集中地专门讲授邓小平理论这一当代中国的马克思主义,这一重要的课程建设必须以中国特色社会主义为指导思想,因而人们迫切地希望邓小平理论能够进课堂、进教材、进到学生头脑。

1994 年 1 月,江泽民在全国宣传思想工作会议上的讲话中提出:"必须以科学的理论武装人,教育系统要编写建设有中国特色社会主义理论的教材,作为学校政治课的主要内容。"明确地提出了邓小平理论进教材、进课堂、进学生头脑的"三进"要求。

在党中央的重视和在各级组织不断地呼吁下,1993年以来,全国一些高校试点对邓小平理论概论课程实施了开设,这一课程的开设取得了良好的效果,学生对这一课程表现出热烈的欢迎。但是,尽管邓小平理论的重要性越来越得到人们的认识,但最终邓小平理论概论课程并没有成为全国所有高校的必修课。这一点是大家需要进行反思的。

1998年4月,中央政治局常委会专题讨论并批准了大学生思想政治理论课改革发展的新方案,明确要求要在所有高校开设邓小平理论概论课程,对邓小平理论要进行全面、系统的讲授,使邓小平理论进课堂、进教材、进学生头脑。这就进一步说明,党中央对"两课"教育教学改革工作的高度重视和关怀,对年青一代成长为中国特色社会主义事业的建设者和接班人的殷切期望。

时任教育部社会科学与思想政治工作司司长顾海良教授对"98方案"进行了简单的概括,"98方案"具有以下三个显著特点。

(1)新方案如实地反映了党的第三代领导集体对高校"两课"建设的高度重视。

(2)新方案体现了党的第三代领导集体对高校政治课建设,特别是对高校马克思主义理论与思想政治教育目标和要求的殷切期望。

(3)新方案重点强调以邓小平理论教育作为中心。

"邓小平理论概论"作为一门独立的大学生思想政治理论课能够开设出来是中央重视的最终结果,同时也是来自学生们需要的如实反映,还是我们对思想政治理论课反思的最终产物,也是思想政治理论课改革发展的必然结果。它告诉我们:思想政治理论课不能停滞不前,必须随着改革的发展而进一步发展。这就为以后"三个代表"重要思想进课堂、进教材、进学生头脑的"三进"工作加入思想政治理论课奠定了扎实的基础。

"始终代表中国先进生产力的发展要求,始终代表中国先进文化的前进方向,始终代表中国最广大人民的根本利益",这"三个代表"重要思想对中国共产党的工人阶级性质和全心全意为人民服务的根本宗旨进行了充分的体现。

总结基本经验,我们党在新民主主义革命、社会主义改造、社会主义现代化建设中之所以能够取得胜利和成功,根本原因就在于坚持了"三个代表"。因此,"三个代表"重要思想是我们党的"立党之本、执政之基、力量之源。"

为了全面推进"三个代表"重要思想的"三进"工作,2001 年 7 月教育部颁发了《关于普通高校"两课"教育教学中贯彻江泽民同志"七一"重要讲话精神的通知》,为"三个代表"重要思想的"三进",提出了具有指导性的重要意见。

2003 年 2 月,教育部颁布了《关于进一步深化"三个代表"重要思想"三进"工作的通知》,进一步保证了"三个代表"重要思想的"三进"。这标志着通过反思,大学生思想政治理论课的发展在一定程度上重点突出了马克思主义的中国化和时代化,进一步说明了马克思主义必须与各国实践相结合的实践性特征,以及马克思主义与时俱进的理论品格。

(二)思想政治理论课教师思想政治素质提高和学位提升

随着大学生思想政治理论课对马克思主义中国化和时代化的要求逐步突出,人们也慢慢认识到这同时对师资的要求也就更高,因为原有的大学生思想政治理论课教师,就其自身的学科背景而言,虽然整体上来说比较广泛,其中有学哲学的、学政治经济学的、学史学的、学法学的、学心理学的、学思想政治教育学的,但是,却从来没有专门学习马克思主义中国化和时代化的。这就需要教师进一步学习和深入研究。

经过多年的经验证明,思想政治理论课的教学还是存在一定的难度的,而且它的难度并不低于其他课程,而且对教师的要求相当严格,在某种程度上甚至要高于其他课程。[①] 所以,1998 年

---

① 艾四林.思想政治理论课新体系与教师队伍建设研究[M].北京:清华大学出版社,2008:9.

后,为了能在一定程度上合理、有效地提高思想政治理论课教师的理论水平和学术水平,中央相继提出了各种相关的措施。其中影响最大的、对思想政治理论课教师意义深远的是 1999 年 12 月教育部、国务院学位委员会颁布的《关于开展高校"两课"教师在职攻读硕士学位工作的通知》。

总之,1998—2004 年是大学生思想政治理论课的反思与发展的重要阶段,经过不断地反思,开设了一门对当代中国马克思主义的邓小平理论概论进行专门集中讲授的课程,促进了"三进",进一步推动了大学生思想政治理论课的改革发展。另外,经过反思,还专门开展了高校"两课"教师在职攻读硕士学位工作,为大学生思想政治理论课改革发展奠定了坚实的师资队伍基础。

四、支撑与前进时期(2005 年至今)

进入 21 世纪以后,无论是国际形势还是国内形势,都在不同程度地发生着深刻的变化,这就使大学生思想政治教育面临的环境更为艰巨,既有一定的有利条件,又有一定的严峻挑战。

(一)坚持改革创新,完善大学生思想政治理论课的课程体系

2005 年 2 月,中共中央宣传部、教育部发出《关于进一步加强和改进高校思想政治理论课的意见》,提出了关于高校思想政治理论课的新的课程设置,进一步完善高校思想政治理论课的新的课程体系,这就是"05 方案"。①

1.根据大学生思想政治理论课改革方案建立新的"05 方案"课程体系

对大学生思想政治理论课进行不断加强和改进的基本环节

---

① 石云霞.高校思想政治理论课程建设史研究[M].武汉:武汉大学出版社,2006:197.

就是要科学合理地对课程进行相关的设置。《关于进一步加强和改进高校思想政治理论课的意见》对新的课程设置提出了更为具体、明确的意见。

新的课程体系主要是四年制本科的课程设置,一共有4门必修课。具体包括:①"马克思主义基本原理概论";②"毛泽东思想、邓小平理论和'三个代表'重要思想概论";③"中国近现代史纲要";④"思想道德修养与法律基础"。

同时,开设了相关的"形势与政策"课。另外,还开设了"当代世界经济与政治"等选修课。

"05方案"新的课程体系是在"98方案"课程体系的基础上所进行的相关改革发展而来的,与"98方案"课程体系相比起来,"05方案"更具有一定的时代性、科学性和有效性等突出的优点。

总之,新课程体系对于新形势下的思想政治理论课改革发展的要求进行了一个全面、系统的体现。

2. 新的"05方案"大学生思想政治理论课教材的特点

想要重点把思想政治理论课的教学水平在一定程度上有效地进行提高,一个重要的前提就是保证教材的高质量。

由于得到中央的重视,举全国之力,4门新编教材具有以下一些显著特点。

(1)具有一定的科学性、权威性以及严肃性。

(2)具体体现了思想政治理论课的思想政治教育功能。

(3)具有较强的针对性和可读性。

整套四本思想政治理论课教材,被普遍认为有着新颖的内容、鲜明的观点、流畅的文字,是具有很强科学性、思想性和可读性的一种精品教材,也因此被誉为是改革开放以来优秀的大学生思想政治理论课教材之一,马克思主义理论研究和建设工程重要的阶段性成果之一,我国哲学社会科学界的重要学术成果之一。

（二）马克思主义理论研究和建设工程对学科的支撑

1.马克思主义理论研究和建设工程的提出和实施

有关马克思主义理论研究和建设工程主要始于 2004 年初。2004 年 1 月，中共中央发表《关于进一步繁荣发展哲学社会科学的意见》，正式提出马克思主义理论研究和建设的相关工程。实施马克思主义理论研究和建设的工程，对于巩固党的执政地位具有十分重大的意义。同样，对于大学生思想政治理论课的改革发展，在学科上有着一定的支撑作用和指导意义。

对马克思主义理论研究和建设工程进行相关的实施，是为了进一步加强和改进大学生思想政治理论课的基础，以学科建设支撑课程建设是大学生思想政治理论课改革发展的新起点——支撑与前进时期的一个突出特点。

2.高校马克思主义理论学科建设的演进

为了使马克思主义理论学科建设不断地加强，早在 1996 年，国家就批准武汉大学、清华大学设立相关的"马克思主义理论教育与思想政治教育"博士学位授权点；同年，中国人民大学的"马克思主义理论教育"博士点更名为"马克思主义理论教育与思想政治教育"博士点。1997 年 6 月，国务院学位委员会、国家教委把原来的"马克思主义理论教育""思想政治教育"两个学科进行了一定程度的整合，在法学门类政治学一级学科下改设"马克思主义理论与思想政治教育"专业，受教育者一般被授予法学硕士、法学博士学位。

经过多年努力，到 21 世纪初，全国已有 100 多所高校设立了本科专业、硕士点，近 30 所高校设立了博士点。学科从无到有的一系列过程初步形成了结构合理、层次齐全、相对独立的学科体系。2002 年，中国人民大学、武汉大学、中山大学三个"马克思主义理论与思想政治教育"学科点被评为国家级重点学科。有学者认为,这标志着马克思主义理论学科建设已经取得了相当的成功。

随着 2005 年 12 月国务院学位委员会、教育部《关于调整增设马克思主义理论一级学科及所属二级学科的通知》的颁布,学科点有了更迅猛的发展。到 2011 年 3 月,国务院学位委员会又增列了 12 个马克思主义理论一级学科博士点,29 个马克思主义理论一级学科硕士点。这样,马克思主义理论学科已完成了基本合理、覆盖面广泛的学科点布局,在层次上形成了比较齐全、结构相对来说比较合理、相对独立的学科体系。

正因为自 2005 年至今,马克思主义理论研究和建设工程的推出和实施,为大学生思想政治理论课的改革发展提供了强大的理论支撑,为大学生思想政治理论课的改革发展创造了一定的条件,进一步推动了马克思主义学科发展和大学生思想政治理论课的进步。因此,我们把这一时期称为支撑与前进时期。

总之,在"文革"结束之后,尤其是十一届三中全会后,大学生思想政治理论课改革的发展进程大概经历了四个时期。这四个时期相互继承,不断发展,最终构成了大学生思想政治理论课改革发展的基本历程。

第二节　我国高校思想政治理论课的功能定位

高校的思想政治理论课程是大学生思想政治教育的主渠道,因而它在大学生思想政治教育过程中有着不可替代的作用,有着十分重要的地位。然而,我们对高校思想政治理论课程的地位和作用没有十分到位的理解,针对这一点,就需要把高校思想政治理论课程作为科学研究对象来做进一步的研究和具体把握。这就需要先搞清楚思想政治理论课程的具体性质,然后再深入探讨它在整个高校教育课程体系中所处的地位和作用,对其具体功能做好定位。

一、高校思想政治理论课的性质

中央有关文件和意见规定都十分明确地对思想政治理论课程的主要性质做了相关规定,1949 年 9 月,中国人民政治协商会议第一届全体会议通过的《中国人民政治协商会议共同纲领》中就明确指出:"人民政府的文化教育工作,应以提高人民文化水平、培养国家建设人才、肃清封建的、买办的、法西斯思想,发展为人民服务的思想为主要任务。"在高校"废除反动课程(国民党党义、六法全书等),添设马列主义的课程,逐步地改造其他课程"。

1950 年 6 月 1 日至 9 日,教育部在北京召开了全国高校会议,会议通过了《关于实施高校课程改革的决定》(1950 年 7 月 28 日由政务院批准),决定明确指出:"全国高校应根据共同纲领四十一条和四十七条的规定,废除政治上的反动课程,开设新民主主义的革命政治课程,借以肃清封建的、买办的、法西斯主义的思想,发展为人民服务的思想。"会议通过的另一个文件《高校暂行规程》(教育部 1950 年 8 月 14 日颁布)也针对这一思想作了重申。这些文件都明确规定了思想政治理论课程的具体性质和任务。

教育部在 1980 年 7 月 7 日颁布的《改进和加强高校马列主义课的试行办法》指出:"我国高校开设马列主义课,对学生进行马列主义、毛泽东思想的基本理论教育,体现了社会主义高校的特点和优点,对各系专业的学生都是十分必要的。社会主义高校的性质和马列主义、毛泽东思想基本理论的指导作用,决定了马列主义课在整个高校中的重要地位。"明确提出所谓的思想政治理论课程其实就是为了进一步体现社会主义性质的一门课程。

中央宣传部、教育部 1984 年 9 月 4 日印发的《关于加强和改进高校马列主义理论教育的若干规定》指出:"马克思主义是我们党和国家的行动指南,是培养学生无产阶级世界观和共产主义道德的理论基础。把马列主义理论课作为必修课,是社会主义大学区别于资本主义大学的重要标志。所有大学生都必须认真学好这门课程。"这又针对思想政治理论课程的性质做了重要的强调,并重点提出思想政治理论课程是每一个学生的必修课程。

1994年8月31日《中共中央关于进一步加强和改进学校德育工作的若干意见》指出:"学校政治理论课和思想品德课是系统地对学生进行马克思主义理论教育和品德教育的主渠道和基本环节,要重点进行内容和方法的改革。"1995年10月24日,国家教委印发的《关于高校马克思主义理论课和思想品德课教学改革的若干意见》指出:"对青年学生系统进行马克思主义基本理论和思想品德教育,是社会主义大学的本质特征之一。高校'两课'是高校思想理论教育的主渠道和主要阵地,是每个大学生的必修课程,'两课'教学为培养德、智、体等方面全面发展的社会主义事业的建设者和接班人,发挥了不可替代的功能和重要作用。"这又再一次强调了把思想政治理论课程定位为能够体现社会主义本质特征的课程之一,既是高校思想理论教育的主渠道和主要阵地,同时也是每个大学生所必修的一门课程。

2004年8月26日《中共中央国务院关于进一步加强和改进大学生思想政治教育的意见》进一步重申:"高校思想政治理论课是大学生思想政治教育的主渠道。思想政治理论课是大学生的必修课,是帮助大学生树立正确世界观、人生观、价值观的重要途径,体现了社会主义大学的本质要求。"在新的历史条件下,又一次明确了思想政治理论课程在大学生思想政治教育中的重要地位和作用。

二、高校思想政治理论课程的地位

在上述相关内容中,提到的相关文件已经对思想政治理论课程的具体地位进行了明确的规定,主要就是思想政治理论课程是大学生思想政治教育的主渠道,但是,现实情况却不是如此,在具体实施思想政治理论课的过程中,由于对"主渠道"中的"主"字所蕴含的意义有着不同的认识,于是就出现了两种思想方面的认识偏差。

第一种主要就是把对思想政治理论课程中的主渠道片面地理解成了"唯一主要渠道",于是相对地就把哲学社会科学课程以及其他所有的课程和所有的教育教学活动自然而然地当成了"次要渠道或辅助环节"。这样一来,思想政治理论课程的地位和作用就在一定程度上被抬高了。

第二种则是过于片面地把所有高校的各门课程都看成了具有育人的主要功能,特别是在我国高校之中,这种现象十分普遍,认为只要是建立在马克思主义理论基础上的哲学社会科学课程都具有重要的思想政治教育功能,而且还觉得进行相关的思想政治教育内容完全可以通过各门课程予以渗透进行,所以有了这种思想以后,认为设立专门的思想政治理论课就没有必要了。这种观点和想法不但贬低了思想政治理论课程所具有的专门育德的功能,而且还在一定程度上削减、弱化了思想政治理论课程。

因此,思想政治理论课程之所以没有被正式建立起来,主要是因为这种观点和想法的长期存在所造成的影响,使得思想政治理论课程只能长期徘徊在高校教育教学体制之外,课程建设也只能采取强制的、行政的手段来进行,这种种行为都严重影响了思想政治理论课程建设的具体效果。

以上所论述的两种认识偏差,从形式上来看,主要是对大学生思想政治教育内部各组成部分之间关系的误解,但是,实质上却严重地反映了人们在思想政治教育主导性与多样性辩证关系理解上的一个误区。

(一)思想政治理论课程主渠道地位的理解

1.思想政治理论课程与哲学社会科学课程及其他各门课程的辩证关系

思想政治理论课程与哲学社会科学及其他各门课程既有联

系也有一定的区别，它们有着不同的概念，也有着不同的属性。哲学社会科学具有知识的属性，按照一般的理解，它是人们在认识和改造社会的实践过程中形成的，积淀并传承了一定的知识结晶，各种门类的知识构成了哲学社会科学的学科体系。而思想政治理论课程具有工作的属性，它主要是对特定的人群进行一种世界观、人生观、价值观和道德观的塑造。由于概念和属性上的不同，思想政治理论课程与哲学社会科学无论是在目标定位、任务确定、工作建制还是包括人员配置上也是有一定的区别的。

当然，就高校的实际情况来看，思想政治教育是一个很大的概念，思想政治理论课程只是其中的一个方面。因思想政治理论课程有其特殊性，它是中国社会主义高等教育培育人才的一种独特机制，因此与哲学社会科学有着一定的内在关联。

课堂教学活动是高校举行的各种教育活动中最基本、最核心、最稳定的一种教育活动，它把人类文明所产生的思维成果进行了集中的反映，是人类在对世界进行不断认识、改造的一种成果的结晶，是一种具有强大的带有理性的感召力，在各种类型的思想政治教育活动中，都占据着不可替代的主导性地位。

因此，《中共中央国务院关于进一步加强和改进大学生思想政治教育的意见》也明确指出，应该让课堂教学在大学生思想政治教育中的主导作用得到充分的发挥，并把课堂教学分成重要的三个组成部分，分别是思想政治理论课程、哲学社会科学课程和其他课程，其中思想政治理论课程是大学生思想政治教育的主渠道，而哲学社会科学课程负有思想政治教育的重要职责，各门课程都具有相关育人的功能，这也就科学地界定了课堂教学主导作用中各种不同类型课程之间的辩证关系。

2.思想政治理论课程教学内容的主导性与各种思想政治教育资源的多样性的关系

思想政治理论课程是专门培养学生的思想政治素质的一门

课程,它把特定时期的社会不断积累的思想政治观念、道德规范、价值观念及行为模式等进行了一个高度的概括与浓缩,这是对一个社会占主导地位的意识形态的集中体现。当然,统治阶级为了能够进一步确保自己的思想和意识形态,让其成为占有统治地位的思想,不仅要让统治阶级思想的主导性作用要发挥在所有学校课程中,而且还有针对性地设计了能够反映统治阶级意识形态的课程。

对于哲学社会科学课程和其他课程而言,它们都会具有较为丰富的思想政治教育资源,但是它们所具有的政治教育功能并不是完整的,这就急需一种具有针对类型的课程进行整合。而思想政治理论课程除了其本身能使学生思想政治素质的功能得到有效的提升,与此同时,还具有整合其他类型、性质的课程内容的功能。

所以,通过思想政治教育理论课程对其进行相关的整合再合适不过了,经过思想政治理论课程的整合后,学校范围内各种所蕴含的思想政治教育因素都在一定程度上得到了合理的整合,这在一定程度上对学校课程今后的思想政治方向有了一个充足的保证,也使主导性和多样性的统一体现了出来。

3.思想政治理论课程作为对大学生进行思想政治教育主渠道的必然性

对大学生进行系统的马克思主义理论教育,是思想政治理论课程要担负的一项艰巨的任务。马克思主义意识形态之所以和资产阶级和一切剥削阶级意识形态有很大区别,就在于其他一切带有阶级的意识形态都可以在旧的剥削阶级的土壤里自发地产生,而马克思主义意识形态需要同一切旧的剥削阶级意识形态及其他观念做斗争,进行彻底决裂。

当然,社会主义意识形态需要经历一个漫长的过程,它不可能在工人运动中自发地产生,必须要经历从外部由外而内的过程。马克思主义意识形态、思想观念是一种系统化、理论化的思想体系，并不是一种零星的、具体的观念，因此，想要实现这种系统的、理论化的思想观念体系仅仅依靠"附加"在其他课程之上是不可能实现的，而需要一定的相互联系的课程对大学生进行系统教育。

因此，对于思想政治理论课，我们应该进行合理运用，充分发挥思想政治理论课在大学生思想政治教育中的主渠道作用，但是，这里需要强调一点的是，不能因为要发挥思想政治理论课程的主渠道作用就过于简单、片面性地把思想政治理论课程看成是一门非常主要的课程，而忽略了其他课程，把其他课程直接视为次要或不重要的课程，更不能因为其他课程中会具有思想政治教育的相关功能就对思想政治理论课程的重要作用予以忽视和否定。我们应该正确认识思想政治理论课程，使之真正成为对大学生进行思想政治教育的主渠道。

（二）高校思想政治理论课程地位的提升

1.处理好数量与质量的关系

在使思想政治理论课程的主导性得到有效提高的同时，关于思想政治理论课程的相关数量与质量的关系也需要做好得当的处理。对于思想政治理论课程的主导性建设要不断加强，而且对于思想政治理论课程的具体数量应该做到相关的保障，如果思想政治理论课程没有足够的数量，那么想要提高其主导性几乎是一场空谈。

从中华人民共和国成立以来对于思想政治理论课程所进行的相关设置的具体历史演变来看，改革开放以前思想政治理论课的学时比例大约占到学生在校总课时数的 $10\%\sim15\%$；改革开放以后逐渐调整到了 $10\%\sim12\%$；由于高校对于课内学时进行了普遍的精减，而使课外学时得到了相应的增加，因此，无论是对于专业课来讲还是对于公共课而言，都存在着课时数量逐步减少的问题，保证课时一定的合理比例是非常有必要的。

但是,提高思想政治理论课程的主导性不仅仅是体现在其数量方面的,正如邓小平所说:把坚定正确的政治方向放在首位,"这并不是说要把大量的课时用于思想政治教育。学生把坚定正确的政治方向放在第一位,这不仅不排斥学习科学文化,相反,政治觉悟越是高,为革命学习科学文化就应该越加自觉,越加刻苦"。①

因此,要想把思想政治理论课程的主渠道作用充分地发挥出来,使思想政治理论课程的质量得到有效提升是最关键之处,而提升思想政治理论课程的质量重点就在于把课程内容和思想的先进性及科学性进行有效的提升,在于提升其对哲学社会科学和其他课程及各种教育因素、途径、力量、影响的具体控制力。

2.处理好直接与间接的关系

思想政治理论课程对学生具有直接的德育作用。但是哲学社会科学和其他课程也在一定程度上为使学生思想政治素质得到有效提升奠定了一个良好的知识基础,并且可以间接地使学生的思想政治素质有一定程度的提升。

在发挥课堂教学主导作用的过程中,从主观角度来说,思想政治理论课程能够起到十分重要的直接作用,可以把哲学社会科学课程和其他课程所提供的思想政治教育信息进行适当的整合,如果没有思想政治理论课程的主导和整合作用,那么,可想而知,哲学社会科学课程和其他课程所提供的思想政治教育信息只是杂乱无章的甚至还会存在相互抵消的教育因素。

但是,从客观角度来说,思想政治理论课程毕竟在整个高校课程体系中占有的数量不多,没有其他各种课程及课程体系的数量庞大,它们几乎贯穿了整个教育的全过程,并且对于学校教育而言,它们是为了能够促进学生在德、智、体等方面得到全面发展的一种教育,这也就在一定程度上决定了学生花费了大量的精力

① 邓小平文选(第2卷)[C].北京:人民出版社,1994:104.

和时间用在了全面的、所有各科课程的学习上，他们的思想品德和许多政治观点，往往都体现在对专业进行学习的过程中。

因此，凡是脱离了其他各种课程形态的思想政治理论课程教育活动，只能算是被列宁所批评过的那种"纯而又纯"的"马克思主义理论教育的直路"。这就说明思想政治理论课程教育同其他各种类型的课程教育结合起来是非常有必要的，把直接德育与间接德育的关系适当处理好，思想政治教育的效果才能得到明显、充分的体现。

3. 处理好理论教学与实践活动的关系

就思想政治理论课程本身来说，它具有一定的内在的科学性、逻辑性和系统性，是一种具有很强的理论性的理论课程。但是同时，思想政治理论课程还具有一定的特殊性，这个特殊性恰恰又在于其所进行的相关教学活动不能仅仅单纯地停留在理论教学本身，而必须要把这种强大的理论作进一步的转化，具体转化成为学生的一种思想政治素质，以重点提升学生的思想政治素质为主要核心目标，而要想使一个人超越自身体验的局限性，扩展成为一种宏观的思想政治观念，最好的方法就是使其参加到社会实践之中，在不断进行实践的过程中使自身的知识才干有所增加，进而对理论进行相关的验证并在此基础上形成一种新的理论观点。

因此，要想使思想政治理论课程的主导性得到一定程度上的提升，就应该不断加强理论与实践相结合，在具体的实践过程中对理论不断地进行丰富和发展，在理论学习过程中印上个人实践活动的烙印，进而形成与个人生活特点相结合的知识体系。

提升思想政治理论课程教学的针对性、实效性，就应该正确地对理论教学与实践活动相结合的原则进行适度的处理，将科学理论转化为学生提高思想政治素质的有效手段。

4. 处理好显性教育和隐性教育的关系

在思想政治理论课程所进行的相关教学过程中，显性教育主要是指课程的教学内容对学生思想政治素质所造成的一种影响，通过教学活动有组织、有计划地以明确的、外显的方式对学生思想政治素质产生影响的教育。思想政治理论课程内容本身的科学性、说理性、战斗性是思想政治理论课程显性作用的一个重要因素。

隐性教育相对显性教育而言，则是指在所进行的思想政治理论课程教学活动中，所伴随出现的一些非教育内容的因素，主要包括教师在教学过程中所流露出来的一种情感、在进行课堂教学环境中的教师与学生的双向互动因素、学校教育环境给思想政治理论课程教学的支持度以及社会环境与学校教育的相宜度等。这些因素虽然不是思想政治理论课程教学内容本身所能覆盖的范围，但是对思想政治理论课程作用的正常发挥却能起着促进或消退的作用。

在以往所进行的思想政治理论课程教学活动中，我们对于思想政治理论课程的显性作用和相关功能十分重视，注重通过正面、系统的马克思主义理论教育对学生施加一些较为积极的政治影响，但是在这个过程中忽视了隐性教育的具体作用和所具有的相关功能，以至于有时候显性教育内容往往会被隐性教育所消解、冲淡，于是就出现了所谓的"5＋2＜7"的现象。

因此，显性教育应该和隐性教育有机地结合起来，形成一股教育的合力，只有把显性教育和隐性教育适当地结合在一起，显性教育所具有的战斗力和说服力才能得到更充分的发挥，最终起到积极的思想政治教育效果。

三、高校思想政治理论课程的作用

（一）导向作用

理论本身就是一种具有先导作用的教育内容，理论是在感性认识基础上所进行的相关升华与适当的提炼，因此理论与感性认识相比起来，理论就要相对更具有一定的前瞻性，它能对人们所从事的实践活动进行积极的引导。特别是思想政治理论教育集中体现了无产阶级的利益和意志以及党和政府对人才目标、内容、模式等方面的具体要求,从而进一步为整个学校教育提供了一个具体的价值指向和标准,具有明显的导向性。

思想政治理论课程的导向功能体现在以下两个方面。

(1)它可以对各种类型和形态的教育活动起到引导或带动的作用,这在一定意义上,相当于为其他形式的教育活动提供了一个客观的标尺。

(2)对学生个体具有良好的导向作用。理论教育在实施的过程中,实质上是把社会主导的价值观念逐步转化为学生个体思想政治观念的过程。这样,理论教育对于学生思想政治教育观念能够起到一定的强化作用,从而更好地帮助学生,使其能够按照社会所期望的方向进一步发展。

(二)整合作用

在我国各高校中,对学生进行相关思想政治教育的渠道可以说是各种各样、十分丰富的,其中包括直接的教育渠道,间接的教育渠道;理论形式的教育活动,活动形式的教育活动;显性的教育活动,隐性的教育活动等。总之,教育渠道十分广泛,并不是一种单一的教育,这种广泛的教育渠道对于学生来说,有着较为全面的影响。

但是,在各种各样的教育活动中蕴含的思想政治教育因素没有被教师运用之前,它只是一种分散的、没有整体感的繁茂芜杂的状态。而由于各种影响因素之间又会相互影响彼此,最终就使学生的思想道德发展依然处于一种自由的"自然生长状态",从某种程度上来说,只能算是一种学生成长的环境因素,并不能成为对学生成长过程有一定影响的教育性经验。

苏霍姆林斯基指出:"无论课堂上所学的教材具有多么充实的政治思想和道德思想,但学生在掌握知识的过程中总是把认识的目的放在第一位:知道它、学会它、记熟它。而且教师也是全力以赴地追求这一点。这个目的越是被置于优先地位,它就越是有力地占据了学生内在力量,而思想也就越来越远地退居次要地位,从而把知识转化为信念的有效系数就越来越低。"①

思想政治理论课程主要是一种直接以马克思主义理论与思想政治教育为教育内容的学科课程,在所有思想政治教育渠道中,思想政治理论课程是系统性、整体性和理论化层次最高的课程,它能适当地整合其他类型、性质的教育渠道中的思想政治教育因素,使在其他教育渠道和形式下所形成的感性认识或零星的观点和思维在理论上得到提升,从而形成一个整体的思想政治素质的作用。

(三)发展作用

思想政治理论课能够促进个体思想道德逐渐向社会化转变,以此形成具有能够进一步被社会所需要的思想道德素质的功能,同时也使学生个体的发展得到一定程度的增进,具有一定的发展性。

从现代西方道德课程的具体产生来看,现代西方德育课程主要是以反对传统德育过分偏重德育内容的灌输为起点的,他们认为传统德育课程由于把道德教育同宗教教育结合在一起,最后不但不能促进学生的个体发展,还逐渐演变成为对于学生发展形成一定束缚的一种"关于道德的"教育,这种教育已经失去了促进学生道德发展的重要性,最主要的特征就是封闭了学生的心灵,演变为一种道德的强制性灌输,作为与传统德育课程相适应的新型德育课程,它与传统的德育课程有着截然不同之处:它首先不会采用任何形式去封闭学生的心灵;其次就是把教育的重点放在了进一步促进学生道德的发展方面。

柯尔伯格在继承了皮亚杰的研究成果之后,开始把德育所进行的重点主要放在提高学生道德判断的推理水平上,他把学生道

———————

① 付统先,张文郁.教育哲学[M].济南:山东教育出版社,1986:169.

德判断水平具体分为三个水平六个阶段,而德育的重点主要就在于对学生道德判断推理能力进一步的发展,通过采用类似于苏格拉底的讨论方法,用高一个层次的道德判断水平来对学生进行道德判断推理能力的提升;威尔逊对于重点促进学生道德思维的发展也表现得十分重视,他甚至还把自己所设计的关于道德教育的课程命名为"道德思维课程",并设计了一系列能够对学生进行道德推理和判断有帮助的符号,旨在促进学生道德思维的进一步发展;贝克的价值理论其主要的立足点也在于帮助学生学习价值反省的能力,从而更好地促进学生价值反省能力的发展等。西方德育课程对个体的发展功能仅仅是从形式上来进行描述的,因而不可能揭示发展性功能的实质。

马克思、恩格斯对于个人的发展历来都十分重视,在他们的早期著作中,就把关于个人的生存需要、发展需要和享受需要作为人的基本的需要,重视人的发展的历史前提和可能性问题,正是由于他们认为在资本主义社会中,社会分工和资本主义制度及所派生的"物统治人"的现象的存在,使人成了畸形的、单向度的人,因此,在他们对未来社会的构建中,将每个人的自由全面发展作为未来社会发展的重要指标,"根据共产主义原则组织起来的社会,将使自己的成员能够全面发挥他们的得到全面发展的才能"。"代替那存在着阶级和阶级对立的资产阶级旧社会的,将是这样一个联合体,在那里,每个人的自由发展是一切人的自由发展的条件。"①因此,马克思、恩格斯在自己的理论中,对于个人自由十分重视而且对于个人的全面发展也十分关注。

思想道德素质发展就是针对社会价值能够进一步接受,做出相关的选择并且把在文化上得到公认的思想、情感和行为予以内化的一个主要过程。而个体人格和品德的发展,对于整个人的素质发展都起到十分重要的作用。人本身就是一种最基本的生产力,按照马克思的主要观点,生产力的物化形式不过是对人的主

---

① 马克思恩格斯选集(第1卷)[C].北京:人民出版社,1995:243.

体性进行的展示。如果没有了主体性的大发展，没有了人的精神的解放，那么毫无疑问，社会生产力的大发展也不会存在，所以社会生产力的发展最初就是伴随道德的进步。人类的社会形态从对人的依赖逐渐发展到对物的依赖。人从神学的压迫下解放出来，最终却又变成了自己所造成的物质财富的奴隶。

有学者指出，当代全球所面临的三大顽症是：青少年犯罪、吸毒和环境污染。道德危机显然已经在发展的过程中成为物质文明不可摆脱的一种伴生现象。德育应该服务于人的主体性发展。道德所体现出来的规范性，并不是要对人有一定的限制，是为了让人更好地进行发展。因为对于人而言，是需要道德的，当然道德不等于限制人自身，反而是为了帮助人摆脱自然必然性的控制，最终成为真正能够控制自己的自由人。只有有了一定的道德，人才能从动物中提升出来，成为文明人。

从思想政治理论课程教育的社会性作用来看，理论实际上就是一种对社会发展进行具体指导的力量和动力，任何一种社会实践活动，都需要得到科学的理论指导，如果没有科学的理论指导去实践，那就是一种盲目的实践活动，只有在科学的理论指导下去实践，整个社会才能得到更好更快的发展。马克思主义理论作为无产阶级和广大劳动人民用来进一步认识世界和改造世界的武器，它不仅具有意识形态的强大作用，而且同时还具有促进社会发展的强大作用，它引导社会按照人类社会历史发展规律进一步向前发展。

（四）享用作用

思想政治理论课程对于每一个个体来说，除了具有能够进一步发展的作用以外，还同时具有一种享用的作用。个体享用作用是德育学者鲁洁等提出的具体概念："所谓德育个体的享用作用，即是说，可使每个个体实现其某种需要、愿望（主要是精神方面的),从中体验满足、快乐、幸福,获得一种精神上的享受。"①

鲁洁等认为,通过适当地进行德育教育,个体能够在一定程度上形成一种思想道德素质。这种凝聚于个体自身的思想道德,具有以下两方面的价值。

1. 工具价值

这种凝聚于个体自身的思想道德,具有工具价值,能在一定程度上协调好个体与他人、群体、社会的各种关系并进一步发展,为合理的人际关系、和谐的社会状态,提供必要的不可或缺的条件,以使社会、群体与他人发展的具体需要得到满足。

2. 本体价值

这种凝聚于个体自身的思想道德素质还具有一种本体的价值,所谓的本体价值就是指各种德性本身就具有使个体所需要的价值得到相应的满足。个体通过内在性形成各种德性。道德人格的发展作为自身的一种具体需求,通过德育使这种需求得到相应的满足。这就是本体价值的一种具体体现。德育的享用作用就根植于它能充分地实现德性的本体价值。

与德育的个体享用作用相同,思想政治理论课程的个体享用作用也主要体现在通过发展与进一步完善人的思想道德素质,使人的一种精神需要得到了相应的满足。思想政治理论课程教育不仅能有效地提升大学生的思想道德素质,而且还能同时使学生在学习思想政治理论课程内容、听思想政治理论课程教师的讲授和思考思想政治理论课程相关问题的过程中,获得审美的愉悦和灵魂上的升华。

本章小结

本章通过重点对高校思想政治理论课的历史发展历程进行

---

① 鲁洁,王逢贤.德育新论[M].南京:江苏教育出版社,1994:213.

相关的探讨及深入分析,深刻了解到高校思想政治理论课的发展历经摸索,经过恢复与重建、改革与规范、反思与发展及支撑与前进四个关键时期,最终赢得了里程碑式的发展。对于高校的思想政治理论课所具有的功能进行了明确的定位,更深刻地认识了高校思想政治理论课所具有的具体性质、地位和作用。

第二章 我国高校思想政治理论课改革的实践演进

任何事物都是作为一个过程展开的,是过程的集合体,高校思想政治理论课也不例外。从新中国成立至今,高校思想政治理论课便经过了一个漫长的发展过程,其概念、课程体系、教学方法等都在不断探索中持续完善。在经历了数次改革,特别是 20 世纪 90 年代末和 21 世纪初的两次改革之后,高校思想政治理论课成为集理论教育、思想教育、道德教育、政治教育为一体的教育体系,这一体系既富有综合性又富有层次性,既注重理论灌输又注重联系实际,其具体成果就是"98 方案"和"05 方案"。"98 方案"是一个跨世纪的课程教学改革方案,"05 方案"则是一个正处于实施之中且取得显著成果的 21 世纪的课程教学改革方案,二者既体现了新、旧方案之间的传承与延续,又各具特点。"98 方案"和"05 方案"充分体现了高校思想政治理论课建设和教学改革的创新精神,其中蕴含的经验和有益成果必将推动高校思想政治理论课教学改革迈向新的台阶。

第一节 我国高校思想政治理论课改革的"98 方案"

改革开放的 20 年间,经过中国共产党人孜孜不倦的探求,在将马克思主义基本原理与中国实际相结合的过程之中,新的理论成果不断诞生。如何将最新的理论成果转化为教学内容,这既是高校思想政治理论课的建设要求,更是社会及时代发展的要求。

一、高校思想政治理论课"98 方案"的实施背景和指导思想

"85 方案"第一次突破了传统的高校思想政治理论课课程设置,在其实施的 10 余年间,高校思想政治理论课得以不断整合和规范,高校思想政治理论课教学改革以及马克思主义理论教育与思想政治教育学科建设也因此打下了坚实的基础。之所以取得这一成就,是因为这一时期"两课"教学有着明确的目标和任务。1995 年国家教育委员会《关于高校马克思主义理论课和思想品德课教学改革的若干意见》指出,"两课"教学的根本目标,是引导和帮助学生树立马克思主义的世界观、人生观、价值观,确立为建设有中国特色社会主义而奋斗的政治方向,增强抵制错误思潮和拜金主义、享乐主义、极端个人主义等腐朽思想侵蚀的能力。"两课"教学及其改革的主要任务是进一步加强马克思主义、毛泽东思想,特别是邓小平建设有中国特色社会主义理论的教育,强调"两课"教学要以邓小平建设有中国特色社会主义理论为中心内容。"两课"教学改革应当遵循理论联系实际的根本原则。[①] 这实际上提出了高校思想政治理论课教学和思想政治教育要以发展的马克思主义为中心内容的根本要求。

但是,高校思想政治理论课教学改革受到多方面的影响,诸如世界政治经济形势的发展变化及其新特点,特别是 20 世纪 80 年代末 90 年代初东欧剧变、苏联解体之后世界社会主义共产主义运动的发展变化及其新特点;党的十一届三中全会以来改革开放和社会主义现代化建设的新的历史进程和新的巨大成就,特别是中国化马克思主义的不断创新和发展。在当代中国,改革开放不仅是发展中国特色社会主义事业、实现中华民族伟大复兴的必由之路,而且是发展马克思主义、推进马克思主义中国化的重要动力。高校思想政治理论课课程设置与马克思主义中国化的理

---

① 教育部社会科学司组编.普通高校思想政治理论课文献选编(1949—2008)[C].北京:中国人民大学出版社,2008:157—158.

论成果密切相关。党的十一届三中全会以后，以邓小平同志为主要代表的中国共产党人，做出了实行改革开放的历史性决策，创造性地提出了"走自己的道路，建设有中国特色的社会主义"的科学命题和历史任务，初步回答了什么是社会主义、怎样建设社会主义的问题，形成了马克思主义中国化的重大理论成果，即邓小平理论。

　　1987 年，党的十三大对新时期社会主义再认识过程中的科学理论做了系统归纳，这些理论观点共计 12 条，为学习建设有中国特色社会主义理论提供了初步的框架。1992 年，党的十四大又根据邓小平"南方谈话"精神，把邓小平建设有中国特色社会主义理论概括为 9 条，这标志着中国化马克思主义理论创新进入一个新的境界。1997 年，党的十五大把邓小平理论与马列主义和毛泽东思想一起确立为党的指导思想。在这一理论指导下，改革开放和社会主义现代化建设不断深入。与之相适应，党中央提出了邓小平理论要"进课堂、进教材、进学生头脑"的要求。为贯彻落实这一精神，1998 年 4 月，中共中央宣传部、教育部《关于普通高等学校开设〈邓小平理论概论〉课的通知》（以下简称《通知》）指出："党的十五大把邓小平理论确定为党的指导思想。""这对高校马克思主义理论课教学提出了新的更高的要求。""当前最迫切的任务是要下大气力把邓小平理论编成教材，进入课堂，武装大学生的头脑。"并要求"从 1998 年秋季开始，普通高校都要以'中国社会主义建设'课程为基础，开设邓小平理论课，并把'马克思主义原理'中'科学社会主义论'的课程内容和'中国革命史'中关于 1956 年以后的课程内容融合到这一课程中统一进行讲授"。《通知》同时要求"努力改进教学方法。讲授好邓小平理论课必须认真贯彻理论联系实际，学以致用。教师要针对我国改革开放和社会主义现代化建设中的重大理论和实践问题，针对大学生所关注的热点、难点问题和他们的思想特点，从理论和实际的结合上进行讲授，引导学生学习、思考和研究"。① "邓小平理论概论"课程的开设，

---

　　① 教育部社会科学司组编.普通高校思想政治理论课文献选编（1949—2008）[C].北京：中国人民大学出版社，2008：180－181.

标志着高校思想政治理论课课程设置和教学改革迈出了新的、具有开创性的一步。

1998 年 6 月,高校思想政治教育迎来了一份具有里程碑意义的文件,该文件由中共中央宣传部、教育部下发,题为《关于普通高等学校"两课"课程设置的规定及其实施工作的意见》(以下简称《意见》)。《意见》进一步强调了高校思想政治理论课的地位和重要作用,指出,普通高等学校开设的"两课",是对大学生系统进行思想政治教育的主渠道和主阵地,在培养他们成为社会主义事业的建设者和接班人方面具有重要作用。《意见》认为,1993 年以来,为适应形势发展和高等教育改革的要求,高等学校的"两课"教学在内容和方法上进行了改革,积累了新的经验,取得了较好的成果。当前要积极贯彻落实党的十五大精神,进一步解决好邓小平理论"进教材,进课堂,进头脑"这一主要任务。要在认真总结经验的基础上,规范普通高等学校"两课"课程设置,修订教学基本要求,深化教学改革,加强课程建设,进一步提高"两课"教学水平和教学效果。在此基础上,《意见》确定了高校思想政治理论课教学改革和课程设置的指导思想,指出,"两课"课程设置必须着眼于引导和帮助学生掌握马克思主义的立场、观点、方法,树立正确的世界观、人生观和价值观,确立建设有中国特色社会主义的共同理想,为他们坚持党的基本理论和基本路线不动摇,打下坚实的思想理论基础。要以邓小平理论为中心内容,要认真贯彻理论联系实际和"学马列要精,要管用"[①]的原则,全面地反映中国实际和时代发展,着力于提高教学效果。要总结和继承新中国成立以来高校思想政治课教学的经验和近年来教学改革的成果,从高校当前的教学实际出发,体现工作连续性和开拓性的统一;注意各部分课程的衔接,注意和中学思想政治教育课程的衔接,做到结构合理,功能互补,减少重复。这种规定和要求,简明、清晰,且具有很强的可操作性和重要的指导意义。《意见》提出的新课

---

① 邓小平文选(第 3 卷)[C].北京:人民出版社,1993:382.

程方案,即"98方案"。

二、高校思想政治理论课"98方案"的基本内容

(一)课程设置和学时

本科马克思主义理论课(共5门):"马克思主义哲学原理"(54学时),"马克思主义政治经济学原理"(理工类40学时,文科类36学时),"毛泽东思想概论"(理工类36学时,文科类54学时),"邓小平理论概论"(70学时),"当代世界经济与政治"(文科类开设,36学时);本科思想品德课(共2门):"思想道德修养"(51学时),"法律基础"(34学时)。"职业道德"课,除师范、医学等一些特殊专业要作为专业基础课纳入教学计划外,其他专业可作为选修课或作为"思想道德修养"课的一部分安排教学。有关院校政治理论专业和财经类、政法类专业,可与专业基础课统筹考虑,在覆盖"两课"教学基本要求的前提下,确定此类专业的课程设置。"形势与政策"课要列入教学计划,平均每周1学时,一般按专题进行;实行学年考核制度,纳入学籍管理。以上所列课程为高校公共必修课,因此,必须充分保证各门课程的学时。

(二)教学安排和具体推进

在课程分类上,"98方案"延续了"85方案"的做法,仍然分为马克思主义理论课与思想品德课两大类,但同时又注意到课程体系的系统性建设。因此,"98方案"对"85方案"的调整,并不仅仅是课程名称的变动。这是因为原有课程名称的变动必然影响课程体系、课程内容和教学目的等方面,并进而涉及整个课程结构的变化。

相关文件要求,各高等学校要在1998年秋季普遍开设"邓小平理论概论"课。其他几门课程,凡条件具备的高等学校均要在

1998年秋季入学的新生中开始实行,所有高等学校原则上均要在1999年秋季入学的新生中开始实行。

三、高校思想政治理论课"98方案"的重要意义

(1)"98方案"突出了邓小平理论在"两课"教学中的重要地位。"98方案"最重要的教学目标,就是"以邓小平理论为中心内容""进一步解决好邓小平理论'进教材,进课堂,进头脑'这一主要任务"。通过这一调整,"中国社会主义建设"课不再单独开设,其主要内容有机地融入"邓小平理论概论"课和"毛泽东思想概论"课。

(2)"98方案"把"85方案"中"马克思主义原理"课统一分设为"马克思主义哲学原理"和"马克思主义政治经济学原理"两门课。实际上,"85方案"实施之初,就对"马克思主义原理"课的具体开设,提出过三种可供选择的方案:其一是开设合一的"马克思主义原理"课;其二是开设分立的"马克思主义哲学"课和"马克思主义政治经济学"课;其三是开设分立的"马克思主义哲学"课、"当代资本主义"课和"科学社会主义的产生和发展"课。"98方案"做出分设"马克思主义哲学原理"和"马克思主义政治经济学原理"的调整,主要是因为缺乏能够独立承担"马克思主义原理"课教学的师资。

(3)"98方案"把"85方案"中的"中国革命史"课调整为"毛泽东思想概论"课。这是党中央在研究"两课"方案时做出的调整。这一调整的重要意义就在于,形成了从"毛泽东思想概论"到"邓小平理论概论"课程的严密逻辑,突出了马克思主义中国化的两大理论成果及其内在联系。从"98方案"的整体来看,"毛泽东思想概论"和"邓小平理论概论"等课程的设立,并不只是对原有课程名称的对应性调整。它标志着"98方案"的课程体系具有鲜明的教学理念和课程逻辑,即马克思主义是随着时代、实践和科学的发展而不断发展的理论。

第二节　我国高校思想政治理论课
改革的"05方案"

党中央一直高度重视高校思想政治理论课程建设,并对此做出了若干重大决策。为了推进高校思想政治理论课的改革和完善,"05方案"应运而生。

一、高校思想政治理论课"05方案"的实施背景

党的十六大以来,在全面建设小康社会的新的实践中,党中央全力贯彻"三个代表"重要思想,着力于马克思主义理论的新发展,提出了一系列新的理论见解,主要包括:①如何加强党的执政能力建设、加强党的先进性教育问题的研究;②在总结我国改革开放经验的基础上,提出了今后一个时期我国现代化建设的新思路,就是要坚持科学发展观;③提出了关于构建社会主义和谐社会的一系列理论;④关于国际战略和外交政策上的和平发展。

党中央提出的上述四个重大理论,实际上也是建设中国特色社会主义的重大战略决策。与此同步,党中央发出了《关于进一步加强和改进大学生思想政治教育的意见》,对高校思想政治理论课的建设和改革做出重大决策。此外,高校还开展了加强大学生思想政治教育的一系列工作:研究了高校如何加强马克思主义理论建设,探讨了如何根据党中央的新要求加强高校哲学社会科学队伍建设等问题。

我国高校思想政治理论课建设,历来是随着我们党在理论上的重大进展、在战略上的重大调整而不断发展、推进的,"05方案"的推出正是以上述新形势和新情况为背景的。

二、高校思想政治理论课"05 方案"的全面实施

(一)高校思想政治理论课"05 方案"实施的基本情况

2005 年,《中共中央宣传部教育部关于进一步加强和改进高等学校思想政治理论课的意见》(教社政〔2005〕5 号)和《〈中共中央宣传部教育部关于进一步加强和改进高等学校思想政治理论课的意见〉实施意见》(教社政〔2005〕9 号)对思想政治理论课的学科建设、课程体系调整、教材编写、教学方法创新、教师队伍建设等都提出了新思路、新举措,颁布了关于高校思想政治理论课改革的"实施方案",简称"05 方案",从思想政治理论课课程设置到教学内容等进行了大幅度的调整和改革。

"05 方案"规定,本科的思想政治理论课由"98 方案"的 7 门必修课调整为 4 门必修课("马克思主义基本原理概论""毛泽东思想、邓小平理论和'三个代表'重要思想概论""中国近现代史纲要""思想道德修养与法律基础");专科的思想政治理论课设置 2 门必修课("毛泽东思想、邓小平理论和'三个代表'重要思想概论""思想道德修养与法律基础")。"05 方案"同时规定,本、专科院校都要开设"形势与政策"课。"05 方案"从 2006 年秋季开始在各高校正式施行。

"05 方案"实施的基本情况如下。

1.建立健全思想政治理论课"05 方案"实施机制

实施"05 方案"是一项政治性、政策性和科学性很强的工作,各高校思想政治理论课教师均必须认真学习中央有关文件精神,将思想认识统一到中央的部署和决策上来,统一到"05 方案"的基本精神上来,统一到各门新课程的要求上来,增强高质量实施"05方案"的使命感和责任感,为新课程方案的实施提供了政策机制;各高校基本上都成立了思想政治理论课建设领导小组,由校党政领导牵头,宣传部、教务处、学工部等职能部门负责人参加,负责

领导、规划和指导思想政治理论课的建设和新课程方案的实施，为新课程方案的实施提供了组织机制；部分省市为确保"05方案"的科学实施，建立了"先试点、后推广，先示范、后实行"的试验机制，为全省高校全面实施"05方案"积累了经验。

2.选拔与培养结合，建设思想政治理论课教师队伍

（1）积极做好思想政治理论课教师的选聘配备工作。在"05"方案实施前，思想政治理论课教师队伍在有些高校没有得到应有的重视，有人认为思想政治理论课教师没有专业，一般教师及高校行政管理干部都可胜任思想政治理论课教学工作。教社科〔2008〕5号文件强调要"实行教师任职资格准入制度"，对高校思想政治理论课教师的思想素质、教学水平及科研能力提出了具体要求。在此背景下，多数高校都建立了思想政治理论课教师任职资格准入制度和机制。

（2）强化思想政治理论课教师队伍的培养培训工作。第一，建立岗前培训、课程轮训、骨干教师研修和在职培训等分层次、多形式的培训体系。第二，建立高校思想政治理论课教师培训基地。第三，创新培养培训方法，提高教师的教学水平和科研水平。

（3）加强思想政治理论课教师队伍的保障制度建设。"05方案"实施以来，围绕思想政治理论课教师队伍建设，各地出台了系列保障政策和制度。如天津市教委每年在教育事业经费中设立40万元专项经费，专门用于思想政治理论课教学改革、队伍建设以及科学研究；天津市还规定：将高校思想政治理论课教师纳入全市教师评先推优体系和思想政治教育先进工作者评选表彰范围，每三年单独评选一次高校优秀思想政治理论课专任教师，以增强他们的使命感、责任感和荣誉感。

3.积极探索思想政治理论课教学方式方法的改革

（1）探索"教师组合"教学组织方式

长期以来高校思想政治理论课教学主要采用教师"一人主

讲"的课堂教学授课方式,这种教学方式有优点,但也存在主讲教师资源有限等不足。就实际情况来看,"一人主讲"还是思想政治理论课教学的主要方式,但多形式的"教师组合"教学方式也在积极探索中。主要有:

第一,教学组教学方式。北京大学的思想政治理论课采用教学组教学方式。各教学组均以马克思主义学院教师为主,同时从校内几个文科院系以及校外相关教学或科研单位适当选聘专家、学者,学院专职教师与受聘的专家学者混合编组进行教学。

第二,"两支队伍、两个课堂"教学方式。天津师范大学思想政治理论课教学队伍分为理论教学队伍和实践教学队伍,在学校的统一规划、统一领导下,分工合作进行两种课堂教学。

第三,"一个讲台,两名教师"的"项链模式"。上海大学将思政课专职教师讲授课程的主要线索和主要知识点作为"项链"的基底,将聘请的其他学科专家和社会典范人物进行的专题讲授内容如"珍珠"和"钻石"镶嵌在"项链"的基底上,形成"项链模式"。

(2)创新教学方法

第一,研究型教学。研究型教学以培养学生的综合素质为目的,教师创设问题情境,激发和引导学生创造性地运用知识和能力,自主地研究和探索问题,最终使学生有所发现和创造的一种新的教学理念和教学模式。清华大学较早确立了研究型教学理念并进行了研究型教学实践。

第二,案例教学。案例教学是"05方案"实施以来高校思想政治理论课普遍使用的教学方法。多数高校都采用了案例教学。

第三,专题教学。教师依据思想政治理论课教学内容的内在逻辑,科学把握教学重点、难点及社会热点,确定专题教学题目。围绕教学专题,突破传统教学受制于教材内容的局限性,从多方面、多角度讲授对相关理论问题和现实热点问题的认识,拓宽学生的视野,提高学生运用马克思主义立场、观点、方法分析、解决社会现实问题的能力。北京大学思想政治理论课教学便主要以专题讲座为主。

第四,充分利用现代教育技术手段进行课堂教学。"05方案"

实施后,为了提高思想政治理论课的教学效果,高校积极运用多媒体手段进行教学,借助丰富多彩的多媒体形象,增强了教学的直观性、生动性,增加了感染力和说服力。

4.加强实践教学,实践教学的实施各有特色

实践教学是"05方案"提出的改进高校思想政治理论课的重要举措。"05方案"实施后,各高校在思想政治理论课教育教学中都加强了实践环节。这表现在各高校很重视思想政治理论课的实践教学,不少高校明确规定了思想政治理论课的学时、学分,制定了实践教学大纲,建立了实践教学基地,各高校对实践教学的实施则采取了灵活多样的方案。

实践教学的实施各有特色,例如,从实践教学的学时、学分看,南开大学的思想政治理论课4门必修课各设有1个学分的实践教学;华中师范大学思想政治理论课有4个学分的实践教学,按照课堂授课时数的比例确定4门思想政治理论课的实践学时,在各门课程课堂教学期间,主讲教师指导学生利用课外时间完成实践教学,撰写社会调查报告。

5.高校思想政治理论课教学状况明显改善

"05方案"实施后,思想政治理论课教学效果改善。新华社于2007年10月报道:教育主管部门提供的情况显示,这些教材(新课程教材)投入使用以来,各高校课堂出勤率明显上升,认真上课、专心听讲的学生明显增多,积极参加课堂讨论的学生明显增多,课堂秩序明显好转,考核优秀率明显提高。①

(二)高校思想政治理论课"05方案"实施存在的不足

1.思想政治理论课地位仍然偏低

虽然"05方案"实施的成效显著,但是在涉及教师职称评定、

---

① 魏武.高校思想政治理论课新教材受到广大师生普遍欢迎[N].光明日报,2007—10—14.

经费支持、人力配置等具体问题时仍显示出思想政治理论课地位偏低。这表现在：有些高校尽管制定了关于加强和改善思想政治理论课教育教学的文件，出台了不少措施，但真正落到实处的不多；大多数高校思想政治理论课教师待遇偏低，从教授比例、享受各种特殊岗位津贴人员的比例看，思想政治理论课教师与专业课教师相比有较大差距；不少高校对思想政治理论课的经费投入偏少，使思想政治理论课建设的运行捉襟见肘，尽管一些高校招生规模扩大、办学层次提高，但思想政治理论课经费投入没有增加，思想政治理论课教师很难有机会参与各种教学和科研交流；少数高校思想政治理论课不能与专业课一样随机排课，排课时间段仍然集中安排在下午和晚上；个别思想政治理论课教师不能充分认识自己的职责，看不起自己从事的工作，在教学上投入不够，有随便应付之嫌，在科学研究上，主要精力也没有用在马克思主义理论研究领域，而是挂靠在一些相关专业院系从事其他领域研究，从而"种了别人的地，荒了自己的田"。

2. 思想政治理论课教师队伍数量不足，素质有待提高

（1）教师队伍数量不足。"05方案"实施后，各高校仍然存在师资不足的情况。不少思想政治理论课教师的周学时数在12学时以上，除必要的教学研讨、集体备课、组织学习、批改作业外，许多时间都在第一线上课，教学任务太重，没把更多的精力用在教师的发展和提高上。

（2）教师水平参差不齐。我国高等教育发展已处于大众化阶段，"2006年，我国高等教育总规模达到2500万人，位居世界第一，高等职业教育学生超过一半。高水平大学和重点学科建设不断进展"①，作为一个教育大国，既有"211"工程和"985"的重点院校，也有为数众多的省属院校，还有不少民办高校和高职高专；处于不同层级的高校因地位不同、占有资源有别、教师的选聘、培养

---

① 覃申.十七大报告辅导读本[M].北京：人民出版社，2007：321.

及考核的标准有很大的差别,造成了不同层级高校的思想政治理论课教师在科研和教学水平上的不平衡。

(3)科研型、专家型教师较少,学术带头人严重不足。调研中,不少高校都反映思想政治理论课教师队伍拔尖创新人才较少,学术带头人匮乏,从而严重制约了教师队伍素质提高。

3.实践教学的持续发展遭遇困境

实践教学的持续发展存在着诸多困难,一方面是因为实践教学的开展需要诸多条件支持。实践教学需要经费、实践基地、实践学时等支持,这些硬件支持需要学校各个部门相互协调,整个教学系统给予支持。由于实践教学条件有限,实践教学活动难以覆盖全体学生,特别是需要"走出去"的教学实践活动往往只能有部分人甚至是少数人参与。实践教学的持续发展存在诸多困难还由于实践教学对教师的综合素质和责任意识要求更高。所以学校和教师因这方面的顾虑在很大程度上影响了实践教学的积极性。

4.马克思主义理论学科建设有待加强

(1)马克思主义理论学科建设不规范。有些高校的马克思主义理论一级学科所属的几个二级学科都已招生,但该学科的博士点一个也没设在思想政治理论课教学部,由专业课教师担任马克思主义理论学科的博士生导师和硕士导师,思想政治理论课教师担任博导、硕导的比例相当低。国务院学位委员会"马克思主义理论一级学科建设和人才培养方案研究"课题组调查表明:马克思主义理论学科中有相当比例的博士点依托于、挂靠在其他一些专业院系的马克思主义研究方向和课程设置与马克思主义理论学科关联度不大的地方。因马克思主义理论学科没有设在思想政治理论课教学部,思想政治理论课教师享受不到学科建设给予的政策支持,马克思主义理论学科对思想政治理论课教育教学的支持也就十分有限。

（2）马克思主义理论学科队伍综合实力偏弱。目前马克思主义理论学科博士点、硕士点很多，但普遍缺乏充足的专业人才，有的从别的学科转过来或兼招研究生的，但转没转好、兼没兼好。一些高校反映马克思主义理论学科之所以没有设在思想政治理论课教学部，是因为思想政治理论课教师队伍无论在科研实力还是职称方面，与本校的专业课教师队伍相比，都存在着一定差距。

5.教学的针对性和实效性进一步增强面临攻坚挑战

"05方案"实施以来，教学效果明显改善的目标初步实现。但就具体情况看，教学的针对性和实效性明显增强面临攻坚挑战。表现在：①教学内容的针对性不是很强。在思想政治理论课教学中，一些教师只满足于讲授教材上的知识点，教学内容不能很好地反映学科发展的最新成就，也不能很好地回应实践中的重大理论和现实问题及学生困惑的疑难问题。教学内容过于统一，缺乏特色。②教学方法的针对性不强。在思想政治理论课教学方法的运用上还有不少教师不能发挥学生的主体作用，不能结合学校实际及教育对象的思维方式和思想状况，采取灵活多样、有针对性的教学方法，不能有效激发大学生的学习兴趣。如思政课堂上教师很随意地要求学生"下面用×分钟的时间看看书"。此时，课堂上就可能出现以下现象：有的学生翻课本，有的学生做学案，有的窃窃私语，有的昏昏欲睡……此时教师只是站在讲台上准备提问，或是在教室内随意走动，而没有走进学生的内心，与学生交流，这就造成了教学低效现象；又如随着电子产品的广泛普及、各种社交软件的不断更新，越来越多的大学生沉浸在网络世界里，课堂上的"低头族"也随处可见。学生之所以出现此类情况，除了与自身自控力差、缺乏对思政课的正确认识、没有做好学业规划等有关外，还与教师教学形式单一、考核方式单薄等有关。因此教师要丰富教学模式、提高教学质量，借助多种方法和平台切实提高思想政治理论课的实效性。

（三）高校思想政治理论课"05 方案"实施的改革走向

1. 抓制度落实，切实提高思想政治理论课教育教学的地位

"05 方案"实施以来，一系列关于加强和改进高校思想政治理论课教育教学的文件和制度，有力地推进了高校思想政治理论课的建设，这些制度也是今后高质量实施"05 方案"的重要保证和手段。切实提高思想政治理论课教育教学的地位，关键是抓制度落实。

（1）制度落实关键在领导

通常情况下，思想政治理论课教育教学工作做得好的学校，校领导都非常重视这项工作，甚至身体力行，亲自投入这项工作中，参与马克思主义理论学科建设。学校分管思想政治理论课教学的书记和校长一定要牢固树立责任意识，切实采取有效措施，抓制度落实，在制度执行上身体力行、率先垂范，把"05 方案"高质量实施的有关文件精神落在实处，履行领导职责，全面抓好思想政治理论课教育教学工作。

（2）制度落实重在督查

根据调查可知，督查机制是"05 方案"得以落实的有效途径。继续推进"05 方案"高质量实施，督查工作应常抓不懈，定期和不定期对"05 方案"执行情况进行跟踪问效，并建立切实可行的考核奖惩机制，把制度落实与各级责任主体的政绩评定挂钩，把思想政治理论课教学质量作为高等学校本科合格评估、党建和思想政治工作、教学工作评估的重要组成部分，对成绩突出的学校和教师予以表彰和奖励，对问题比较突出的学校限期整改。

2. 以科研为抓手，提高思想政治理论课教师队伍的综合素质

思想政治理论课教师队伍的科研实力偏弱的问题比较突出，带有普遍性，且教师队伍建设中存在的一些其他问题也由此问题引起。故我们认为加强教师队伍建设，关键是以提高教师科研水

平为突破口,提高教师队伍的综合素质。具体措施如下。

(1)思想政治理论课教师自身要强化科研意识

长期以来,不少思想政治理论课教师认为思想政治理论课程具有育人的特殊性,教师的主要任务是上好课,而科研做不做无关紧要,故不十分重视自身科研能力的提高。在新形势下,仅仅会教书而不会科学研究的教师,不是新时期的合格教师,不注重科研能力提高的教师,教学水平也难以真正提高。思想政治理论课教师必须转变观念,高度重视科研的重要性,树立科研意识,有为才能有位。

(2)以项目研究带动教师科研水平的提高

以项目立项凝练研究方向,整合教师队伍,提高教师科研水平。调研中有些高校反映思想政治理论课教师文献检索和信息处理能力不强,科研水平不高,有一些教师从未参加过市级以上的课题,思想政治理论课教师对专业领域的研究成果数量不足,创新性的研究成果就更少。这些问题的解决离不开科研实践,项目研究是科研能力提高的有效途径。通过项目研究,从科研选题、主要观点、研究思路、研究方法设计到科学研究、项目结项,可以给予教师以很好的科研训练,同时项目负责人也在研究实践中对课题组成员起到很好的"传、帮、带"作用。

(3)足额配备思想政治理论课教师,切实减轻思想政治理论课教师的教学工作量

首先,各高校要把《中共中央宣传部教育部关于进一步加强高等学校思想政治理论课教师队伍建设的意见》精神落在实处,本专科思想政治理论课专任教师要总体上按不低于师生1:350~1:400的比例配足。其次,各高校要完善教师的考核机制和薪资待遇,一些高校对思想政治理论课教师的课时定得较高,而专业课教师课时定得较低,还有一些高校不能科学评价思想政治理论课教师的教学、科研绩效,必须改变这一状况,使得思想政治理论课教师有时间和精力对经济和社会发展中热点、难点、关键性问题及马克思主义发展中的重大理论进行研究和探索。

3. 以创新为动力，实现教学方式、方法的与时俱进

如前所述，"05方案"实施以来，各高校在思想政治理论课教学方式方法改进上取得了可喜的成绩。但教学方法的改进常提常新，没有终点，不少高校也多次提到教学方法无定法，只要管用就行。基于此认识，本书认为，思想政治理论课教学方式方法改进主要是突出创新意识，实现教学方式方法的与时俱进，具体应该做到以下几个方面。

（1）教师的主导作用和学生的主体作用相结合

充分运用各种教学方法，如案例式、谈话式，选择若干专题；由教师讲授重点，启发学生思维，引导学生自学并提出问题、开展讨论，然后由教师进行总结归纳。采用课堂讨论、专题辩论、团体咨询、论文撰写、话剧表演、模拟法庭等多种形式组织教学活动，引导学生用所学的理论知识进行分析、解释社会现象和社会问题。既发挥教师的主导作用又激发学生的主体作用，既提高马克思主义理论的说服力，又调动学生学习理论的积极性和主动性。

（2）教学改革和考试改革相结合

在注重教学改革的同时，不断改进和完善考试方法，采取多种方式，综合考核学生的品德、知识和能力，力求全面、客观地反映大学生的理论素养和道德品质。如把开卷式和闭卷式考试结合起来，平时考核主要包括"期中课程论文、课堂讨论、活动参与程度和表现、社会实践报告"等；期末考试在题型安排方面，注重考查学生对基本知识点的掌握，更注重考查学生分析和理解问题的能力。这样既考查了学生的知识掌握程度，又考查了学生解决问题和分析问题的能力。

（3）传统教学手段和现代教育技术相结合

思想政治理论课是建立在理论知识传授基础上的一门怡情、养性和导行的课程，充满了强烈的情绪感染和人文关怀要求，教师通过析理、正己和富有感染力的语言及践行活动激励学生追求

真善美的情感。在教学中一方面可以采用传统的"言传手写"方式,发挥教师的理论逻辑魅力、人格激励魅力、言语感染魅力,在做好知识传授"经师"的同时,做好学生引路人的"人师";另一方面也积极适应现代教育技术发展的趋势和要求,把思想政治理论课教学与互联网技术结合,制作具有学科特色和教师个性特点的多媒体课件,充分利用网络教学环境对学生进行全方位的教育,多与学生沟通交流,融理论性、实践性、趣味性于一体,给学生提供高科技的学习平台,利用音像资料图文并茂的特点提高教学的吸引力和感染力。

4. 以问题为导向,促进教材体系向教学体系的转换

新课程在教学内容的系统性和完整性方面比较突出,但教材体系和教学体系不可能完全一致。为保证新课程的实效性和针对性,任课教师要根据教材体系,在凸显教材体系科学性和完整性的同时,每门课程的教学体系要以问题为导向,注重突破难点问题,把握重点问题,反映热点,巩固知识点,精心设计教学体系。

同时应进一步完善教材体系,增强教师使用教材的自主性。在现有教材之外,应允许教师在实际教学中适当使用辅助教材,以增强教材的时效性和针对性,拓宽学生知识面,同时也有利于教师在教学中创新,有利于教师结合自身知识背景提高课堂教学质量。应允许教师根据学生实际情况灵活处理现有教材的重点难点与非重点难点间的关系,不必面面俱到,以提升教材使用效率。另外,对思想政治理论课教材使用的测评必须体现多元化,不宜局限于现有教材这一唯一标准,适当保障教材体系的灵活性和针对性。

5. 以打造长效机制为目标,加强思想政治理论课实践教学

(1)从制度上把社会实践纳入教学计划

将实践教学纳入思想政治理论课教学计划,从学时、学分上

给予保证,从基本制度上保证社会实践的经费投入、师资配备、时间安排以及学生参与。把实践纳入教学计划是建立社会实践长效机制的根本。

(2)开发实践教学基地,建设社会实践网络

建立起固定的实践基地,开通多方面的实践教学渠道是打造思想政治理论课实践教学长效机制的依托。在实践中做得好的高校一般都有稳定的教学实践基地。如重庆大学建立了一系列思想政治理论课实践教学基地。多年来一直把"三下乡"作为加强大学生思想政治教育的重要途径。该校每年确定一个主题,按照"重点组队,分散返乡"的原则,除每年统一组织近20支重点团队外,还要求所有的学生都要参加社会实践,以专题讨论和课题研究的形式组织统一考评,形成了比较健全的活动机制和覆盖广阔的社会实践网络,学校连续14年被评为全国大中专学生暑期社会实践先进单位。

(3)建立实践教学的考核机制

科学的评价机制是保证实践教学长效机制实施的重要环节,应把实践教学考核与课程考核结合起来。实践教学活动考核成绩计入课程成绩,占课程成绩一定比例,各高校根据不同的实践教育形式采取相应的考核方式及标准,主要考核学生在实践中对思政课知识的学习、应用情况。

6.以规范化建设为切入点,加强马克思主义理论学科建设

(1)规范马克思主义理论学科的研究对象

《中共中央宣传部教育部关于进一步加强和改进高校思想政治理论课的意见》强调要努力建设一个研究对象明确、功能定位科学的马克思主义学科体系。调研中,我们了解到不少高校特别是一些综合性高校在申报马克思主义理论一级学科和二级学科的博士、硕士点中,大都是整合全校优势资源,跨专业、跨学科申报的,故目前马克思主义理论学科边界比较模糊,研究对象不明确。有些专家建议要明确马克思主义理论学科及其所属二级学

科的边界，严格按照国务院学位委员会和教育部 2005 年下发的《关于设立和调整马克思主义理论一级学科及所属二级学科的通知(附件二)》和国务院学位办公室 2012 年下发的《关于加强马克思主义理论学科建设的意见》所规定的研究对象、研究范围和建设要求，结合本校实际，凝练并规范设计研究方向，当前重点要突出从整体上研究马克思主义而区别于分门别类研究马克思主义的马克思主义哲学、政治经济学、科学社会主义、中共党史等相关学科。

（2）以为高校思想政治理论课建设提供有力支撑的功能定位来规范马克思主义理论学科建设

《中共中央宣传部教育部关于进一步加强和改进高校思想政治理论课的意见》及其《实施方案》明确规定，设立马克思主义一级学科，为加强高校思想政治理论课建设，培养思想政治教育工作队伍提供有力的学科支撑。马克思主义理论学科必须为思想政治理论课教育教学输送人才，为思想政治理论课教师学术发展提供学科平台。国务院学位委员会和上级教育主管部门对马克思主义理论学科建设一定要定期督查，对把思想政治理论课教师排除在学科平台之外，孤立进行专业建设，或借马克思主义理论学科平台不进行马克思主义理论学科研究"借船出海"的高校，不能听之任之，应限期整改。

（3）组织、整合、规范马克思主义理论学科队伍

目前从事马克思主义理论学科建设的队伍构成比较复杂，不少人来自其他学科，特别是有些马克思主义理论学科点的负责人跨几个学科，身兼数职，既在政治学、中共党史等专业招生，也在马克思主义基本原理或马克思主义中国化二级学科招生；还有些人没有学科点平台，长期"挂靠"在马克思主义理论学科招生。必须清理"鸠占鹊巢""借船出海"现象，根据各马克思主义理论学科的性质和要求充实、整合、规范马克思主义理论学科队伍，使这支队伍真正在做本学科的教学和科研工作，不要占着马克思主义学科的平台，为其他学科建设做事，名不副实。

三、高校思想政治理论课"05方案"的主要特点

(一)"05方案"全面把握了高校思想政治理论课教学改革的必要性和重要性

当历史的车轮驶入新的世纪,国际国内环境发生了翻天覆地的变化。从国际上来看,世界多极化和经济全球化的趋势在曲折中发展,科技革命日新月异,综合国力竞争日趋激烈;各种思想文化相互激荡,西方敌对势力加紧对我国实施西化、分化的政治图谋。从国内来看,我国改革开放进一步深入,社会主义市场经济体制建立,社会经济成分、组织形式、就业方式、利益关系和分配方式以及人们的生活方式日益多样化;我国高等教育体制改革,特别是高等教育从精英教育阶段向大众化教育阶段的过渡稳步推进;信息和网络环境等,使得当代大学生的成长道路具有了不同于以往的独特性。

高校是大学生聚居的场所,更是国内外各种社会思潮汇集的前沿阵地。面对新的变化和新的情况,如何引导大学生正确认识当今世界错综复杂的形势,把握国际局势的发展变化和人类社会的发展趋势;如何引导大学生正确认识国情和社会主义建设的客观规律,增强在中国共产党领导下全面建设并建成小康社会、加快推进社会主义现代化的自觉性和坚定性;如何引导大学生正确认识肩负的历史使命,努力成为德、智、体、美全面发展的中国特色社会主义事业的建设者和接班人,是必须认真研究解决的重大而紧迫的课题。基于此,进一步加强和改进高校思想政治理论课教育教学,把思想政治理论课教育教学提高到一个新的水平,具有时代的特殊性和创新性。

(二)"05方案"重新构建了高校思想政治理论课课程体系

在全面思考"98方案""85方案"之间的逻辑演变关系的基础

上，"05方案"全面规划了高校思想政治理论课课程设置，并创新性地构建了新的高校思想政治理论课程体系。"05方案"针对当代大学生的思想和生活实际，在课程设置上突出了如何进行马克思主义基本原理、中国社会现实和中国历史这三个方面结合为一体的教育，切实增强了对当代大学生的全面的思想政治教育。"05方案"正式以"思想政治理论课"来概括原来的"两课"各门课程。这一新的概括，客观地反映了"马克思主义理论"和"思想教育"或"思想品德"这两类课程的内在联系，科学地综合了原来所称"两课"的基本内涵。

（三）"05方案"始终保持了马克思主义理论、马克思主义理论学科以及马克思主义理论教学的整体性

"05方案"遵循课程建设规律，集中体现了马克思主义理论、马克思主义理论学科和马克思主义理论教学的整体性。"05方案"把"马克思主义哲学原理"和"马克思主义政治经济学原理"两门学科调整为"马克思主义基本原理概论"一门学科。这一调整不是两门课程的合并或简单相加，也不是对"85方案"的简单回归，而是结合教与学的实际，对马克思主义理论整个体系创新性理解的结果。马克思主义是有着内在逻辑联系的"一块整钢"，但"这块整钢"多年来一直是被"分块打造"的。在课程建设上，高校思想政治理论课也是"分科"设置的。从课程设置和教学上凸显马克思主义整体性，旨在通过教学向学生展现一个整体性的马克思主义，而不是一个单向度的马克思主义，这是"05方案"的一个重要目的。强调马克思主义理论的整体性，主要是要解决"什么是马克思主义，怎样坚持马克思主义"这一重大的理论问题和现实问题。

（四）"05方案"突出体现了马克思主义中国化的理论成果及其延续性

如果说高校思想政治理论课的恢复和重建是与党的十一届

三中全会所开启的拨乱反正进程联系在一起的，"85方案"是与社会主义建设和改革开放的全面展开联系在一起的，那么"98方案"和"05方案"则是与中国特色社会主义理论体系的建构联系在一起的。中国特色社会主义理论体系包含邓小平理论、"三个代表"重要思想、科学发展观等理论成果。基于这一理论体系的发展脉络，"05方案"对"98方案"中分设的"毛泽东思想概论"课和"邓小平理论概论"课做了调整。一方面，党的十六大确立了"三个代表"重要思想的理论指导地位，要求"三个代表"重要思想进入高校思想政治理论课课程体系，"邓小平理论概论"课于2003年调整为"邓小平理论和'三个代表'重要思想概论"课；另一方面，基于"三个代表"重要思想同毛泽东思想、邓小平理论之间的一脉相承性，这三个理论都是马克思主义中国化的理论创新成果，所以原来的两门课程就可以结合起来并且进一步延伸，形成"毛泽东思想、邓小平理论和'三个代表'重要思想概论"这一门新的课程，并于2008年正式命名为"毛泽东思想和中国特色社会主义理论体系概论"课，从而将改革开放以来的创新理论加以整合成为一个理论体系，使学生能够从整体上理解和把握中国化的马克思主义。

（五）"05方案"特别强调了高校思想政治理论课的社会发展历史和理论发展历史两个方面的教育相结合

"05方案"提出开设"中国近现代史纲要"新课程。在教育部上报党中央研究的课程方案中，并没有"中国近现代史纲要"课，是党中央在研究新的课程设置时正式提出的。"85方案"强调的是社会发展历史的教育，开设了"中国革命史"和"中国社会主义建设"等课程；"98方案"则注重理论发展历史的教育，开设了"毛泽东思想概论"和"邓小平理论概论"等反映马克思主义中国化进程的课程。从高校思想政治理论课课程体系的演化来看，"05方案"的新调整吸收了前两个方案的优点，是对前者的发展与创新。对大学生的历史教育，既包括以中国共产党党史、中国革命史等为主题的社会发展历史的教育,也包括以马克思主义中国化进程为主题的理论发展历史的教育。"05方案"则把社会发展历史和理论发展历史这两个方面的教育结合起来,实现了中国近现代社会发展和马克思主义中国化理论发展的统一,构成了较为全面的历史教育和理论教育课程体系。

总的来看,"05方案"高度综合了马克思主义基本理论、马克思主义中国化的理论、道德和法制教育,实现了课程体系的科学整合。这一课程体系在体现鲜明时代性的同时又为自身不断发展开辟了更加广阔的空间,而这一课程体系与现实的结合又为学生将理论与实践相结合、提高实践能力与创新能力创造了有利的基础条件。

第三节　我国高校思想政治理论课改革的演进理路

推进高校思想政治理论课教学改革,增强思想政治理论课学科价值实现的实效性,这是高校思想政治理论课教学改革的主题。对于思想政治课价值的判断是否正确和有效都需要在教学实践的过程中寻找答案,并在实践中推动教学改革。教学改革的实现范式主要包括内容、期待承担的功能、健全教师队伍与教学模式等维度,这些维度的完善也是我国高校思想政治理论课改革的演进理路和目标。

一、思想政治理论课教学内容的调整与发展

内容是价值实现的承担者。党的十一届三中全会后,我国高校思想政治理论课经历了"两课"到思想政治课的整合,课程体系经历了诸多重大调整,如"98方案"和"05方案"。

(一)高校"两课"基本课程体系的建立

对于马克思主义基本理论课,1984 年全面改革的序幕拉开后,高校开设了中国社会主义基本问题课程。"85 方案"出台后,高校普遍开设了马克思主义原理、中国革命史及社会主义建设课程,还要讲授世界政治经济和国际关系。1991 年后,为应对西方思潮的影响,高校文科还开设世界政治经济与国际关系课程。在思想道德课程调整上,1984 年后,高校先后开设思想品德课和法律基础两门课程。1987 年,高校学生普遍必修法律基础、形势与政策,选修思想修养、人生哲理、职业道德 3 门课程。"两课"课程体系初步形成。1995 年国家教委总结了改革开放以来课程体系建设的经验,高校在思想品德课程上延续了 1984 年以来的课程体系,马克思主义理论课在延续"85 方案"的基础上,将中国社会主义建设课程更改为中国特色社会主义建设课程。

(二)高校"两课"课程体系的完善

党的十五大提出"邓小平理论"概念,作为马克思主义中国化的最新成果进入马克思主义理论课成为必然。1998 年,高校"两课"教学课程体系进行了调整,由"新五门"替代"老三门",在马克思主义理论课程中,马哲原理、政治经济学原理替代马克思主义原理课,毛泽东思想概论替代中国革命史,邓小平理论概论替代中国特色社会主义建设,延续了当代世界经济与政治作为文科的必修课。思想品德教育课延续了 1984 年的课程体系,必修思想道德修养、法律基础两门课。这次改革后,课程中既有马克思主义基本原理,又有马克思主义中国化的理论成果,还有应用马克思主义的立场、观点和方法,分析政治、经济、文化和道德现象的理论。

(三)高校思想政治课程体系的整合

党的十六大高度评价了"三个代表"重要思想,随之邓小平理论概论课被调整为邓小平理论和"三个代表"重要思想概论课。

2005 年,中宣部和教育部对"两课"教学进行了整合,"两课"统称思想政治理论课。这次调整最大的特点就是整合,精简、增加、调整,由 7 门必修课整合为 4 门必修课。恢复了马克思主义基本原理概论,撤销马哲原理、政治经济学原理两门课程;马克思主义中国化成果被整合为一门课程,撤销毛泽东思想概论、邓小平理论和"三个代表"重要思想概论;思想品德课整合了思想道德修养和法律基础为 1 门课程;新开设中国近现代史纲要;形势与政策课又以必修课的方式延续了下来。

二、思想政治理论课承担功能的拓展与延伸

功能与价值密切相连,可以说价值是功能发挥的衡量标准,功能是价值实现的表现形式。随着教学内容的调整,高校思想政治承担的功能也在不断地拓展和延伸。从单纯承担意识形态功能,到承担人文涵育、道德与法制教育以及职业理想教育等功能,功能拓展体现了思想政治课价值实现方式的变化。

(一)思想政治课的意识形态功能

思想政治课承担意识形态功能在于二者在本质上具有同一性,即思想政治教育和意识形态都反映了一定阶级和群体的根本利益。思想政治理论课通过多种教学方式向高校学生传授社会主义主流意识形态的内容,并使之内化于心,形成与国家意志相一致的思想和价值观念,外化于行,以此指导和规范自己的行为。思想政治课程调整都是基于这样的原因。一是党的重大理论调整。如邓小平理论和"三个代表"重要思想加入课程体系;二是国家形势的变化。党的十一届三中全会后,我国经济体制改革不断推进,改革开放的宽度和深度不断扩大,资本主义学说、价值观念和生活方式对高校学生产生了很大影响,因此,国家教育部门规定在高校开设世界政治经济与国际关系课程。这些调整都是服务于意识形态功能的实现。

（二）实现对学生道德和规则的教化

良好道德品质的培养和教育，当涉及社会、民族、国家、政党的时候，就需要思想政治理论的升华。思想政治教育的价值理性就表现在传递给高校学生以道德和法律的文化，塑造他们道德和规则意识，促使他们探索正确的生活方式，使他们向善，促进知、情、意、德、智、体的全面发展，成为自觉、自律的人。改革开放后，思想道德修养与法律基础课程于1984年开设，在1987年的思想政治课程中，高校学生思想修养、人生哲理、职业道德都作为选修课出现在高校思想政治课程中。这些都是为了实现思想政治课的道德和规则的教化功能。

（三）塑造高校学生的职业理想

职业理想是高校学生实现人生抱负的重要精神支柱，对促进高校学生按照职业理想在学业上奋发进取，在人格上努力塑造，在人际交往上努力拓展，从而提升自己的能力具有重要作用。职业理想教育除了其自身是德育内涵丰富的载体之外，更重要的是它能把自己的职业规范和能力要求转变为一种内驱力，让学生主动、积极地接受社会规范的约束，增强自身素质，这是高校学生社会化和职业化的有效形式。因此，职业生涯教育在思想政治课教学中也占据了一定的地位。例如人生哲理、职业道德等课程对于培养学生职业意识具有重要作用，形势与政策课可以帮助学生正确设计职业生涯，很多高校还可设校本课程，如重庆城市职业学院开设人际沟通课程。

三、思想政治理论课师资队伍充实与提高

思想政治课教师是实施思想政治教学改革的主体。党的十一届三中全会后，高校恢复马列主义理论教学，建立马列主义教研室，补充和培养师资队伍。一些调离了教学岗位而又不能用其

所长的理论课教师归队,高校着手招生,培养理论课教师,每年选留一些毕业生,充实师资队伍。

(一)教师队伍的整合

一是通过机构整合来实现队伍的整合。2008年前,高校思想政治课教学部门有马列部、思政部、"两课"部、社会科学部等,多种部门并列。2008年,中宣部和教育部对教师队伍建设提出意见,要求建立健全教学科研组织机构。高校已逐步取消了政治课教学部门建制,将它与相关专业合并,组成马克思主义学院,既是教学部门也是理论研究机构。二是通过建立专兼职教师队伍来整合。2008年中宣部和教育部提出了思想政治课教师队伍的专任为主、专兼结合的原则,"不求所有、但为所用",充分吸引校内外学术带头人、教学骨干以及社会上的专家学者、领导干部承担教学。三是坚持集体备课制,集思广益,做好思想政治课教学。

(二)教师任职资格要求的提高

在拓宽思想政治课教师队伍来源的同时,对思想政治课教师的要求也随之提高。有些校领导认为,思想政治课教学是简单的教学活动,每一个教师都可以胜任,退伍军人、政工干部、教学管理人员都来承担了思想政治理论教学工作。1984年,中宣部和教育部就明确了思想政治课教师的学历要求,应当具有大学以上文化程度。2008年中宣部和教育部提出了思想政治课教师任职资格认证制度,对思想政治课教师的政治性、教学水平提出了严格要求。对新任教师的政治性、学位,以及从事的工作提出了要求,原则上应是中国共产党党员,具备相关专业硕士以上学位,工作期间应兼职从事班主任或辅导员工作。

(三)重视教师队伍培训

思想政治课最大的特点就是理论与现实的结合,思想理论课教师要帮助高校学生解决实际认识问题。社会问题是不断变化的,因此思想政治课教师的素质要不断更新,使思想政治课教师综合掌握和运用各门课程的有机联系,提高教学的实效性,这就要求加强在职培训。2008 年,中宣部和教育部提出,要通过岗前培训、课程轮训、骨干教师研修和在职培训提高教师素质。2013年教育部对教师队伍培训提出了更加详细的要求,除了在职培训之外,增加了项目资助计划和宣传推广经验的计划,教师队伍在职培训更加完备。

四、思想政治理论课教学模式不断探索和创新

思想政治课的价值须通过一定的途径和方式来实现。没有科学的、能激发学生学习积极性的行之有效的教育方法,也收不到预期的效果。在实践中,思想政治课价值的实现方式方法是丰富多彩的。

(一)由单一的讲授到综合教学方式的运用

现代思想政治课教学,学生不再满足于教师课堂上干巴巴的说教。传统的教师讲、学生听,教师写、学生记的教学方法和手段已无法激起高校学生的兴趣。思想政治课的教学方式由单一灌输式教学,到课堂讨论、学生演讲会、辩论赛、撰写学习体会和论文,形成了以提高教学信度、效度为目标,以"材料进课堂"为措施,辅之以时政演讲、时政知识竞赛、辩论赛以及撰写政治论文的教学模式,开阔了学生视野,增长了见识,增强了辨别能力和自我教育能力,促进了学生良好思想品德的形成。

(二)传统的板书教学到现代传媒教学

当前高等院校的思想政治课教学,基本都不同程度采取多媒体教学,声、光、电技术在课堂教学中广泛应用。这种教学方式运用多种现代化手段对各种信息进行加工处理、显示与重放,并配之以模拟仿真与动画技术,使一些在普通条件下无法实现或无法

观察到的过程与现象直观、生动、形象地显示出来，既简洁明了，又生动形象，大大增强了学生对抽象事物与过程的理解和感受，有助于提高学生的学习兴趣和效率。

（三）"第二课堂"在教学中比重的增加

传统的思想政治课教学强调教师的主导作用，对学生的主体性重视不够。思想政治课的实践性特点，决定了教学活动必须与社会实践活动紧密结合，以培养学生的社会实践能力。这不仅是实现思想政治课教学任务的重要形式，而且是提高教学实效性的重要途径和根本方法。通过第二课堂的开辟，学生可以深入社会，调查研究，撰写调查报告，举行调研报告会等，形式日趋丰富多彩，灵活生动，贴近实践，贴近生活，教与学的关系日益紧密，呈现了学生的主体地位。

改革开放以来，为了满足培养中国特色社会主义事业建设者和接班人的需要，高校思想政治理论课一直处于不断改革之中，取得了很多有益的经验，也面临着诸多挑战。高校思想政治教育工作者必须时刻把握时代脉搏，准确总结经验和教训，推动高校思想政治理论课改革迈向新的台阶。

本章小结

高校思想政治理论课教学改革的不断推进，在于对课程建设理念和根本目的的正确把握。我国高等院校教学改革的根本目的是提高人才培养质量，作为高校思想政治教育的主渠道和主阵地，高校思想政治理论课责无旁贷。"98方案""05方案"都坚持并强化了高校思想政治理论课的重要作用，并在理论课教学改革方面做出了有益的探索，有助于高校思想政治理论体系的完善，有助于高校学生正确的世界观、人生观、价值观的形成，有助于实现文化自信、道路自信、理论自信、制度自信，更好地建设社会主义和谐社会。

第三章 我国高校思想政治理论课改革的实践基础

高校思想政治理论课成了对青年大学生给予思想政治教育的重要渠道。党和国家历来均对此非常重视,相继制定出台很多指导和支持课程建设的方针、政策、措施,致力于促进课程教学质量明显提升。不过,如今高校思想政治理论课教学中有着很多问题,比如吸引力较弱、说服力缺乏、引导力不突出,所以,高校思想政治理论课教学改革很有必要。新时期,随着我国经济的快速发展,社会主义现代化建设取得了诸多成绩,国家也越来越重视培养高素质创新人才,青年大学生无论是在学习上,还是生活上或是思想政治状况上均出现一些新特点,这不仅是高校思想政治理论课教学改革过程中所遇到的重大机遇,同时也是一种挑战,这更是高校思想政治理论课教学进行改革的意义所在。

第一节 我国高校思想政治理论课改革的机遇

所谓机遇其实就是契机、时机或机会,常常被视为有利的条件和环境。通常情况下,机遇具有一定的时间限制,换句话说机遇有着一定的有效期,当时间过后,就无法得到了。而高校思想政治理论课教学改革面临着很大的机遇,具体来讲,包含以下几个方面。

一、知识经济迅速发展所带来的超前性机遇

（一）知识经济思想的由来

知识经济是将知识作为基础的经济，属于一种新型的极富生命力的经济形态，这一个概念同农业经济、工业经济相对应。事实上，知识经济中的"知识"属于一个拓展后的概念，主要包含以下几个方面：其一，它是与事实方面相关的知识；其二，它涉及原理和规律领域的知识；其三，它涉及操作的能力，主要包含技术、技能、技巧和小窍门；其四，它指的是针对社会关系的认识，从而可以方便接近相关学者、专家且充分利用他们的知识，换句话说是有关管理领域的知识和能力。从中可以看到，创新能够推动知识经济的快速发展，而教育、文化和研发属于知识经济的先导产业，成了知识经济时代极为重要的部门；而既具有知识又有着高素质的那些人力资源、人才资源则成了最具重要意义的资源。

事实上，知识经济这一思想最早可以追溯到十六七世纪。在1620年，英国著名的哲学家、思想家弗兰西斯·培根在著作《新工具》这本书中这样说道："人类知识和人类权力归于统一；这是因为凡不知原因的时候就无法产生结果。要支配自然就需要服从自然；然而凡在思辨中为原因者那么在动作中则为法则。"培根的这一论述体现了"知识就是力量"这一重要思想，该思想体现四点：其一，知识是了解、掌握大自然深奥与神秘的一个巨大手段；其二，知识在驾驭大自然过程中有着巨大的力量；其三，知识成了治理国家和社会变革的重大力量；其四，知识成了人类自身不断完善的一个十分重要的手段。在19世纪中期，马克思曾这样说道："固定资本的发展已经表明，通常情况下的社会科学知识、学问在相当大的程度上已经转换成了直接生产力，进而使得社会生活过程的条件自身已经在相当大的程度上受到通常情况下的知

识的控制且根据这种知识而给予改造。"①

(二)知识经济思想的发展

1912年,德国知名的政治经济学家熊彼特在所著的《经济发展理论》中这样指出,资本主义之所以发展并非因为资本和劳动力,而是因为内部自身的创造性,也就是创新。创新所发挥的关键作用使知识和信息能够被生产、传播以及使用。

在20世纪50年代之后开始的信息技术革命迅速引起了一场全球信息化狂潮。1959年的夏天,美国哈佛大学著名的社会学家丹尼尔·贝尔在位于奥地利萨尔茨堡学术讨论会上首次提及了一个新的概念——"后工业社会"。对于大多数人来讲,这一概念是陌生的,他这样解释道:"所谓后工业是紧紧围绕着知识所创建起来的,致力于推动社会管理和知识领域的改革和创新。"1973年,他所著的《后工业社会的来临》顺利出版。在这本书中他写道:"该书就是围绕着后工业社会来讲的,换句话说后工业社会成了这本书的主题,它是同西方社会结构变化有着很大关系的一种社会预测。"1962年,美国著名的经济学家、情报学家弗里茨·马克卢普在所著的《美国的知识生产和分配》中详细地分析和探讨了在美国经济飞速发展过程中知识和信息发挥了极其重要的作用。

20世纪八九十年代,世界加快了由传统工业社会朝着现代信息社会的方向以及工业经济朝着知识经济的方向转变。

1980年,美国著名的未来学家阿尔文·托夫勒发表了很多代表作品,其中他在所著的《第三次浪潮》中这样预测到:人类不仅经历了首次农业化浪潮,而且经历了第二次工业化浪潮,"如今,我相信我们恰恰处在一个全新的综合时代的边缘"。而本书的题目《第三次浪潮》最重要的特征则为信息化,这一浪潮会将全人类带入一个信息化社会中。虽然实际情况是,在2009年左右"大数

---

① 马克思恩格斯列宁斯大林论科学技术[M].北京:人民出版社,1997:31—32.

据"才真正成为网络信息技术行业一个十分流行的词汇,不过,阿尔文·托夫勒在这本《第三次浪潮》中就已经给予大数据很高的评价,把其称作"第三次浪潮的华彩乐章"。①

1982 年,世界著名的未来学家约翰·奈斯比特在著作《大趋势》中说道:"知识成了我们经济社会的重要驱动力。"基于这种认识,他对信息经济社会这样下定义:信息经济社会不是虚构的,它真实地存在这个世界上,成了创造、生产以及分配信息知识的一个经济社会。在分析信息经济社会有着哪些重要特征的时候,他这样指出:在信息经济社会中发挥决定性作用的生产要素并非资本而是信息知识;价值获得增长是凭借知识进行实现的。他更是直接将"信息社会"这一概念代替了"后工业社会"概念和其他提法。

20 世纪 90 年代初期,美国阿斯奔研究所等一些单位联合创建了一个信息探索研究所,而且在《1993—1994 年鉴》中将《知识经济:21 世纪信息时代的本质》作为总标题发表了 6 篇论文,分别从各个方面分析了"明天信息社会"有着怎样的本质和特征,明确说道:"信息和知识正在代替资本和能源而发展成了可以创造出财富的一项重要资产,就如同资本和能源在 200 年前代替了土地和劳动力那样。不仅如此,20 世纪信息技术的快速发展,推动劳动从体力渐渐转变成智力。之所以出现这种现象是因为世界经济已经发展成为信息密集型的经济,无论是信息抑或是信息技术均有着独特的经济属性。"1991 年,美国政府智囊团率先提出了"信息社会"这一概念。1992 年,西方七国集团在比利时的布鲁塞尔召开了一次信息技术部长会议,该会议顺利通过了创建信息社会的重要原则和中间试验计划,同时第一次构思设想了"全球信息社会"。在 1996 年 5 月,联合国在南非约翰内斯堡召开了以信息社会和发展为主题的部长级会议,该会议探讨了将信息高速公路作为重要标志的信息社会即将到来,它的到来将会对世界引起

---

① 搜狐网.大数据,谱写第三次浪潮的华彩乐章[EB/OL]. http://www.sohu.com/a/112820874_478118.

持久而深刻的变化,同时也会对国际之间的合作有着很大影响,而且顺利通过了全球 Internet 的建设计划、全球环境与资源管理计划、全球紧急情况(比如特大自然灾害)管理计划、全球卫星计划(包含遥感卫星)和海洋信息社会建设等一些重大计划。几乎与此同时,联合国相关研究机构用到了"知识经济"这一概念,而且明确了这种新型经济有哪些性质。

1996 年,经济合作与发展组织在一篇名为《1996 年科学、技术和产业展望》的报告里,既全面又系统地探讨了知识经济的具体含义,同时明确提出知识经济的指标体系和测度。该报告这样指出,所谓知识经济是指将知识(智力)资源的占据、配署、生产和使用(消费)作为主要因素的一种经济。该报告将人类迄今为止所创造出的一切知识分成四种形态:其一,事实知识;其二,原理知识;其三,技能知识;其四,人力知识。该报告认为,知识经济具有以下重要特征:第一,信息科学技术的研发逐渐演化为知识经济的基础;第二,伴随着知识经济的飞速发展,信息和通信技术越来越处于中心地位;第三,服务业在知识经济中发挥着非常重要的作用;第四,人力的素质和技能发展成了知识经济能否实现的一个决定条件。

1998 年 3 月 6 日,英国著名物理学家、宇宙学家斯蒂芬·霍金被邀请到美国白宫,为当时美国总统克林顿和数十名科学家作了一篇题为"想象和变革:未来一千年的科学"的学术报告。这一报告涉及很多领域,诸如时空、宇宙、物理、生物技术、信息科技等。在他看来:"能够预见因为基因工程发展而不断增长的生物复杂性以及存在人工智能且能够给予自我设计的计算机的发展,未来将是持续发展的,并非停滞不前的……如今,我们恰恰处在一个新时代的边缘地带中。"这里所讲的新时代其实就是知识经济时代。

自从实行改革开放政策以来,国家对于知识给予很大重视。邓小平曾经说过要"尊重知识、尊重人才",而且率先提出了"科学技术是第一生产力"这一论断,同时将发展教育纳入我国的基本国策中。1983 年,邓小平为北京景山学校题词:"教育要面向现代化,面向世界,面向未来。"①如今该题词早已成了我国教育事业一项极其重要的方针。这些均为知识经济的到来奠定了坚实的思想理论基础。1998 年 2 月 4 日,江泽民在一篇名为《迎接知识经济时代,建设国家创新体系》的分析报告中做出了重大指示:"知识经济、创新意识在我们 21 世纪的发展中发挥着至关重要的作用。"2002 年 11 月,党在十六大报告中这样指出:"务必尊重劳动、尊重知识、尊重人才、尊重创造,这成了党和国家的一项重大方针,需要在全社会认真贯彻、落实。"2010 年 7 月 30 日,我国政府出台的重要文件《国家中长期教育改革和发展规划纲要(2010—2020 年)》这样指出,我国高等教育发挥着培育高素质专业人才、发展科技文化、推动社会主义现代化建设的重要作用。

2017 年 3 月 4 日,习近平总书记看望参加全国政协第十二届五次会议中的民进、农工党、九三学社委员,而且参与了联组会,听取他们的意见和建议。在这次联组会上,习近平提及"知识分子"这一词语的次数高达 22 次,而且频频使用"尊重""信任"等诸多词语,从中可以看出他对于知识分子是何等重视,同时为广大领导干部怎样同知识分子沟通、交流指明了方向。

习近平大力强调,整个社会不仅要关心知识分子,而且要尊重知识分子,创造一个既尊重知识又尊重知识分子的浓郁氛围。需要有一双识才的慧眼、爱才的诚意、用才的胆识、容才的雅量、聚才的良方,广开进贤之路,将各方面知识分子凝聚在一起,将天下英才汇集在一起而使用他们。各个级别的领导干部均需要善于同知识分子沟通、交流,努力与知识分子做挚友、做诤友。需要充分信任知识分子,在进行重要工作和重大决策的时候需要征求知识分子的意见和建议。

2017 年,习近平在"4·26 讲话"中这样说道:勇立潮头、引领

---

① 人民网.教育要面向现代化,面向世界,面向未来[EB/OL]. http://cpc.people.com.cn/n1/2017/0208/c69113-29066863.html.

创新属于广大知识分子所应当具有的品格；同时天下为公、担当道义成了广大知识分子所应当具有的情怀。知识分子工作在党的所有工作中占据着重要地位，各个级别的党委和政府、各个级别的领导干部需要针对工作和决策过程的有关问题主动征求广大知识分子的意见和建议，欢迎他们提出批评。①

如今，提高科学文化水平正在逐渐成为整个国家、整个民族的自觉意义，青年一代一直期望着能够享受高质量的高等教育资源，这不仅推动了高校思想政治理论课教学的改革与发展，同时为其提供了非常好的舆论环境和强大的需求动力。

（三）知识经济概述

知识经济实质上包含三方面，分别是高技术经济、高文化经济以及高智力经济，它属于可持续发展的经济，不仅将高技术产业作为支柱，同时将智力资源作为依托。而知识经济时代则事实上包含四方面：一是资源配置集约化；二是产业支柱高科技化；三是知识使用智能化；四是知识驱动多元化。在这个时代中，知识、技术与经济有着更加密切的联系，由知识然后到技术最后到经济的作用时间大大缩短，使得知识对于经济有着更大的影响力，与此同时科学技术与经济越来越全球化。

知识经济的核心部分是科学技术，关键部分是人才，基础部分是教育，尤其是高等教育。如今是知识经济时代，在这个时代中，教育与经济发展之间有着更加密切的联系，促进经济发展的作用也凸显出来。所以，不仅重视教育，而且重视学习，同时重视创新成了知识经济时代中最为重要的特征。在知识经济时代，教育同经济发展的关系将越来越密切，推动经济发展的作用也越来越明显。因此，重视教育、重视学习、重视创新，是知识经济时代极其重要的特征。2016 年 12 月 7 日，习近平在出席我国高校思想政治工作会议上发表了重要讲话："教育强，则国强。高等教育

---

① 中国青年网."4·26 讲话"一周年，习近平为何青睐这三类人[EB/OL]. http://news. youth. cn/wztt/201704/t20170426_9584799. htm.

发展水平是一个国家发展水平和发展潜力的重要标志。实现中华民族伟大复兴,教育的地位和作用不可忽视。我们对高等教育的需要比以往任何时候都更加迫切,对科学知识和卓越人才的渴求比以往任何时候都更加强烈。党中央作出加快建设世界一流大学和一流学科的战略决策,就是要提高我国高等教育发展水平,增强国家核心竞争力。"①2017 年,中国新闻出版研究院发布的第十四次全国国民阅读调查结果显示,中国成年人每年每人平均所阅读的图书数量将近八本书②,远远低于那些发达国家的阅读量。如今是一个知识经济时代,只有保持终身学习的良好习惯才能与时俱进,不被时代淘汰。唯有保持终身学习的习惯才能跟上时代的步伐。在知识经济时代,创新成了一切发展的直接动力,正如习近平在 2015 年 9 月 26 日联合国发展峰会上所讲的那样:"创新带来生机,创新产生动力。"③

　　知识经济的以上几个特征,决定了原始性创新成了科学技术创新的制高点。而促进原始性创新,务必倡导创新精神,健全创新机制,改善创新环境,培养创新文化,这些均为高等院校教学改革指明了方向。高等院校成了知识传播、社会主义核心价值观宣传、科技竞争的制高点。而推进原始性创新,必须提倡创新精神,完善创新机制,优化创新环境,培育创新文化。这为高等教育的改革指明了方向。高等教育作为知识传播、社会主义核心价值观的宣传、创新和应用的重要阵地,正在由经济、社会发展的边缘朝着中心迈进。高等院校教学改革的一大目的是凭借构建创造性的教育模式,大力挖掘青年大学生潜在的创新能力,使得高等院校为社会、经济的发展做出更大的贡献。所以,知识经济的迅速

　　① 人民网.习近平在全国高校思想政治工作会议上强调:把思想政治工作贯穿教育教学全过程　开创我国高等教育事业发展新局面[EB/OL]. http://dangjian. people. com. cn/n1/2016/1209/c117092－28936962. html.

　　② 凤凰资讯网.中国人均每年读书近八本　回归传统纸质图书或将成为潮流[EB/OL]. http://news. ifeng. com/a/20170419/50967140_0. shtml.

　　③ 人民网.习近平关于创新发展的十个最新表述[EB/OL]. http://news. 0898. net/n/2015/1209/c231185-27278408. html.

兴起也使得高校教学改革面临着非常大的机遇。

（四）知识经济迅速发展为高校思想政治课改革带来的机遇

为了适应知识经济时代的要求，各个高校务必吸收、借鉴先进的教育理念，持续推动教学模式和大学生培养模式改革，其原因有两个：其一，各个学科领域之间的知识相互交织在一起，且网络越来越全球化，传统的理论课教学受到非常大的挑战，青年大学生对于教育者的依赖性大大减少，他们可以在网络上找到海量的学习资源并拿来使用，不仅如此，网络上各种"模拟大学""电子图书馆""电子教室"均促使一种新型教学模式的到来。其二，青年大学生在高等院校的生存和发展中起到决定性作用，知识经济需要人才富有自己的个性和特色，那种照本宣科、千篇一律的理论课教学模式受到了前所未有的挑战。只有知识持续创新、思想与时俱进、科技越来越先进，才能够满足知识经济对于高校理论课教学由精英教育阶段朝着大众化教育阶段的方向迈进的发展需求。

知识经济的大力发展为我国高校思想政治理论课教学改革提供了真正的超前性机遇。我国高等院校思想政治理论课教学改革会着重强调理论课教学同帮助大学生群体掌握各种丰富知识，尤其是最新知识紧密结合在一起。究其原因是我国高校思想政治理论课包含哲学、政治经济学、科学社会主义等诸多学科原理，而且涵盖经济、政治、文化、法学、历史、法律、社会、环境、生态等诸多领域专业知识。换句话说，我国高校思想政治理论课是一门综合性非常强的系列课程，所以，新时期青年大学生群体在了解并掌握理论知识的前提下，还需要主动运用到实践环节，向广大人民群众学习，而且努力学习经济、政治、文化、法学、科技、社会和国际等诸多领域的新思想、新知识以及新技能，奠定理论基础，提升专业素养；不断创新，提升包含人文素养、道德素养、科学素养、心理素养在内的综合素养。

二、科教兴国战略、人才强国战略与创新驱动发展战略所带来的导向性机遇

（一）国家对科教兴国战略、人才强国战略的重视

新时期，国家更加注重对于人才的培养，怎样培养一支有着高素质的人才大军？在 2015 年 4 月 28 日，习近平在庆祝"五一"国际劳动节暨表彰全国劳动模范和先进工作者大会上的讲话中已经给出了答案："要深入实施科教兴国战略、人才强国战略、创新驱动发展战略，把提高职工队伍整体素质作为一项战略任务抓紧抓好。"[①]

新时期是一个教育的时代，一方面来讲，教育同社会之间有着更加密切的联系，推动教育的快速发展；从另一方面来讲，我国教育事业把人才培养工作放在更加重要的位置，教育的竞争会越来越激烈。科教兴国战略、人才强国战略与创新驱动发展战略的提出既能够彰显党对于我国教育所处的历史方位有着科学的把握，而且对于我国高校思想政治理论课教学也提供了政策导向。

当今世界国与国之间的竞争，归根结底是人才的竞争，而且是全球领域的人才竞争。哪个国家拥有最多、最优秀的人才，那么这个国家就能在国际竞争中处于优势地位。所以，几乎所有国家均注重教育，寻求教育、人才战略。在 1995 年 5 月 6 日，我国出台的《中共中央国务院关于加速科学技术进步的决定》，第一次提到采取科教兴国的战略。究竟什么是科教兴国？其实，它指的是全面贯彻科学技术是第一生产力这一重要思想，大力坚持教育为本，将科学技术和教育放在我国发展的重要位置，不仅提升我国的科学技术能力，而且提升生产力转化的能力，同时提高整个民族的科技文化素质。1996 年，党在第八届全国人民代表大会第

---

① 中国共产党新闻网. 习近平叮嘱加快科技人才建设：功以才成，业由才广［EB/OL］. http://cpc. people. com. cn/xuexi/n1/2016/0611/c385474-28425138. html.

四次会议上正式提出将"科教兴国"列入我国的基本国策中。为了全面贯彻科教兴国战略,我国农业、工业、国防、财贸等各个行业和部门均提出实行科技振兴行业这一发展战略。各个省份、市、自治区及各个区域(市)、县(市)均准备执行科教兴省、科教兴市以及科教兴县这些重要的发展战略和发展方针。

2013年9月25日,习近平在"教育第一"全球倡议行动一周年纪念活动上发表讲话:"中国将坚定实行科教兴国战略,始终将教育放在优先发展的战略位置,持续加大投入,努力发展国民教育、终身教育,创建学习型社会,致力于让每个孩子均享有受教育的机会,致力于让13亿人民享受到既好又公平的教育,获取发展自身、奉献国家、造福人民的能力。"①

新时期,国际、国内形势发生了很多变化,人才问题上升到了我国国家发展的战略性层面。如果从国家方面进行分析,则经济全球化更深一步发展,科学技术取得很大进步,无论是知识创新还是科技创新抑或是产业创新均持续加速,经济放在基础位置、科学技术作为先导的国际竞争力越来越激烈,人才资源在一个国家竞争力强弱方面发挥着重要作用。如果从国内方面进行分析,则中国已经迈入了全面建设小康社会时期、全面建成小康社会时期、加快促进社会主义现代化这一关键时期,社会发展多样化需求同人才资源缺乏之间的矛盾性日益凸显出来,高素质、高技能的人才极其缺乏;人才结构分布存在很多不合理之处;无论是人才管理体制还是运行机制均同市场经济体制之间有很多不吻合的地方等,这些问题均被提到了我国的议事日程上。2000年,我国第一次提出了"要制定和执行人才战略"。同年,党在十五届五中全会上进一步提出,需要将培育、吸引和用好人才视作一项非常重要的战略任务且给予大力重视,致力于创建一支规模宏大、高层次的人才队伍。2001年,我国出台的《中华人民共和国国民

---

① 中国共产党新闻网.习近平主席在联合国"教育第一"全球倡议行动一周年纪念活动上发表视频贺词[EB/OL]. http://cpc. people. com. cn/n/2013/0927/c64094-23052930. html.

经济和社会发展第十个五年计划纲要》专门分出章节提到"实施人才战略,而且壮大人才队伍",这也是中国第一次把人才战略列入国家战略中,把其纳入经济社会发展的整体规划和布局中,使之成为一个极其重要的组成部分。2002 年,面对中国加入世界贸易组织之后的新形势,不仅直接面临经济全球化的竞争,而且面临综合国力之间的竞争,为了确保我国社会经济健康、持久的发展,我国出台了文件《2002—2005 年全国人才队伍建设规划纲要》,第一次提到了"实施人才强国战略",该文件对于当前我国人才队伍建设给予了整体规划,确立了这四年间我国人才队伍建设所制定的指导方针、所定下的目标任务和所需要采取的主要政策措施。这一文件属于我国人才强国战略的进一步深化。2003 年12 月,中共中央第一次召开了中央人才工作会议,出台了《中共中央、国务院关于进一步加强人才工作的决定》这一重要文件,该文件着重强调,实施人才强国战略属于党和国家一项意义重大而又非常紧迫的任务,而且更深一步确定了该阶段中国人才工作有着怎样的重要意义,强调了人才工作有哪些根本任务,制定了诸多相关方针、政策。2007 年,人才强国战略成了发展中国特色社会主义的一项基本战略,列入党章和十七大报告中。作为三大基本战略之一,写进了《中国共产党党章》和党的十七大报告。

新时期,关于人才,习近平深刻指出:"国家的强盛,归根到底需要依靠人才;我们比以往任何时期都更接近完成中华民族伟大复兴这一宏伟目标,我们也比以往任何时期都更加渴求人才;如果没有一支规模宏大的高素质人才队伍,那么全面建成小康社会的奋斗目标和中华民族伟大复兴的中国梦就很难顺利实现。"[①]这一重要论述,把人才视作了党治国理政的一项关键资源,深刻反映出人才资源对于一个民族的振兴、一个国家的富强有着重要的现实意义和持久的历史意义,同时吹响了全面促进人才强国战略

---

① 中华人民共和国人力资源和社会保障部.大力实施人才强国战略——深入学习习近平总书记关于人才工作的重要论述[EB/OL]. http://www. mohrss. gov. cn/SYrlzyhshbzb/dongtaixinwen/buneiyaowen/201502/t20150203_151105. htm.

这一战斗号角。而且,习近平也明确说道:"人才资源作为经济社会发展第一资源的特征和作用更加凸显,人才竞争已经成为综合国力竞争的核心。"①新时期,越来越多的国人拥有留学的机会,而且很多的留学生学有所成之后回到祖国工作。2013年,习近平在欧美同学会成立100周年庆祝大会上发表了重要讲话且大力强调,"党和国家将遵循支持留学、大力鼓励回国、来去均自由、发挥作用的方针,将做好留学人员工作视作实施科教兴国战略和人才强国战略的一项重要任务,使得留学人员回到祖国有更多的用武之地,留在国外有报效国家之门。我们真诚欢迎更多留学人员回到祖国工作、为祖国服务。"②"聚天下英才而用之",如今,人才强国战略的实施已经进入了全面发展的新阶段。

2007年党在十七大会议上明确提出,科技发展需要始终紧紧围绕经济社会发展这一核心任务,要解决制约经济社会发展的重要问题;要构建将企业作为主体、将市场作为导向、产学研结合在一起的创新体系,让企业发展成为创新主体;高新技术并非独立发展的产业,而是需要与传统产业全面结合在一起。在2012年,党在十八大上对于以上认识给予了精辟总结,进一步明确说道:"科技创新成了提高社会生产力和增强综合国力的一项重大战略支撑,务必放在国家发展全局的中心位置";到2020年,我国已经进入创新型国家行列中。事实上,国际上普遍认同的那些创新型国家中,科技创新对于经济发展有着最高端贡献率。中国要想更好地发展就必须要走出一条具有中国特色的自主创新道路,采取创新驱动发展战略。这些成了党放眼于整个世界、立足于全局、面向整个未来所做出的一项重大决策。

(二)国家对创新驱动发展战略的重视

2013年9月30日,习近平在十八届中央政治局第九次集体

---

① 薄贵利.人才强国战略是强国第一战略[N].人民日报,2017-06-14.

② 新浪财经网.习近平:做好留学人员工作作为科教兴国战略要任[EB/OL].http://finance.sina.com.cn/china/20131021/164617059356.shtml.

学习时发表重要讲话："实施创新驱动发展战略关系着中华民族前途命运。如果没有强大的科技作依托，那么'两个翻番''两个一百年'的奋斗目标很难顺利实现，中国梦这篇大文章也很难顺利写下去，我们同样很难从大国走向强国。整个党整个社会均需要充分认识到科技创新所发挥的巨大作用，将创新驱动发展视作面向未来的一项非常重大战略，常抓不懈。"

2013年9月30日，习近平在十八届中央政治局第九次集体学习时发表讲话，"实施创新驱动发展战略，决不能'脚踩西瓜皮，滑到哪里就算哪里'，需要大力抓好顶层设计和任务落实。其中顶层设计需要放眼全世界，找准世界科技有哪些发展趋势，找准科技发展存在哪些现状和应走的路径，将发展需要同现实能力、长期目标和短期工作统筹起来考虑，既有所为也有所不为，提出与实际相符的发展方向、目标以及工作重点。"

2016年3月所颁布的"十三五"规划纲要里将"实施创新驱动发展战略"加入了一章新内容，也就是"强化科技创新引领作用"[①]，该纲要明确提到要大力发挥科学技术创新在整个创新工作中的引领作用，大力提升自主创新能力，从而为经济社会的快速发展提供持久的动力。

（三）实施创新驱动发展战略的必要性

实施创新驱动发展战略无论是对于提升我国的国际竞争优势还是增强经济社会发展的长期动力均有着战略性意义。实行改革开放政策将近40年以来，我国经济社会之所以取得巨大发展很大程度上是因为我国劳动力和资源环境有着比较低的成本优势。新时期，我国在国际市场上这一低成本优势已经渐渐消失。同低成本优势进行比较，技术创新有着不容易模仿、附加值比较高等诸多显著特点，由此所建立的创新优势不仅持续时间比较长，而且竞争力比较强。而实施创新驱动发展战略，推动低成

---

① 中国文明网. 习近平总书记如何下好创新驱动"先手棋"[EB/OL]. http://www. wenming. cn/djw/djw2016sy/djw2016syyw/201709/t20170920_4429916. shtml.

本优势朝着创新优势方面转变能够为我国经济的持续平稳健康发展提供非常强大的动力。

实施创新驱动发展战略不仅能够提升我国经济增长的质量，而且能够在很大程度上提升经济增长的效益，同时对于加快转变经济发展方式也有着重要的作用。科学技术创新有着乘数效应乃至幂数效应，不但能够直接转化成现实生产力，同时能够凭借科技的渗透作用提升各个生产要素的生产力，进而提升我国社会总体生产力水平。换句话说，实施创新驱动发展战略不仅使得我国经济增长的质量和效益有着很大提升，同时也促进经济发展方式转变。

不仅如此，实施创新驱动发展战略无论是对节约能源资源、提升生态环境质量，还是建设一个美丽中国均有着深远的意义。实施创新驱动发展战略，推进产业技术创新步伐，有效利用高新技术和先进技术进行改造提升传统产业，不仅能够节约资源、降低环境污染、扭转过度消耗资源这一发展模式，同时也大大提升了产业竞争力。

（四）科教兴国战略、人才强国战略与创新驱动发展战略为高校思想政治课改革带来的导向性机遇

持续扩大对外开放、更深一步参与到经济全球化进程中来的中国，正在全面启动社会主义经济、政治、历史、文化、社会、环境等各个方面的建设，正站在由发展中国家朝着强国的方向迈进的新的历史起点上，亟须既面向现代化又面向世界同时面向未来的现代教育体系做出更多的知识贡献和提供更多的人才支持。新时期，我国经济发展方式有着很大改变，要想将经济发展切实转移到借助科学技术进步、劳动工作人员素质提升和管理创新方面来，就必须给予教育优先的发展。不仅如此，广大人民群众更加迫切希望借助于教育提升各自的素质、改变自己的前途命运，更加希望享受到更高质量、更为公正公平、更具多样性的教育。所以，新时期的教育必须立足于未来发展，应当有着更加宽阔的视

野,采用辩证分析法进行思考,统筹短期目标和长期目标,选择适合的教育发展战略和改革举措,同时进一步发挥高等院校人才培育、科学研究、贡献社会、文化传承的作用。

恰恰是基于这样的认识,我国开始了由人力资源大国朝着人力资源强国的方面迈进,《国家中长期教育改革和发展规划纲要(2010—2020 年)》《国家中长期人才发展规划纲要(2010—2020年)》和《国家中长期科学和技术发展规划纲要(2006—2020 年)》、党的十八大共同构成了新时期国家贯彻科教兴国战略、人才强国战略以及创新驱动发展战略这三项有着重大意义的顶层设计,同时对高等院校发展尤其是人才培育方面提供了更多、更高的标准和要求,且注入了新活力。

所以我国高等院校应当抓住科教兴国战略、人才强国战略与创新驱动发展战略所引发的导向性机遇,在扭转教育理念、进一步进行教育教学改革的时候,还需要在人才培育方面满足"培养什么样的人"这一基本诉求。我国高等院校思想政治理论课所发挥的巨大作用日益凸显出来,这与其双重作用也就是理论教育作用和思想政治教育作用有着密切的联系。

新时期下,就全国范围来讲,各种各样的社会思潮非常活跃,各式各样的观念相互碰撞在一起,各种文化相互激荡在一起。高校思想政治理论课作为树人、育人的一个重要场所,务必高举社会主义伟大旗帜,牢牢握紧马克思主义在众多意识形态领域中所占据的主导权,从而在高等院校内汇聚更强大的力量,对社会形成更加持久的影响力。所以,我国高校思想政治理论课务必与时俱进,发扬爱国主义精神,培育和践行社会主义核心价值观,将众多先进的文化纳入课程中,使得高等院校思想政治理论课教学内容更加丰富多彩。这有关政治导向问题。党在十八大会议中明确指出"牢牢握紧意识形态工作领导权和主导权,始终坚持正确导向,增强引导能力,扩大主流思想舆论的影响力"。怎样与新时期所处的世情和国情有效结合起来,适时地调整、优化政治意识导引方法,获得青年大学生群体更多的共鸣,成了各个国家的重要工作。而我国高等院校思想政治理论课教育改革成了改进、优化政治意识引导的一项极其重要的内容。究其原因是因为高等院校思想政治理论课教学的客体是青年大学生这一朝气蓬勃的群体，他们的健康成长、成才同我国政治的持久稳定有着密切关系，对于我国经济持续平稳健康快速发展有着极大的影响，同时寄托着整个国家和民族的殷切厚望，所以高等院校思想政治理论课教学改革应抓好科教兴国战略、人才强国战略与创新驱动发展战略所带来的导向性机遇。

三、全面推进高等教育改革和发展带来的历史性机遇

新时期，我国高等教育改革已经启动，且彰显出两个显著特点：其一，高校招生规模扩大；其二，高等教育改革步伐加快。其目的在于推动我国高等教育教育模式朝与社会主义市场经济体制相符的方向转变。

新时期，高等教育改革所采用的方针可以概括为四个词语：即巩固、深化、提高、发展。它们分别代表巩固优秀成果，深化教学改革，提高教学质量，实现高等教育更好的发展。所谓巩固，是指将高等院校布局结构优化之后的后续工作做好，从而使高等院校能够在新的体制和机制下健康、有序、科学、规范、高效地运转；所谓深化，则指基于所获得的诸多成绩，将诸多教育资源优化组合在一起，将高等院校教学改革的重点由最初宏观意义上的整体布局调整朝着高校内部管理体制健全的方向转变，从而使高等院校内部管理体制不仅能够与社会市场经济体制相契合，同时能够满足高等教育发展的多元化需求；所谓提高，是指搞好各个学科建设，提升学术研究水平，为国家培育出更多高素质、高层次的优秀人才；所谓发展，是指要推进高等教育事业发展，尽可能地满足广大青年群体与日俱增的享受高等教育的强烈愿望。具体来讲，我国高等教育主要在以下几个方面进行改革。

第一，对于高等教育管理体制给予深化改革，调整优化教育

资源配置。我国中央和各个省级政府两级管理、将省级政府管理作为主要地位的高等教育管理的新型体制渐渐形成。新型体制顺清了关系，激发了当地政府和社会各个领域发展高等教育的主动性，使高等院校同区域经济社会发展之间的关系更加密切，这些均对我国高等教育事业的快速发展发挥着重要作用。

第二，深化高等院校内部管理体制和机制方面的改革。各个高校遵循"转换机制、调整优化结构、增加活力、提升效益"这四大原则，改革高等院校内部管理模式，改变职能，致力于改革和优化理论课教学、科学研究管理的组织方式，坚持对人事制度给予深化改革，大力推行教育者聘任制和全体工作人员聘用合同制，逐渐构建起与教育者特点相符的分配制度、保障机制、评估机制、激励机制，大大提升理论课教学效益。

第三，对于高等教育成本分担机制给予改革、高等院校毕业大学生就业制度改革持续推进。一方面接受高等教育收取一定的费用；另一方面逐步健全包含国家奖学金、国家励志奖学金、国家助学金、贫困生助学贷款、勤工俭学等诸多举措在内的国家扶持体系，大致形成了基于社会主义市场经济环境下教育成本分担机制。与此同时，逐渐构建起一个以市场为导向、政府调控、高等院校推荐、青年学生和企业互相选择的高校毕业生就业体制机制。

第四，高考改革正在朝着有助于全面促进综合教育的方向转变。新时期，我国高等院校统一招生考试制度在改革方面得到持续推进，其中"3＋X"考试科目改革已经在很多省（自治区、直辖市）实施开来；考试内容更加倾向于对学生能力、综合素质的考核。

第五，高等院校在后勤社会化改革方面取得很大突破。新时期，高等院校后勤社会化改革大大改善了高等院校的后勤保障条件，与此同时也对于高等教育办学模式与理念起着很大的促进作用，在很大程度上推动了高等教育的健康、持续发展。

高等教育改革和发展为高等院校教育教学改革，尤其是高等院校思想政治理论课教学改革带来了历史性机遇。究其原因是因为,我国高等教育在改革和发展过程中,必须自始至终考虑两大战略性问题,分别是"建设具有什么特色的大学,如何建设这些大学""培育什么样的人,如何培养这些人"。新时期,各个高校持续深化教育教学改革,秉持树人、育人为本的理念,将培育高素质、高层次、富有创新意识的优秀人才、德智体美等综合发展的人才视作根本任务。从这一方面来讲,高等院校思想政治理论课具有无法替代的作用。特别是近年来所贯彻的马克思主义理论分析研究和建设工程,持续开辟出更多的马克思主义发展新境界,而且巩固了马克思主义在诸多意识形态领域中的主导权,同时满足了全面创建小康社会、持续进行社会主义现代化建设的迫切需求,更是增强党的理论建设,维持党的先进性的大力保证。新时期,马克思主义理论分析研究和建设工程着眼于世界风云变幻,立足于实际,增强了对于马克思主义经典著作的分析和研究,同时回答了哪些属于需要长期性坚持的马克思主义基本原理、哪些属于将新的实际情况结合起来采取丰富发展的理论给予判断,哪些属于需要剔除的对马克思主义的本本主义式理解、哪些属于需要澄清的借用马克思名义的不正确观点,需要采用科学的、谨慎的态度来正确对待马克思主义。不仅如此,该工程逐渐创建起与时俱进的马克思主义理论的学科体系,而且编写、出版了诸多能够彰显毛泽东思想、邓小平理论、"三个代表"重要思想、社会主义核心价值观、中国梦和哲学、政治学、社会学、法学、史学、新闻学、文学等诸多哲学社会科学的重点教材。高等院校思想政治理论课教学改革获得了非常难得的历史机遇,它不断给予重视,从而使青年大学生群体无论是在思想道德素质方面,还是文化科学素质方面,抑或是创新精神和实践能力方面均有着明显的提高。

第二节　我国高校思想政治理论课改革的挑战

机遇与挑战往往是如影相随、共同存在的,高校思想政治教育同样如此。在机遇与挑战面前,各个高等院校必须采取辩证的思维、辩证的眼光正确地分析、研究问题,既善于把握各种机遇,又勇于迎接各种挑战,主动采取各种卓有成效的举措,持续推进高等院校思想政治理论课教学改革,进而实现高效树人、育人的任务。具体来讲,高校思想政治理论课教学改革存在以下几个挑战。

一、信息网络化对高校思想政治理论课教学改革的挑战

新时期,信息网络化一方面给各大高等院校的思想政治理论课带来了一些良好的发展机遇;另一方面也带来很多严峻的挑战,它所产生的影响主要体现为以下四点。

其一,网络越来越全球化和开放化为西方国家意识形态渗透提供了可乘之机,对高等院校思想政治理论课教学改革带来了极其严峻的挑战。网络是一个能够自由传输各种信息的隐性空间,容纳了各种各样的信息,既有合法的信息也涉及非法的信息,既有正面的信息也涉及负面的信息,既有真实的信息也涉及虚构的信息,而西方意识形态也悄悄进入大学校园中。西方国家利用各种各样的条件,在网络上对青年大学生渗透它们的意识形态、价值观念,让大学生群体产生亲近感、认同感。这显然对于我国高等院校思想政治理论课教学改革带来了极大的冲击和影响,使得教学改革难度加大。

其二,网络资源的丰富性同样对高等院校思想政治理论课教学改革带来了很大挑战。在传统教学模式中,教育者有着天然的威严性,非常容易受到学生的尊重和信赖,从而有助于思想政治理论课教学的开展。但是自从有了互联网,每个人均能够平等地在互联网上寻找自己想了解的内容,每个人均是平等的、自由的,使得学生对于教师的依赖性越来越少。他们不想去做教师布置的作业,因为网络上有着现成的答案;他们也很容易质疑教师的教学,因为教师所讲的内容同他们在网络上所搜索到的内容不一

样。而且在网络化时代，教育者必须有着终身学习的理念，只依靠一点书上的理论灌输不易对青年群体起到说服作用，这些都对高校思想政治理论课教学带来了严峻的挑战。

其三，网络的虚拟性、隐形性也为高校思想政治理论课教学带来了很大的挑战。每个硬币均有两面性，这对于网络依然适用。网络虽然给青年大学生带来了种种方便，但是如果青年大学生没有有效利用网络，各种挑战也充斥而来。如果过度沉溺于虚拟网络中不可自拔，则很容易对青年大学生产生负面影响，比如容易产生自我封闭心理、人际关系不好，这些均对自我发展有着很大的阻碍。而且，虚拟、隐性的网络充斥着各种各样的封建迷信、暴力犯罪、反动言论等诸多负面的信息和网络游戏，这对那些不能明辨是非的青年大学生来讲非常危险，同时对于他们正确的道德观念的形成有着很大影响。

其四，网络的迅捷性和即时性同样为高校思想政治理论课教学带来了十分大的挑战。有了网络，青年大学生可以毫不费力地获取想要的资源，于是很多人变得越来越懒，他们懒于去课堂，懒于思考，懒于动手，懒于去完成教师布置的任务，懒于去动手操作，以外卖、快递为代表的"懒人经济""宅经济"在大学校园中日渐流行，更有甚者，连买水果、生活用品都要花钱请人送到寝室。除了使用外卖软件和购物软件，高校学生中还流行在某些平台上发布有偿"跑腿"任务。在一些软件上，他们只要提供足够的赏金，就能找到人把要买的东西送到寝室，这些均不利于青年大学生的健康成长，不利于他们的人际交往，不利于他们独立人格的养成，而且对高校思想政治教学改革带来了十分大的挑战。

二、社会主义市场经济的新特点对高校思想政治理论课的挑战

生产关系与生产力之间、上层建筑与经济基础之间相适应。在我国经济社会持续、有序、健康发展过程中，经济体制改革发挥

着至关重要的作用。在很长一段时期内，我国经济体制改革紧紧围绕着两个问题：其一，怎样使市场在资源配置中发挥决定性作用；其二，怎样使市场在资源配置中更好地发挥政府导向作用。市场决定了市场配置成了市场经济的一般性规律，完善社会主义市场经济体制需要严格遵循这条规律，致力于处理市场体系不足之处、政府干预过多和监督管理不到位的问题。

　　具体来讲，则是使经济活动符合价值规律的要求，同供应需求之间关系的变化相适应；借助于价格杠杆和竞争机制所发挥的作用，将资源配置到效益非常好的环节中，采用优胜劣汰的方法，同时给各大企业更多的压力、动力；有效利用市场对于各种经济信号非常灵敏这一优势，推动生产和需求之间更好地协调；对于市场自身所存在的优势和弱势，国家对于市场给予有效的宏观调控。

　　其实，社会主义市场经济，不仅有着一般市场经济的共同特性，主要包括：其一，经济关系市场化；其二；企业行为自主化；其三，宏观调控间接化；其四，经济管理法制化等。同时也有着自己的特性，也就是社会主义市场经济体制与社会主义基本制度有机结合在一起所形成的制度性特征，且通常彰显在基本经济制度、分配制度等诸多方面。

　　计划经济体制朝着社会主义市场经济体制的方向转化，属于社会生活方式和社会结构所进行的深刻变革，也就是由本质相同的、比较单一的那些社会生活方式和社会结构朝着不同本质、多元化的社会生活方式和社会结构的方向转化，同时在很大程度上变革着人们以往的"精神—思想—思考"这一结构和方式，能够使得人们心理产生强烈震撼，使得精神领域发生异常深刻的革命，进而使得观念冲突涉及我国社会生活的各个方面，对于其层次来讲，它不仅包含经验的范围，同时涉及理论的领域；对于其根源来讲，它成了具体的社会存在的冲突在理念领域的反映和再现，成了历史上各种观念冲突的积累和沉淀；对于其性质来讲，它成了彰显社会主义现代化的客观性需求的新理念同制约现代化进步的多种旧观念之间的冲突,成了促进生产力进步的新观念与制约生产力进步的多种旧观念之间的冲突。而在社会主义市场经济大环境下,观念冲突通常体现在以下几个方面:务实创新观念同封建保守观念之间的冲突,传统义利分裂观念同现代义利并重观念之间的冲突,传统平等观念同公平效率观念之间的冲突,集体主义观念同"合理利己主义"观念之间的冲突,社会主义市场经济将社会道德的完全丧失作为代价同社会主义市场经济和社会道德一体化发展的观念之间的冲突等。

推动健全社会主义市场经济体制的步伐,推动转变经济发展方式的步伐,成了高校思想政治理论课教学改革所面临的巨大挑战。具体来讲,体现在以下两个方面。

第一,社会主义集体主义观念以及原则经常受到市场经济功利性带来的挑战。其实社会主义和集体主义是无法分割的整体,它们成了高等院校思想政治理论课必须向青年大学生传授且要求它们务必树立正确的"三观"。不过,我国在很长一段时间里仅仅纯粹强调集体利益的至高无上性,并没有对于个人合法利益给予大力肯定,并没有对国家、集体以及个人三者之间的关系进行正确的认知和处理,进而无法避免大力限制人们对于合法利益的追求。然而在市场经济大环境下,个人利益日益凸显出来,而且人们渐渐在社会利益关系中找准了个人利益所处的位置。从某种意义上来讲,市场经济同个人利益之间有着密切的联系。一方面,市场经济中的竞争需要将个人利益作为驱动力;另一方面,个人利益究竟能否实现以及有着怎样的实现程度,同样将会在市场竞争中彰显出来。从表面上进行分析,这很容易让人们对市场经济和个人主义(也称作利己主义)的"嫁接"提供一些理论依据,且由此出现了一些不和谐的音符,也就是企图将"合理利己主义"代替集体主义视作社会主义的主旋律。置身于这样功利性环境和各种氛围的大染缸中,一部分青年大学生考虑的最重要的问题是怎样增强自己在高校和毕业后在社会上的立足、竞争能力,且倾向于专业技能的发展,轻视、忽略了思想道德修养的提升,在他们看来马克思主义与他们没有任何关系,它解决不了生活问题,也解决不了就业问题,没有任何实际意义。一部分青年大学生判断一件事情是否值得去做,仅仅看它能否给自己带来实实在在的利益,看它是否具有实用性;他们判断一个人是否值得交朋友,仅仅看他是否能够给自己带来好处。他们倾向于眼前利益,倾向于物质利益,倾向于实用性,却忽略了自身道德修养的培养,而且对于他人、对于整个社会、对于国家缺乏使命感和责任感。这些均使得高等院校思想政治理论课教学一直提倡的"三观"和社会主义核心价值观、法治观受到相当大的挑战。所以,高等院校思想政治理论课教学改革必须在改革过程中积极引导青年大学生认真培育和践行社会主义核心价值观,积极引导青年大学生群体解放思想、与时俱进,树立正确的"三观"、竞争观念、民主观念、平等观念、效益观念、法律观念,激发他们的参与意识,使他们保持一种积极的心态,在学习过程中逐渐增强竞争能力,敢于挑战竞争,超越自我,且在竞争过程中成长和成才。

社会主义市场经济在客观方面要求观念与时俱进,但是并非削弱集体主义的地位。社会主义市场经济倾向于超越个人主义、反对利己主义。只有这样,才能够减少内耗,增强社会集体的凝聚力量,推动社会生产力的快速发展,使社会秩序更加有序、社会更加和谐。

第二,马克思主义的理论和信仰经常受到价值多元化、理论与现实之间有着巨大反差所带来的挑战。我国高等院校思想政治理论课无论是在理论教育方面还是在思想政治教育方面均致力于帮助青年大学生群体了解并掌握马克思主义有哪些思想和理论,树立起马克思主义的伟大信念。如果缺少革命的理论,那么革命的运动也就无从谈起。在长时间革命、建设和改革的实践过程中,党意识到:辩证唯物主义和历史唯物主义成了马克思主义最具根本意义的世界观和方法论;马克思主义中最为崇高的社会理想则是使物质财富得到极大丰富、广大人民群众精神境界得到极大提高、每个人自由而又全面发展;马克思主义中最为鲜明的政治立场则是始终认为广大人民群众创造了历史、推动了历史发展、旨在实现广大人民群众的根本利益；马克思主义中最为重要的理路品质则是始终坚持将实际作为出发点，实事求是，在实践过程中检验真理和发展真理。

在实行改革开放政策将近 40 年的时间里，党始终把马克思主义作为指导地位，将中国基本国情作为出发点，明确了将公有制作为主体、多种所有制经济一起发展的社会主义初级阶段的基本经济制度；明确了我国社会主义初级阶段的分配方式为按劳分配为主体、多种分配方式并存，使得我国社会利益关系涌现出一些新特点，比如利益主义越来越多样化，利益差距扩大化，利益矛盾、冲突也不断加大。在该过程中，各个层次的利益群体均有着各自的利益诉求，各种各样的价值观念、社会思潮掺杂在一起非常活跃，彰显出多样化、多元化、多变性的态势。这些能够彰显出新时期我国经济、社会及各个阶层结构、各个利益群体的变动，同时成了我国社会转型期不易避免的现象。不仅如此，伴随着经济全球化和网络信息化的快速发展，以及我国与外国交往越来越频繁，使得国际上各种各样的社会思潮诸如利己主义、民族主义、实用主义、本本主义、拜金主义、复古主义、极端个人主义等进入中国的大门，而且在经济、政治、历史、文化、教育等诸多领域广泛流传开来，这些社会思潮，一部分是积极健康的，一部分则是消极有害的，有一部分甚至包含着西化、分裂中国的信息，从而使得我国当前的意识形态非常纷繁复杂。马克思曾经这样说道："如果从观念上进行分析，那么一些意识形态的解体就能够使得整个时代灭亡。"诺贝尔经济学奖获得者道格拉斯·诺斯在他的著作《经济史中的结构与变迁》里这样写道："意识形态属于一种节约机制，凭借它，他们认识了他们处于一个怎样的环境，而且被一种称作'世界观'的东西引导，进而使得整个决策过程变得更加简单明了。"[①]

①　道格拉斯·诺斯.经济史中的结构与变迁[M].上海：上海人民出版社，1994.

伴随着改革开放的逐渐深入、开放的范围越来越大、现代科学技术的大力普及,高等院校在地理空间、信息沟通交流、文化宣传等诸多方面与社会的联系越来越密切。高等院校成了国际风云、社会变革、意识形态、各种学术思潮的聚集地,成了思想理论较量的重要地方,成了各种各样信息的密集地,成了宣传科学文化的重要场所,同时成了西方国家敌对分子渗透的重要地方。信息来源越来越广泛,使得青年大学生群体的视野越来越宽阔,同时有助于他们了解到社会上所发生的各种事情,而最令青年大学生群体担忧的问题则是如何在越来越激烈的竞争中立于不败之地。以上这些均成了青年大学生群体分析高等院校思想政治理论课教学改革的另类标本和思想元素。美国的梅伟恒在他所著的《哥伦比亚国文学史》中这样写道:"在辽阔的太空中,无论是卫星所发送的电子邮件亦是无线电信号,不管多远没有它们到不了的地方,遥远太空中,卫星发送的电子邮件和无线电信号无远弗届,它们一点不会顾及'可怜的'长城和所有你能够想到的阻碍,来来回回于中国和世界的所有角落。而在这些电子邮件和无线电信号中,就存在未来中国语言和文学的种子。"置身于这样的大环境下,一些青年大学生常常从理论与现实的消极信息中分析、思考问题,不理解马克思主义究竟对自己有什么作用,不明白学习马克思主义究竟有什么意义,他们对于马克思主义理论是持否定态度的,自然无法将马克思主义作为自己的终身信仰。

马克思主义是一门科学,它自始至终地严格遵循实事求是,但是实践总是在持续的变化中,它不会永远一成不变,所以马克思主义必然是伴随着时代、实践的变化而持续变化的。从这点来讲,马克思主义必然有着与时俱进的理论品质,要求高等院校思想政治理论课教育将中国经济社会发展中所出现的重要理论与具体问题均引入课程中来,引导青年大学生意识到当今中国正在经历一场广泛而又深刻的变革,从而使得青年大学生在学习、探究的环节中逐渐认同马克思主义,树立起对于马克思主义的信仰,将自己打造成一个合格的有着高素质、高技能的人才。

三、国际形势和世界格局的新特点对高校思想政治理论课改革的挑战

20世纪90年代之后，经济全球化突飞猛进地发展，科学技术革命此起彼伏，世界各个国家之间的竞争越来越激烈，中国要想在日趋激烈的竞争中立于不败之地就必须提升以经济和科学技术为主的综合国力。新时期，国际局势有着更加深刻、纷繁复杂的变化，经济全球化获得深入发展，世界发展趋势越来越多极化，科学技术取得很大突破，各种思想文化交织在一起彰显出一些新特点，安全问题越来越凸显出来。总体处于和平状态，局部有着一些战争；总体处于缓和状态，局部有着一些紧张；总体处于稳定状态，局部还有着一些动荡不安，这些均是新时期国际局势的基本趋势。所以，求和平、谋发展、促合作、图共赢依然是新时期的共同愿望。处于这种国际形势和世界格局环境下，高校思想政治理论课教学改革面临着十分严峻的挑战，主要体现在以下几个方面。

其一，无论是社会主义核心价值体系的创建还是社会主义核心价值观的培育、践行均受到经济全球化和越来越复杂多变的国际政治斗争的严峻挑战。提倡国家层面的价值目标——富强、民主、文明、和谐，提倡社会层面的价值取向——自由、平等、公正、法治，提倡公民个人层面的价值准则——爱国、敬业、诚信、友善，大力培育和践行社会主义核心价值观，创建社会主义核心价值体系成了社会主义意识形态的本质反映，同时对于中国特色社会主义有着怎样的发展方向起着决定性作用，成了兴国之魂。各个高等院校的思想政治理论课教学恰恰是凭借对青年大学生群体普及系统的、科学的马克思主义理论教育和思想政治教育，使他们认真地践行社会主义核心价值观。

如今，经济全球化成了世界经济发展的一个重要历史过程，同时成了一个无法扭转的客观事实。不过，经济全球化并非只属于一个自然的、客观的历史过程，它同样有着各种意识形态的陷

阱。各种各样的价值体系、思想文化以及社会意识形态都可以借助于经济全球化这个平台进行全球扩散和传播。如今,西方发达国家经常向发展中国家进行各种意识形态的渗透。一方面,在经济全球化这个大环境下,各种意识形态在对立和差异中共同存在、交融,有助于我国主流意识形态吸收健康的养分,有助于青年大学生群体开阔视野,增强各个高等院校的思想政治理论课教学的效果。不过,在很大程度上,西方发达国家,凭借其在经济和科技方面的优势,通过经济合作、贸易往来、技术转让等诸多方式对社会主义国家使用诱压兼施的手法,灌输西方国家的那一套政治经济制度和价值观念,尤其是凭借文化扩张和渗透,试图对大学生灌输资本主义的各种好处,削弱大学生对于社会主义理想的认同感。所以,我国一些青年大学生对于社会主义持有怀疑、否定的态度,对于资本主义持有羡慕、向往的态度,从而导致无论是对社会主义核心价值体系还是对社会主义核心价值观均有着心理拒斥感。

其二,爱国主义精神同样受到全球意识的各种挑战。伴随着经济全球化的更深一步发展,国家与国家之间在各个领域取得越来越密切的联系,全球化问题越来越凸显出来。所以,在很多人看来,全球化进程大大削弱了主权的神圣性,换句话说国家主权的地位越来越低。西方资本主义国家也大肆传播经济全球化成了世界大同时代,有关民族、国家主权与利益的话题无须再提及。这些都使各个高校的思想政治理论课教学改革在培养大学生爱国主义精神方面受到严峻的挑战。

虽然人类的共同利益在国际局势下占据越来越重的分量,不过围绕国家之间的交流、合作与实现共赢仍然有着非常重要的现实意义。究其原因是因为经济全球化并不代表这个民族国家的消亡,同样并没有对国际文化中的主权原则带来一丝改变,国家利益自始至终是国家与国家之间关系的着眼点。正如国际著名政治学家汉斯·摩根索所讲的那样:"只要世界在政治方面依然是由国家所组成的,那么事实上国际政治中最终的语言就仅有国家利益。"中国依然是一个发展中国家,无论是战略利益还是政治安全也均需要将民族经济的快速发展和综合国力的提升作为着眼点和着力点,与此同时也需要依赖中华民族的伟大向心力和爱国主义精神。每个人都必须热爱自己的国家,每个人都必须持有爱国主义精神。如今,爱国主义成了一面旗帜,成了中国民族奋发向上的力量源泉。在经济全球化大背景下,实现中华民族的繁荣昌盛始终是爱国主义的鲜明主题。但是,如今,我国各个高校中有一部分大学生国家观念、民族意识比较薄弱,存在蔑视民族文化价值、背叛国家、崇洋媚外等各种现象,对于这些现象,高校思想政治理论课教学改革必须强调激起青年大学生群体的民族自豪感、自信心,真正将经济全球化对我国带来的严峻挑战变为促进自我奋发图强以及促进民族繁荣昌盛的动力,树立起为了祖国的美好未来而奋斗不息的决心和使命感。

其三,社会主义文化同时受到西方发达国家强势文化侵蚀的严峻挑战。事实上,全球化过程也是一个各种文化沟通、交流、交融的过程。所有国家均将文化视作促进社会经济发展的重要力量。不过,在经济全球化的大环境下,经济领域的支配力量必然会引起强势文化和霸权文化的出现。当今,文化问题越来越凸显出来,文化起着越来越重要的作用。习近平在 2013 年 12 月 31日中共中央政治局第十二次集体学习时着重强调:"我国要持续增强文化整体实力和竞争力,朝着建设社会主义文化强国的目标持续前进。"①

高校在传播、宣传、创新先进文化方面发挥着至关重要的作用,它有着促进文化快速发展的显著优势。而如今,处于经济全球化的大背景之下,高等院校思想政治理论课教学旨在促进民族文化的快速发展,增强中华民族的向心力,抵制西方国家霸权文化的渗透,培育高度的文化自豪感,借助于创建社会主义核心价值体系,将社会主义核心价值观落在实处,发展中国优秀的、独具

---

① 人民网.习近平:建设社会主义文化强国 着力提高国家文化软实力[EB/OL]. http://politics.people.com.cn/n/2014/0101/c1001-23994334.html.

特色的社会主义文化,增强青年大学生群体对于我国优秀民族文化的自信心和认同感,传承中华文化,努力创建一个社会主义文化强国,这不仅成了我国社会主义文化强国建设的重要意义,同时成了高校思想政治理论课教学的重要意义。而在高校思想政治理论课教学改革中,需要使青年大学生群体树立一种正确的文化心态和文化意识,主动将民族意识与全球意识密切地联系起来,主动将民族精神与时代精神统一在一起,持续体验、感受、认知和掌握社会主义先进文化,渐渐使社会主义先进文化内化为青年大学生群体的个体自觉和群体意识,使大学生群体对于社会主义先进文化持有强烈的自豪感,使大学生群体有着越来越强的向心力和凝聚力,使大学生群体有着越来越强的文化创新能力,进而增强中华文化生生不息的生命力。

　　总而言之,在新时期,必须采用宽阔的视野和新思路促进高校思想政治理论课教学改革,不仅正确地认知高校思想政治理论课教学同新时期青年大学生群体成长、成才之间的关系,而且正确地认知高校思想政治理论课教学同"三观"教育之间的关系,同时正确地认知高校思想政治理论课教学同社会主义道德观、法律观教育之间的关系,也需要正确地认知高校思想政治理论课教学同中国特色社会主义理论和实践之间的关系等,解决一系列挑战,实现新的发展。

第三节　我国高校思想政治理论课改革的意义

　　教育教学目标的实现需要依靠学生群体来完成,所以在教育教学过程中,学生成了教育活动的主体。所以,学生群体的"学"更有着本体性。而在学生群体所学的过程中,主观能动性发挥了极其重要的作用。如果从这一视角进行分析,那么之前的教育教学改革倾向于教育者"教"这一环节,而在发挥学生群体的主体作用、调动学生群体的学习欲望、推动学生群体将主要精力放在

"学"的过程等诸多方面依然有着很多的改进空间。新时期,面临着各种机遇和挑战,各个高等院校的思想政治理论课教学改革需要在很多方面下工夫,不过必须做到有针对性。所以,怎样调动和发挥教育者的"教"与学生群体的"学",怎样培育出更多合格的人才成了各个高校思想政治理论课教学进行改革的重要意义所在。具体来讲,高校思想政治理论课教学改革有以下三个方面的意义。

一、有助于因应时代变化提出的挑战和问题,答疑解惑

如果说"问题其实就是公开的、毫无畏惧的,左右所有个人的时代声音。它属于时代的口号,是彰显自己精神状态的最为现实的呼声",那么声音则属于时代的命题。新时期下无论是我国的改革还是发展均起源于问题。历史的车轮前进到今天,马克思主义理论已经经受住各种各样现实问题的挑战,其实它本身就是在回答和处理各种社会现实问题中不断产生、发展和壮大起来的。从某种意义上来讲,时代和社会的快速发展所引发的各种问题,以及对于这些问题应该怎样科学回答,均可以不断地充实、更新、丰富我国高等院校思想政治理论课的教学内容,从而使高校思想政治理论课越来越具有吸引力和时代意义。这些均成了我国高等院校思想政治理论课教学进行改革的重大维度。

二、有助于提升高校思想政治理论课建设和教育教学的科学化,进而推动学科建设

高校思想政治理论课教学必须体现科学化的一面,换句话说需要做到高校思想政治理论课无论是在课程设置方面还是教学内容方面均展现科学性,尽量少一些主观随意性。各个高校对思想政治理论课教学给予改革,有助于在高校思想政治理论课内容方面彰显政治性、思想性的基础之上,更加倾向于其科学性、学术性,且有效地将马克思主义理论发展同理论运用教育紧密地结合

起来,有效地将马克思主义科学原理同科学精神教育紧密地结合起来,有效地将历史同现实紧密地结合起来,有效地将课堂理论教育同社会实践教育紧密结合起来等,这些也成为实行改革开放政策将近40年以来我国高等院校思想政治理论课教学改革所取得的成功经验。然而马克思主义理论学科建设成了增强和改善高等院校思想政治理论课的重要基础。我国各个高等院校的思想政治理论课属于一门无论是政治性还是科学性抑或是实践性均非常强的学科。从事马克思主义基本理论分析研究、马克思主义发展史分析研究、马克思主义中国化分析研究、中国近现代史分析研究以及思想政治教育分析研究,既能够促进党的思想理论建设又能够巩固马克思主义在高等院校思想政治理论课教学中的指导地位,既能够增强高等院校思想政治理论课建设也能够培育一大批思想政治教育工作者。更深一步促进和增强高等院校思想政治理论课教学改革,能够有利于持续分析、总结学科发展经验,能够有利于探索马克思主义理论学科有哪些发展规律,进而努力创建一个研究对象明确,功能定位科学、正确的马克思主义理论学科体系,进而使高等院校思想政治理论课教学改革同学科建设更加相辅相成、相互促进。

三、有利于实现人才培养的目标导向和价值导向,增强高校思想政治理论课的针对性和实效性

所谓"针对性"是指教育满足学生群体需求的程度;所谓"实效性"则指教育对于学生群体的有用性。而实效性则成了高等院校思想政治理论课教学的立足点,成了青年大学生群体思想理论教育的一条生命线。对高等院校思想政治理论课教学实效性造成影响的因素有很多方面,不仅有外部因素,比如国际局势、国内文化环境等,同时涉及内部因素,不过对高等院校思想政治理论课教学实效性造成影响的最重要的原因则是教学过程自身的原因,尤其是教育教学内容、教育教学方法和教育教学手段等诸多

方面的原因。所以,实效性不仅对于高等院校思想政治理论课教学改革有着一定的制约,同时也成了促进高等院校思想政治理论课教学改革的重要动因。如果缺少了实效性,那么对于青年大学生群体进行马克思主义理论教育教学的任务自然会落空,同时思想政治理论课的教学也就没有了应有之义。从这个角度来讲,实效性成了高等院校思想政治理论课教学改革的一个坚持不懈的追求,而且,也只有坚持不懈地促进高等院校思想政治理论课教学改革,才可以实现教育教学实效性这一重要目的。

本章小结

如今,高校思想政治理论课教学中存在很多问题,诸如缺乏亲和力、针对性不强等,使高校思想政治理论课教学改革非常有必要。高校思想政治理论课教学改革面临很大的机遇,比如知识经济迅速发展所带来的超前性机遇,科教兴国战略、人才强国战略与创新驱动发展战略所带来的导向性机遇以及全面推进高等教育改革和发展所带来的历史性机遇。机遇和挑战是并存的,这一点同样适合于高校思想政治理论课教学改革。具体来讲,它面临三大方面的挑战,分别是信息网络化、社会主义市场经济的新特点、国际形势和世界格局的新特点所带来的挑战。在机遇和挑战、压力和动力的作用下,高校思想政治理论课教学改革有着重要的意义,既有助于因应时代变化提出的挑战和问题,答疑解惑,也有助于提升高校思想政治理论课建设和教育教学的科学化,进而推动学科建设,同样有助于人才培养的目标导向和价值导向,增强高校思想政治理论课的针对性和实效性。只有持之以恒地推动高校思想政治理论课教学改革,才能够提升高校思想政治理论课教学的亲和力、针对性和实效性,进而培育出更多的优秀人才。

第四章　我国高校思想政治理论课改革的实践指引

高校思想政治理论课教学改革的过程中具有多样性与综合性的特征,归根结底是由现代思想政治理论教育的复杂性和多样性决定的。在这种社会环境的影响下,为了使思想政治理论教育得到有效开展,要结合多种教学方法与之相适应,只有根据学生的实际情况,综合地考虑问题,才能达到最佳的教学效果,实现改革的目的。

第一节　我国高校思想政治理论课改革的理论渊源

思想政治理论课教学在发展的过程中,有自己所特有的理论基础。马克思主义理论体系中的社会存在与社会意识辩证关系理论、人的本质理论、人的全面发展以及科学发展观、中国特色社会主义理论都对思想政治理论课教学有更加直接、具体的作用。思想政治理论课教学是有一定的结构的,来显示出自身的经验和教育知识,也与其他的学科知识相关。思想政治理论课教学主要通过借鉴很多学科的理论知识来完善自身的知识结构。

一、思想政治理论课教学的理论基础

(一)社会存在与社会意识辩证关系的理论

1.社会存在与社会意识的关系问题是社会历史观的基本问题

社会存在是指为物质生产方式所决定的人类社会的物质生

活过程,主要包括物质生产方式以及自然环境、人口因素①。社会意识是社会生活的精神方面,包括各种社会意识形态和社会心理,主要包括政治法律思想、道德、艺术、宗教、哲学等,它们从不同方面发挥独特的作用。

(1)社会存在决定社会意识,社会意识是社会存在的反映

社会之所以是社会生活的第一性的东西,主要是社会意识的根源来源,是社会存在的一种反映。马克思指出,物质生活的生产方式制约着整个社会生活、政治生活和精神生活的过程。不是人们的意识决定人们的存在,相反,是人们的社会存在决定人们的意识。社会存在的一切意识,内容上是否正确,都是社会的一种反映。社会存在的变化影响了社会意识如何进行改变。

(2)社会意识对社会存在具有能动的反作用

历史唯物主义在肯定社会存在决定社会意识的前提下,又承认社会意识具有相对的独立性,对社会存在具有能动的反作用。进步的社会意识能够促进、加速社会存在的发展,反动的社会意识对社会存在的发展变化起阻碍、延缓的作用。

2.社会存在与社会意识辩证关系理论的指导作用

(1)社会存在与社会意识辩证关系理论对人的思想形成发展的指导作用

社会的存在影响了人的思想内容。思想是社会意识形态的重要组成部分,是对社会存在的一种反映,也是社会意识中比较稳定的一部分。人的思想是与物质世界相关的客观的存在。社会存在的多样性,主要是反映在人的头脑中思想的多变性。思想政治理论教学活动应当根据社会存在决定人们思想的客观规律,全面考察教育对象所处的环境及其身心发展的规律,把握其思想形成变化的外部客观因素,有针对性地组织与开展思想政治理论教学活动,增强思想政治理论教学的有效性和科学性。

---

① 马克思主义哲学[C].北京:高等教育出版社,2009:132.

社会的存在是在人的思想影响下产生的能动作用。人是在自我的需求下,改变着客观的世界。人的思想对客观世界的反映是一个创造性的过程,这表现为人们是否准确客观反映社会的变化规律。

客观世界不可能完全满足人的需求,人只有在正确思想的支配下,以自己的行动来改变客观世界,才能充分发展和完善自己。正确思想的指导作用反映了社会意识对社会存在能动作用的原理,教育者就是要通过思想政治理论教学,传播先进的思想、理论,武装人们的头脑,指导社会实践活动,促进社会的发展和进步。

社会发展过程中所产生的物质条件在一定情况下引导人思想的转变和发展。世界的变化会对人的思想产生很大的作用,但是不能从根本上改变人的思想对外部客观世界的依赖。社会物质生活条件的改变,才是人的思想转变和发展的根本原因。物质条件决定了人思想的转变与形成。思想政治理论课教学必须从客观实际出发,遵从社会发展的客观规律,才能引导人们树立正确的思想观念。

(2)社会存在与社会意识辩证关系理论对思想政治理论课教学发展的指导作用

思想政治的内涵会随着社会的变化进行改变与丰富。思想政治理论课教学理论的内容随着社会发展的变化而不断地进行更新,社会客观存在为思想政治理论课教学的发展提供了丰富的实践知识源泉。新的社会意识形态的存在势必会引发新的思想观念的改变。例如,互联网的普及带来人们思维方式和生活方式的改变,这也使网络思想政治理论课教学的研究成为学界关注的一大热点。

(二)人的本质理论

1.人的本质是一切社会关系的总和

马克思主义认为,人有自然属性与社会属性。人的本质在于其社会性,这是人区别于动物的根本。马克思明确指出:"人的本质不是单个人所固有的抽象物,在其现实性上,它是一切社会关系的总和。"①

(1)人的本质是由社会关系决定的

当人在出生后,就生存在社会中,主要是与社会产生一系列的关系,社会关系可分为物质的社会关系和思想的社会关系。人与社会的关系可以反映在经济、职业、政治、法律、文化、伦理道德、民族、家庭、地域等方面,其中最重要的一点是经济发展影响了人的社会关系变化。

(2)人的本质随历史的发展而发展

人的本质是随着社会发展而不断地进行改变的,在不同的社会时期内,人们所从事的生产方式不同,所以会导致人们之间的交往方式以及在社会中表现出的关系不同,进而人的本质所发生的变化也是不同的。正如马克思所说:"个人怎样表现自己的生命,他们自己就是怎样。因此,他们是什么样的,这同他们的生产是一致的,既和他们生产什么一致,又和他们怎样生产一致。因而,个人是什么样的,这取决于他们进行生产的物质条件。"

2.人的本质理论的指导作用

马克思主义关于人的本质理论为我们正确把握教育对象的思想实际和准确定位思想政治理论课教学的育人目标提供了理论滋养。

(1)人的本质理论对认识和培养人的指导作用

人的本质理论指导着我们正确认识人的思想变化规律。思想政治理论课教学的对象是人,思想政治理论课教学要发挥调动人的积极性和提高人的素质的功能,必须要认识和了解人。马克思主义关于人的本质理论帮助我们全面地、历史地认识和掌握人的思想活动规律,以更有针对性地开展思想政治理论课教学

---

① 马克思恩格斯选集(第1卷)[C].北京:人民出版社,1995:56.

活动。

人的本质理论有助于我们有效开展人才培养活动。人的成长总是以现实的社会关系为起点，人的成长过程，是在各种社会关系中完成的。通过思想政治理论课教学的引导与协调，营造良好的育人环境，帮助人们正确认识和处理成长中遇到的各种社会关系问题，促使人才的成长与社会发展的要求相一致。

（2）人的本质理论对思想政治理论课教学基础理论研究的指导作用

人的本质理论可以帮助我们确立正确的思想政治理论课教学价值。思想政治理论课教学的价值在于开展思想政治理论课教学活动，来满足人的发展以及社会的进步，进而推动整个社会的进步，以及社会成员素质的提升。

人的本质理论帮助我们探索思想政治理论课教学规律。在人的本质理论指导下，我们不仅可以认识人的思想形成和发展的规律，而且还可以认识思想政治理论课教学运行的规律。因为思想政治理论课教学活动始终是人的活动，我们只有正确地认识了人的本质，才能够真正找到揭示思想政治理论课教学规律的钥匙。

（三）人的全面发展理论

1.人的全面发展的内涵和实现条件

马克思、恩格斯在《德意志意识形态》一书中，正式提出了"个人的全面发展"这一科学概念。之后又在许多重要著作中做了系统的阐述，建立了科学的人的全面发展学说。

（1）马克思主义关于人的全面发展的内涵

关于马克思所讲述的人的全面发展不仅仅是针对个人的发展，而是要使"每个人""任何人"，即"全体社会成员"都普遍地得到发展。按照马克思主义对人的全面发展的论断，"能够做一切的工作""社会广泛需要的人""高度文明的人"。马克思主义关于人的全面发展的内涵主要包括以下三方面的内容。

第一，体力和智力的充分自由发展。体力指人的各种"自然力"，也就是人体的机能。智力则是指精神方面各种能力的统一体，它具有无限的创造性和极大的能动性。人的体力和智力是人的全面发展的主要内容，是人的生命体存在和人从事一切活动的身心基础。人的一切活动，无论是低级形式的活动还是高级形式的活动，都是对人的身心潜能的运用和发挥、人的体力和智力的充分自由发展，对人的全面发展起着关键作用。因而，人的全面发展首先是指人的体力和智力都能获得充分自由的发展。

第二，人的才能多方面发展。人身心的潜能演化为人的体力和智力，这种潜能会在社会实践的作用下不断地表现出来，转变为具体的活动能力进而创造出财富。这些被外化出来的具体的能力就是人的才能，可以分为体力劳动和脑力劳动，人的全面发展势必要将体力劳动与脑力活动相互结合。从另一层面讲，人类的活动分为物质活动和精神活动两大类，人的具体活动能力也就分为了物质活动能力和精神活动能力。人的物质活动能力和精神活动能力的全面发展，才是真正的全面发展。

第三，个人社会关系的高度丰富和发展。自然与社会的发展产生了人，人是社会的主体，人的主体能动性作用于所生活的社会，也就是马克思所强调的关于社会发展是人的全面发展的重要内容。人的主体能动性的发展，势必要求社会关系的高度丰富和发展，从而使人们突破了个体和地域的限制，在更加广阔的社会中不断地发展作用。站在更高的层次审视，人只有对社会发展、人类命运和前途予以关怀，对人的自身的本性有透彻的了解，才能具有丰富和发展社会关系的能力。

（2）马克思主义关于实现人的全面发展的条件

马克思主义关于人的全面发展的科学理论，是建立在社会物质生活条件的发展即社会存在的发展所提出的已经成熟的任务基础上的。按照马克思的论述，实现人的全面发展，还必须具备以下条件。

第一，社会生产力的高度发展是实现人的全面发展的物质前提。人的全面发展是提高社会生产力以及创造社会财富的重要基础。早期的社会发展阶段，生产力水平相对低下，个人的发展受到了限制。资本主义时期大生产为人的全面发展提供了物质前提和经济条件，但是生产资料的私有制以及生产社会化之间的矛盾仍然存在，使人们屈从于劳动分工的压迫下，得不到全面发展。社会发展到了现代，社会生产力的高速发展以及社会财富的极大提高，人们摆脱了劳动的分工限制，进而专注于创造性的、丰富多彩的、有趣的劳动，为人的全面发展提供了物质前提。

第二，自由时间的增加是个人全面发展的基础。自由时间是指可以自由支配的时间，即可以自由用于从事科学、艺术、社会活动等非物质生产活动的时间。有了充分的自由时间，个人才能全面发展。马克思用大量的论述表明，个人的全面发展，依赖于将社会必要劳动时间减少到最低限度，从而给予人们尽可能多的自由时间。

第三，人的全面发展需要丰富的社会关系来提供。马克思将丰富的社会关系根据历史发展和人的发展划分为三个阶段。

第一阶段，早期人的发展阶段，由于人不具备独立性，而是直接依附于社会共同体，人与人之间的关系也属于统治与服从，个人不能够充分自由地发展。

第二阶段，是以普遍的物质交换为特征的人的发展阶段，人的独立性以物的依赖关系为基础。资本主义商品经济的迅速发展和分工的扩大，使社会关系得以丰富，但这种完全"物化"的社会关系，将人的独立和自由制约在物的限制下，人的发展依然受到社会关系的束缚。

第三阶段，个人的社会关系高度丰富，由于私有制的消灭，社会关系不再以对人的依赖性和对物的依赖性为基础。个人不再是作为某一社会等级的成员处于各种社会关系之中，个人成为真正独立而自由的个体，在自觉、丰富、全面的社会关系中获得真正的自由。

人的自由而全面的发展不是通过一个概念可以概述的,而是通过具体的、现实的一个历史过程,需要经过社会的发展,摆脱私有制以及旧式的对人们的限制,通过人类对社会交往的广泛参与,为人的能力发展创造充分而必要的现实条件,才能使人由必然走向自由发展。

2.人的全面发展理论的指导作用

马克思主义关于人的全面发展学说,是共产主义思想理论的有机组成部分。人的全面发展理论对思想政治理论课教学和思想政治理论课教学的理论建设具有重要的指导作用。

(1)人的全面发展理论对思想政治理论课教学实现培养全面发展人才的教育目标具有指导作用

人身心潜能的开发,就是人的体力和智力的全面发展,对社会的发展起到了促进的重要作用。思想政治理论课教学就是要将人的个性和潜能激发出来,进而展示在教育上面,将全面发展教育作为重要的任务。思想政治理论课教学要挖掘人的潜力,促使人的个性充分发展,实现人的全面发展教育,推动社会进步。

全面发展的教育是实现人的全面发展的有效途径。全面发展的教育包括德育、智育、体育和美育,它们各有特点,相互独立、相互联系又相互制约,要实现人的全面发展必须进行全面发展的教育。思想政治理论课教学是全面发展中德育教育的重要组成部分,涉及人的发展的方向问题,是人的全面发展诸因素中的主导条件。

(2)人的全面发展理论对思想政治理论课教学内容定位的指导作用

关于人的全面发展理论马克思提出培育共产主义新人的学说,在社会主义的实际运动中,要培养一代"四有"新人,以思想政治理论课教学作为根本的任务和价值基点,将人的全面发展由可能变为现实。思想政治理论课教学要重视人的素质的提高,不断鼓励人们向着全面发展的更高目标努力。

人的全面发展理论决定了思想政治理论课教学的主要内容是大力宣传共产主义理论。马克思主义认为，人的全面发展，只有在人类消灭私有制，进入共产主义社会后才能真正实现。以人的全面发展理论为指导的思想政治理论课教学，必须通过各种形式，大力宣扬共产主义理论，帮助人们树立共产主义必胜的信心，增强人们用共产主义理论指导工作的自觉性。

（四）科学发展观

1.科学发展观的内涵

2003 年中共十六届三中全会提出了科学发展观，是党和政府与时俱进，坚持邓小平理论和"三个代表"重要思想的体现。党的十七大报告再次明确指出："科学发展观的第一要义是发展，核心是以人为本，基本要求是全面协调可持续发展，根本方法是统筹兼顾。"[①]这一精辟概括，深刻揭示了科学发展观的科学内涵和精神实质。

（1）必须把科学发展作为第一要义

科学发展观不能离开发展这个主题。发展是我国执政兴国的第一要义，是始终关系到社会主义前途和命运的重大理论和实践问题。中国特色社会主义事业是靠发展来不断巩固和前进的。中国特色社会主义的建设，首先要发展，抓住发展，就抓住了社会主义现代化建设的根本和重点，是中国特色社会主义的关键。始终坚持以经济建设为中心，不断解放和发展社会生产力。

（2）必须坚持以人为本

人是社会发展的主体，人的解放和自由以及全面发展是社会进步的最高目标，以人为本是马克思主义历史唯物论的基本原理。科学发展观把以人为本作为理论内核，坚持人民群众是历史

---

① 胡锦涛.高举中国特色社会主义伟大旗帜，为夺取全面建设小康社会新胜利而奋斗[N].人民日报，2007－10－25.

的创造者的唯物史观,丰富和深化了我们党全心全意为人民服务的宗旨和立党为公、执政为民的执政理念。科学发展观的一切内容都贯穿以人为本的要求,科学发展实质上就是坚持以人为本的发展。以人为本的"人",是指最广大人民群众。以人为本的"本",就是根本,就是出发点、落脚点,就是最广大人民的根本利益。坚持以人为本,就是要做到发展为了人民、发展依靠人民、发展成果由人民共享。

(3)必须坚持全面协调可持续发展

坚持全面协调可持续发展,要以中国特色社会主义事业为全局。全面发展,是指各个方面都要得到发展,不是片面、局部、不平衡的。协调发展就是要各个方面能够相互适应,达到有机的衔接,有序进行,促进现代化建设各个环节、各个方面相协调,促进生产关系与生产力、上层建筑与经济基础相协调。

可持续发展,是指发展进程要有持久性、连续性、可再生性,就是坚持走生产发展、生活富裕、生态良好的文明发展道路,建设资源节约型、环境友好型社会,促进人与自然的和谐,使人民在良好的生态环境中生产生活,实现经济社会永续发展。全面协调可持续发展,是经济、政治、文化、社会等各方面的发展与人的全面发展的辩证统一,是发展的速度和发展的质量相统一,是经济发展与人口资源环境相协调。

(4)必须坚持统筹兼顾

统筹兼顾就是要从我国最广大人民群众的利益出发,正确反映和发展不同阶级人民群众的利益,以全面、协调、可持续的过程,用辩证的、历史的和实践的观点来把握发展。调动一切积极因素,调节并处理好各种利益关系,促进整个社会协调发展,使全体人民朝着共同富裕的目标稳步前进。

坚持统筹兼顾,关键是坚持科学的思想路线和思想方法,用发展的而不是静止的、联系的而不是孤立的、全面的而不是片面的观点看问题、抓发展。辩证唯物主义认为,事物是普遍联系,而不是孤立存在的。经济社会系统各个基本要素之间是彼此联系、相互制约的统一体。人类社会的发展,是人与人、人与社会、人与自然普遍联系、相互影响的实践活动。

2.科学发展观的指导作用

(1)科学发展观对思想政治理论课教学中人的发展的指导作用

科学发展观的灵魂和核心是以人为本,也是思想政治理论课教学理念的基点,所以教育过程中必须坚持"以人为本"的原则。马克思主义认为,在社会生产力的发展过程中,劳动就成了第一需要,社会全面自由的发展需要每个社会成员共同促进。科学发展观强调坚持以人为本,就是指导思想政治理论课教学要以实现人的全面发展为目标,把促进人的全面发展定位为自身的价值追求。

思想政治理论课教学必须为实现人的全面协调可持续发展创造条件,思想政治理论课教学要以满足人的物质、文化、精神的需要为出发点和落脚点,为人的素质的提高和人的潜能的发挥提供必要的物质基础和制度保障,创造人们平等发展、充分发挥聪明才智的社会环境,不断提高人的道德素质、科学文化素质和健康素质等。

(2)科学发展观对思想政治理论课教学学科发展的指导作用

科学发展观必须在以思想政治理论课教学建设为基本要求的前提下,坚持以以人为本,全面协调可持续发展作为基本内容和根本要求,推动思想政治理论教育建设,自觉践行科学发展观的基本要求,牢固确立学科建设意识,不断增强思想政治理论课教学学科的生命力。

在开展思想政治理论课教学理论研究的过程中,应注重基础理论和应用理论的协调发展。思想政治理论课教学的基础理论研究和应用理论研究对学科建设都同样重要。思想政治理论课教学学科的发展与思想政治理论课教学活动实践的开展有密不可分的关系,思想政治理论课教学学科作为一门年轻的学科,其学科的独立性和生命力来源于不断创新的基础理论和应用理论研究。

（五）中国特色社会主义理论

坚持中国特色社会主义理论，就必须坚持走中国特色社会主义道路。习近平总书记指出，道路问题是最根本的问题。道路决定命运，找到一条正确的道路是多么不容易。他指出：中国特色社会主义道路是科学社会主义基本原则与中国实际和时代特征相结合的产物。是根植于中国大地，反映了中国人民意愿，适应了中国和时代发展进步的要求。这是形成中国道路的丰厚滋养。习近平总书记指出，独特的文化传统、独特的历史命运、独特的基本国情，注定了我们必然要走适合自己特点的发展道路。中国特色社会主义道路是社会主义性质的，绝不是其他什么主义。它是科学社会主义理论逻辑与中国社会发展历史逻辑的辩证统一。

把中国特色社会主义道路放在党领导人民进行长期奋斗的历史实践中来考察并揭示了它厚重的历史底蕴。十八大后，习近平总书记多次讲道，中国特色社会主义道路是党和人民长期实践取得的根本成就。这个"长期"有多长？就是指中国共产党成立以来领导人民奋斗的90多年历史。习近平总书记还指出，中国特色社会主义道路不是从天上掉下来的，是党和人民历尽千辛万苦、付出各种代价取得的根本成就。习近平总书记对中国特色社会主义道路论述上的创新，为中国特色社会主义理论体系注入了时代精神和新的内涵。十九大报告更是明确指出："新时代中国特色社会主义思想，是对马克思列宁主义、毛泽东思想、邓小平理论、'三个代表'重要思想、科学发展观的继承和发展，是马克思主义中国化最新成果，是党和人民实践经验和集体智慧的结晶，是中国特色社会主义理论体系的重要组成部分，是全党全国人民为实现中华民族伟大复兴而奋斗的行动指南，必须长期坚持并不断发展。"

二、思想政治理论课教学的理论借鉴

(一)教育学

1.借鉴教育学揭示教学规律的理论

教育学强调教育过程要遵循教学规律,教学规律是客观存在于教学过程中的不以主观意志为转移的本质联系。

(1)掌握知识和发展智力相统一的规律

对于受教育者来讲,不能单纯地对其进行知识的传输,而更加注重的是如何获取知识以及培养能力。思想政治理论课教学在对教育者进行传授马克思主义基本理论知识的同时,也要着力进行共产主义理想和信仰的教育,使受教育者"真信、真爱、真懂",真正有效地实现马克思主义的大众化。

(2)传授知识与思想教育相统一的规律

教师在教学过程中传授知识的同时,总是会对学生的思想感情、立场观点、意志性格、道德品质等方面施加一定的影响,使学生受到一定的品德和思想教育。同时,在教学过程中,教师的思想品质、言谈举止,也会对学生产生潜移默化的影响。因此,教师应严谨治学,为人师表。思想政治理论课教学者更应重视自身良好形象的塑造,做到知行统一、言行一致。

(3)教师主导作用和学生主体地位相结合的规律

教师在传授知识的过程中,起到的是主导作用,引导学生去认识和发现,教师的主导作用以及学生的主动性是辩证统一的存在,属于教育者和受教育者的关系,二者之间存在的关系,直接关系到思想政治理论课教学的效果。

2.借鉴教育学探索教学模式的理论

思想政治理论教学在全面认识教育对象,提高教育效果的方法论研究方面,可从教学模式的方法论研究中获得启发。常见的教学模式有以下几种。

（1）传递—接受式

传递与接受是指以教师为主导者，对学生进行传输的一个过程，教师起到的是指导作用，要注重教师的权威性。马克思主义科学理论知识在传递的过程中，也是采用这种模式，教育者在其中的指导作用和"把关人"角色是必须发挥的。

（2）引导—发现式

引导—发现模式是指在教学活动中，以问题解决为中心，以教师的"引导"为手段，以学生的"发现"为目的，提高学生发现问题和解决问题的能力，充分体现学生在学习过程中的主体地位。思想政治理论课教学也应注重引导受教育者主动关心自身思想政治素质和品德素质的提高，调动他们发现问题和思考问题的积极性，避免教育活动中出现教育者唱"独角戏"的现象，切实提高思想政治理论课教学活动的实效性。

（3）示范—模仿式

示范与模仿是指教师通过有技巧的示范作为有效的刺激学生学习的手段，引导学生参与练习，学生通过模仿来掌握知识技能。思想政治理论课教学者应在教育活动中通过示范来引导受教育者，如在开展网络思想政治理论课教学活动时，思想政治理论课教学者通过上网撰写"博客"，做引导舆论的"网评员"等活动，对受教育者进行示范，从而引导其选择正确的网络行为。

（4）情境—陶冶式

情境—陶冶模式是指在教学活动中创设情感和认知相结合的教学情境，运用学生的无意识心理活动和情感，加强有意识的理性学习，让学生在轻松愉快的教学气氛中有效地获得知识、陶冶情操。思想政治理论课教学也应有效运用情境再现、寓教于乐等方法，使教育活动达到"润物细无声"的效果。

3.借鉴教育学论述德育原则的理论

（1）因材施教原则

因材施教原则是指教育者根据学生的实际情况，从年纪特征和个性差异等方面全面地进行有针对性的教育,使每个学生都通过自己的方式来掌握和学习。思想政治理论课教学同样需要对教育对象的不同特点进行全面准确的把握,充分认识到教育对象有类型、层次的差异,使教育活动做到有的放矢。

（2）理论和实践相结合原则

在教学的过程中,不仅要学习理论,更要与实践相互结合,把思想政治观念和道德规范的教育与参加社会生活的实际锻炼结合起来,进而提升学生的思想认识,以及有效培养学生的道德行为,使他们言行一致。思想政治理论课教学活动开展过程中更要注重理论和实践的结合,注重受教育者理论学习和自身生活实际的结合,培养受教育者的知行统一。

（3）教育影响的一致性和连贯性原则

教育影响的一致性和连贯性原则是指德育应当有目的、有计划地把来自各方面对学生的教育影响加以组织、调节,使其互相配合、协调一致、前后连贯,以保障学生的品德能按教育目的的要求发展。思想政治理论课教学同样重视教育影响的一致性和连贯性,强调各种环境影响与教育者影响,强调各种教育内容的影响,强调思想政治理论课教学在时间上影响的一致性和连贯性。

4.借鉴教育学论述教学方法的理论

（1）讲授法

讲授法是教师通过口头叙述向学生描绘情境、叙述事实、解释概念、论证原理和阐明规律的教学方法。讲授法是教师使用最早的、应用最广的教学方法,其他教学方法的运用,几乎都需要同讲授法结合进行。思想政治理论课教学者应重视自身口头讲授教育技巧和能力的素质培养,以期获得良好的教育效果。

（2）参观法

以教学目的和教学任务为要求,组织学生进行实地考察和观摩的一种方法为参观法,使其通过对实际事物和现象的观察、研究获得新知识的方式。参观是以自然、社会作为活教材,打破教材与课堂的束缚,将课本与实际的生活、生产紧密地联系起来,进而获得良好的教育效果。思想政治理论课教学要勤于研究教育对象的特点,发挥参观法的优势,进行革命传统教育、正反典型教育、改革开放成果展等参观活动,使思想政治理论课教学活动的形式生动,教育富有成效。

（3）讨论法

讨论法是学生在教师指导下,围绕某一个中心问题通过发表各自的意见和看法,共同研讨、相互启发、集思广益地进行学习的一种方法。思想政治理论课教学也应借鉴讨论法"以他人为镜"的宗旨来指导和丰富自身开展活动的形式,进行相关理论和现实的热点、难点、疑点问题的研讨,引导教育对象在集体教育和相互探讨中完成更有成效的自我教育。

（二）伦理学

伦理学是考察社会道德发展的一种现象,是揭示社会道德的本质及其发展规律的科学。伦理学专门研究道德和道德教育,与思想政治理论课教育既有区别,又有联系。

1. 伦理学关于道德人成长过程的论述

伦理学关于道德人成长过程的理论,对于思想政治理论课教学将教育对象培养为思想品德高尚的社会主义新人有深刻启示。

（1）道德人的形成

人类个体最初的道德表现或者个体道德的萌芽,是与主体的自我认知水平相适应。道德人发展经历了很长的过程。个体在追求道德的过程中离不开个体内在的自觉性,然而,社会若能提供适宜的条件将有利于个体的道德觉醒。道德人的发展是在个体达到一定程度后进一步的发展。思想政治理论课教学在研究教育对象道德意识觉醒和达到社会所要求的道德水平方面,应遵循道德人形成发展的基本原理。

（2）道德的自律与他律

道德人的成长过程是持续的,持续中又有质的飞跃和突破,要经过从他律向自律的转变。自律就是道德主体用内化了的道德原则对自己的思想和行为方式进行自我约束和自我调节。自律是人真正践行道德标准的结果,自律的人就是道德的人,是一个有健全人格的人。道德人成长过程中自律与他律的关系,启示思想政治理论课教学应重视引导教育对象自觉提高自身思想政治素质和品德水平,进而真正实现教育目的。

2.伦理学关于道德教育的过程理论

道德教育过程就是在有组织、有计划、有目的性地对人们进行道德教育,让人们能够充分认识到生活实践过程中的道德认识、道德情感、道德意识、道德信念和道德习惯的一个复杂的过程,主要有提高道德认识、陶冶道德情感、锻炼道德意志、确立道德信念和养成道德习惯五个环节。

(1)提高道德认识

人是理性的社会动物,人的行为是受自己特定的道德认识指导的。要使人们形成社会主义和共产主义的理想道德人格,首先必须使人们了解和把握社会主义和共产主义道德的原则、规范及义务,然后才能有明确的道德实践方向。

(2)陶冶道德情感

道德情感是在一个人的道德人格和修为良好的情况下所进行的。人们只有对现实生活中的善恶、美丑、对错、真假有了客观的甄别,以此为基点,才能形成某种道德认识,进而形成比较稳固的道德情感。

(3)锻炼道德意志

道德意志是道德人格形成的关键。如果没有坚强的道德意志,就不能在道德实践中克服困难,牺牲个人利益,战胜邪恶和私欲,把善和正义发扬光大,也就无从形成理想的道德人格和品质。

(4)确立道德信念

受教育者要有一定的道德信念,道德信念的确立也是道德教育的中心环节。这个环节是以其他三个环节为基础的,只有坚持识深、情笃、意果,才能形成坚定的道德信念。只有坚定的道德信念,人们才有精神支柱,人们的道德人格才初步树立起来。

（5）养成道德习惯

道德教育的宗旨,一方面是使良善的道德情感转化为人们内在的道德信念;另一方面是使这种良善的道德信念通过具体的道德实践表现为外在的道德行为,并最终形成自我的道德习惯。养成道德习惯后,人们能够自觉遵守道德规范的要求,行止有度,从心所欲而不逾矩。

3.伦理学下关于道德教育的方法论述

关于道德教育的方法,是以教育者为主,受教育者为辅,使受教育者参与到道德教育的活动中,进而使受教育者能够体会到道德教育的作用,受到道德教育的影响,进行展开各种影响方式。虽然道德教育的方式有很多种,但是应考虑受教育者的实际情况,选择符合受教育者自身特点的教育方式。以下几种道德教育方式,围绕以理服人、以情动人、以志激人、以榜样感染人等道德教育的具体实施方法层面,思想政治理论课教学可以借鉴并探讨出更多具有实效性的创新方法。

（1）道德规范的宣示

规范宣示的过程,主要是对受教育者晓之以理,释疑解惑,培养个人道德认知能力。这种方法通过宣示道德规范,充分摆事实、讲道理,阐明为什么和应如何,达到以理服人。

（2）道德楷模的塑造

在塑造道德楷模的过程中,要以优秀的形象来吸引人们进行学习,一个优秀的楷模对培养人们的道德品质有很强的感染力和巨大的说服力。道德教育者以身作则,模范地践行道德义务,给受教育者做出示范,也是一种榜样的力量。

（3）道德情感的陶冶

这种方法强调在道德教育中,教育者通过激发、调动人们积极的情感力量,抑制其消极情感,移情入理,以情易情,从而使受教育者自觉主动践行道德要求,遵守道德原则和规范。

(4)道德意志的砥砺

进行道德教育,既要以理服人,又要以情感人,更要以志激人。道德意志在人的道德品质的形成和发展中发挥着极为重要的作用,激发砥砺人的意志对于培养道德人格及其品质的意义重大。

第二节　我国高校思想政治理论课改革的学科借鉴

"由于思想政治理论课教学这门关于人的科学本身的高度复杂性,由于思想政治理论课教学对象思想文化素质与思想文化需求的不断提高,也由于建设中国特色社会主义这一前无古人的开创性事业所提出的、需要思想政治理论课教学向人们科学解答的种种新情况、新问题的复杂性,思想政治理论课教学者应有的理论素质必须具有宽域性。"①也就是说思想政治理论课教学者必须具有丰富全面的学识和素养,拓宽思想政治理论课教学研究视野,深化理论认识,从而不断开创新形势下思想政治理论课教学新局面和实现思想政治理论课教学科学化的重要路径。

一、借鉴心理学和组织行为学增强思想政治理论课教学的针对性

心理学是研究心理现象及其规律的科学。人的心理现象是自然界最复杂、最奇妙的一种现象,恩格斯把它誉为"地球上最美的花朵"。列宁曾说心理学是构成认识论和辩证法的知识领域之一。

_____

①　沈壮海.思想政治理论课教学有效性研究[M].武汉:武汉大学出版社,2001:193.

心理学从个体和群体上面进行系统的研究表明：人在产生需要的过程中，所诠释出的态度，是一种复杂的关系，是对人的一种认知的研究，人的情绪、意志，以及人的个性、气质、性格和能力都是心理学所关注的重点。人是社会的个体，人总是与社会的发展相互关联，并与其他人发展成为各种各样的关系，这样在人们的心中就产生了群体心理或社会心理，在某种特定的环境下，会出现整齐划分的群体行为。

从社会集团考察，心理特征受生产性和非生产性两个因素的影响。就生产性因素来看，企业的技术水平、管理水平、劳动组织等对人的心理特征都有较大的影响。就非生产性因素来看，生活条件、家庭环境、居住环境、商业服务与运输服务的状况等，都对人们心理状态产生不可忽视的影响。从个人行为考察，不同性别、不同年龄、不同教育程度、不同社会地位的人，其兴趣、需要与利益是不相同的，其爱好、习惯、记忆力、想象力、能力、品质也有差别，其心理特征也就不同。而这些个人心理特征往往又受社会因素制约。无论从社会集团行为考察，还是从个人行为考察，人的心理状态有一个共同的规律，这就是人的行为总是由动机支配，而动机则主要由需要和利益决定。

心理学告诉我们一个规律，当人们需要时，就会产生动机，以及最后转化为一种利益，人们的行为是受到思想动机所支配的，思想动机是因为人们的需要而产生的。人们要想在社会中生存发展下去，就会有所需要，生存的需要、安全的需要、爱情的需要、尊重的需要、成就的需要以及信仰的需要等。这些需要的存在都是现实社会经济状况的一种产物，是有一定的发展变化规律的。心理学会指引人们，在需要的情况下，所做出的何种行为。

群体在某种压力下，会有什么样的行为反应，会导致什么样的行为后果，这些对思想政治理论课教学来说非常重要。思想政治理论课教学过程必然与心理过程是同步的，同样经历着知、情、意、行的过程，思想政治理论课教学要以心理过程的规律性为依据，只有研究把握好人的心理，才能做好思想政治理论课教学工作。思想政治理论课教学通过心理学可以预测动机，引导人们的行为，使思想政治理论课教学具有预见性和主动性。

在研究人们的需要、动机以及行为之间的变化和相互的关系时，就要掌握思想的情况，发现思想的转变，进而主动地进行工作的开展。越及时有效地进行工作，解决思想方面的认识问题，越能够有效地防止不良的倾向发生，虽然有时可能暴露一些工作过程中的问题，但是只要加以引导，就可以将影响程度降低到最低状态。[①]

新时期人们往往存在价值观的冲突、理想与信念的冲突、需要的冲突等，思想政治理论课教学工作者应该尊重人们的需要，给人们的精神压力寻找释放的途径，消除或减少人们的认知冲突、价值冲突，尽可能满足人们的心理需求。思想政治理论课教学者若能精通心理学，一定能在工作中做到知己知彼、百战不殆。全面了解人们心理特征的各个不同方面，逐步掌握人们心理活动的规律，是思想政治工作方法科学化的一个重要内容。

组织行为学是研究人的心理和行为发展规律的一种科学。通过分析人们的心理特点，综合运用心理学、社会学、人类学、生理学、生物学、经济学和政治学等知识，研究一定组织中人的心理和行为的规律性，从而提高各级领导者和管理者对人的行为预测和引导能力，以便更加有效地实现组织预定的目标。心理学是组织行为学最重要的理论基础之一，而组织行为学是心理学在组织系统运用的分支，有的学者认为组织行为学就是管理心理学。组织行为还通常被认为是狭义的行为科学。

人们行为的产生，都是根据人们的心理要求为目的，借由某种原因而产生的，但产生的结果对错与否，行为者则是根据对自己有利的因素来判断的。人与人之间是有一定的差别性的，就算在同一种事情的发展状态下，人们的表现也会呈现出不完全一致性。但是，人们的行为中确实存在一些基本的一致性：比如进电

---

① 严求实.“思想政治工作是一门科学”——论思想政治工作科学化[M].太原：山西人民出版社，1981：37.

梯时,人们都会很自觉地转过身体,面对电梯入口;过路口时,人们一般都会遵守红灯停、绿灯行的规则。基本的一致性会帮助我们预测人的行为。在大多数有结构的情境中,预测行为是可能的。对行为的系统研究是做出合理准确预测的重要手段。

人们日常的行为对思想政治理论课教学也是很重要的存在,可以有效地降低思想政治理论课教学的盲目性和空洞性。借鉴和学习组织行为学,可以有效地激励与调动起人们的学习积极性和创造性,这一点也是我国社会主义市场经济建设时期思想政治理论课教学的主要任务之一。通过借鉴和学习组织行为学,有助于加强思想政治理论课教学以人为中心的理念,有助于领导者知人善任,合理地使用人才,提高领导水平;有助于思想政治理论课教学实现改善人际关系,增强群体的凝聚力和向心力。

二、借鉴社会学增强思想政治理论课教学的实效性

社会学的出台是专门用来研究社会的良性运转以及协调发展的条件与机制的综合性的具体社会科学,也是一种对社会生活以及社会生活过程中的问题进行研究的科学。我们建立的社会学主要是用来研究我国社会主义社会是否能够良性运行和协调发展。社会学研究包括很多内容,有家庭、婚姻、性与社会性别的研究;对社会分层和社会流动的研究;对社区建设与发展的研究;关于城市化社会变迁的研究;关于人口、环境、贫困和犯罪等社会问题的研究;关于社会控制和社会保障等问题的研究等。

不难看出,思想政治理论课教学与社会学所追求的目标有着殊途同归的效果。社会的良性运行和协调发展也是思想政治理论课教学所不懈追求的目标。社会学关注的热点和难点也是思想政治理论课教学重点关注的内容。我国在 20 世纪 50 年代前期政通人和,生产恢复发展快,处于一种初级良性运行和协调发展的状况;50 年代后期到“文化大革命”之前大致处于一种社会的中性运行和模糊发展状况;“文化大革命”时期我国则处于社会的

恶性运行和畸形发展状况。党的十一届三中全会结束了我国社会的恶性运行和畸形发展,并向我们展示了向良性运行和协调发展转化的现实可能性。

但是要将"现实的可能性"转变为"真正的现实"并不是一件容易的事情。改革开放以来,随着社会的转型与变迁,"四个多样化"的出现就引发了很多新的难点和热点产生,其中对一些问题的认识甚至颠覆了我们传统的观点。社会学在此抓住这些难点与热点进行了深入、细致的研究,进而为思想政治理论课教学提供了可靠的依据,增强了思想政治理论课教学的有效性和科学性。

在此仅以"社会分层"问题为例来说明。从 1978 年实行改革开放政策以来,我国社会结构转型和经济体制转轨同时并举引发了我国社会分层体系的深刻变化,这一变化将极大影响我国未来的社会发展走向以及社会的基本运行状态,具有重大理论意义和现实意义,成为社会学理论研究和应用研究的热点问题。[①]

在我国经济和社会的发展过程中,在原有的"两个阶级一个阶层"上面逐步地进行了内部分化,工人阶级、农民阶级和知识分子内部都产生了各种创业人员和技术人员、受聘于外资企业的管理技术人员、个体户、私营企业主、中介组织从业人员和自由职业人员 6 个方面人员在内的"新的社会阶层"。

目前新的社会阶层以及从业人员人数已超过 1.5 亿,约占总人口的 11.5%,掌握或管理着 10 万亿元左右的资本,使用着全国半数以上的技术专利,直接或间接地贡献着全国近 1/3 的税收。近 10 年来,个体、私营企业平均每年新增就业岗位近 600 万个,约占同期城镇新增就业岗位的 3/4。在我国 7 亿多就业者中,非公有制经济吸纳的就业量(含农业劳动力)就占到 90% 以上;如果不含农业劳动力,吸纳的就业量为 1.9 亿人,占全社会就业总量的 26%。截至 2010 年年底,全国私营企业从业人员 9417.58 万

---

① 　郑杭生.社会学概论新修[M].北京:中国人民大学出版社,2006:240.

人,比 2009 年增加 810.61 万人,增长 9.42%。[①] 这些数据表明:我国的社会阶层结构已经发生了深刻的变化。

当前社会在发展的过程中,为何不再使用"两个阶级一个阶层"来归纳,主要是在我国的实际生活过程中一些社会群体已经不能用阶级来概括,需要寻找更加合适、更加有概括力、更加具有包容性的层次。若继续采取之前的发展模式,只会增加社会的张力、增添火药味,不利于社会的稳定发展,不利于经济建设和对外开放发展。只有用以职业为主要原则的、包括生产资料在内的、内容更广泛的社会资源所构成的多元标准来加以划分,才比较说得通。

传统的观念认为:阶级是一个大的概念,阶层是属于阶级的下属概念,是将阶级中的下级按照不同的标准进行的若干划分。但是现今的实际结果告诉我们,阶层属于一个大概念,而阶级则是另一种特殊的分层。通常阶层是按一般的概念"社会资源和社会机会"来区分的,而阶级则是一种按特殊的社会资源"生产资料"来分层的结果。所以在社会学中,阶级被纳入分层或层化的范围之中,分层是个大概念。新的社会阶层正产生着巨大的影响力。它们已成为国家税收的重要来源,有效地缓解了我国面临的人口与就业的巨大压力。

社会学界中对于社会阶层的认识,不同阶层之间产生的矛盾可以通过思想政治的教育进行有效的协调,进而维持社会的和谐发展。中央主管部门在部署工作中强调,要将新的社会阶层人士的统战工作作为新的着力点,开展调查摸底,做好培养使用工作,扩大政治的有序参与,将新的社会阶层人士更加广泛地团结起来,凝聚在党和政府的周围。如今,如果我们还坚持运用"两个阶级一个阶层"的思想进行教育,会严重地脱离实际。尽管思想政治理论课教学一直都非常重视"四个多样化"引起的社会变动,但是社会学对这些问题更为细致和深入的回答无疑增强了思想政治理论课教学的实效性。

---

① 黄孟复.中国民营经济发展报告 No.8(2010—2011)[M].北京:社会科学文献出版社,2011:37.

三、借鉴传播学、系统论等增强思想政治理论课教学的实证性

传播学研究的是一切人类的传播行为和在传播的过程中所发生、发展的规律以及传播过程中人与社会之间的关系的一种学问。

传播研究的是在传播的过程中各要素之间的相互联系与制约；信息的产生与获得、加工与传递、效能与反馈，信息与对象的交互作用；各种符号系统的形成及其在传播中的功能；各种传播媒介的功能与地位；传播制度、结构与社会各领域各系统的关系等。它着重于研究人与人，人与其他的团体、组织和社会的关系；研究人怎样受影响，怎样互相受影响；研究人怎样报告消息，怎样接受新闻，怎样受教于人，怎样消遣与娱人。

从传播视角看，思想政治理论课教学也存在传播主体与受众之间的关系，存在传播效果优化的问题。传播技巧对思想政治理论课教学的开展不无裨益。美国学者罗伯特·史密斯曾详细统计和研究了美国三大广播、电视、新闻网一年间的新闻节目构成，结果发现：对预先计划事件的评论占时间总百分比的 31.8％；自然发生的事件占时间总百分比的 19.8％；对自然事件发生的评论占时间总百分比的 10.3％。① 由此可以看出，充分而巧妙地利用传播媒介，思想政治理论课教学可以达到很好的效果。

系统论通常是研究系统在运营过程中的一般模式、结构和规律的学问，系统在运行过程中产生的各种特征，用数学方法进行定量的表述，并确立是否适用于一切系统的原理、原则和数学模型，是具有逻辑和数学性质的一门新兴的科学。其基本思想方法就是把所研究和处理的对象当作一个系统，分析系统的结构和功能。

系统方法要求人们把研究对象看作一个整体，把事物的普遍

---

① 刘志迎.管理科学理论在思想教育中的应用[M].合肥：合肥工业大学出版社，2005：158.

联系和永恒运动看成一个总体过程,全面地把握和控制对象,综合地探索系统中要素与要素、要素与系统、系统与环境、系统与系统的相互作用和变化规律。系统论着眼于整体思考,追求整体最优,倡导从总体上进行思维,提供解决复杂问题的钥匙,为人们提供了制定系统最佳方案以实行优化组合和优化管理的手段。

从系统的观点来看发展问题,世界上任何事物的发展都可以看作一个系统,系统的出现会影响人们的思想观念。人们要站在理性的角度分析问题,纵观全局,别开生面地为研究现代社会的复杂问题提供有效的思维方式。

思想政治理论课教学也是一个有着复杂结构和层次的系统。只有通过与外界持续不断地进行物质、信息和能量的交换,在交流中形成动态的平衡状态,才能使其自身迸发出新的生命力,从无序走向有序。在市场经济条件下,面临"四个多样化"的现实,思想政治理论课教学如果静若止水,最终将是安静地消失。

思想政治理论课教学要想保持住鲜活的生命力,增强其科学性,最主要的是要有博大的胸怀、开放的眼光,并不断地吸取其他学科的合理元素来充实和完善自己,在这个过程中,有以下两个方面要注意。

一是在学习和借鉴的过程中,要明确坚持思想政治理论课教学的党性原则。思想政治理论课教学的本质是政治性,也是中国共产党在发展过程中重要的历史经验和优良的传统。思想政治理论课教学意识形态的倾向会使其在借鉴的过程中失去正确的方向,无法实现思想政治理论课教学的功能,无法为党服务,难以抵制各种非马克思主义思想中出现错误的、腐朽的、落后的思想的影响和侵害。

二是在借鉴和学习的过程中,要坚持分清主次、以我为主的原则。学习和借鉴的目的是要以思想政治理论课教学为主导来融合其他学科的合理元素,最终形成一门政治性、综合性和应用性都比较强的学科。综合其他学科,是为了开阔思想政治理论课教学学科的视野和眼界,为了思想政治理论课教学学科自身更好地发展,不能"喧宾夺主",更不能"本末倒置",以免"种了别人的地,荒了自己的田"。

第三节 我国高校思想政治理论课改革的国际视野

高校思想政治理论课教学不应当拘泥于国内的发展,更要走向世界,面向多元化的国际视野,在应对多元文化与西方文化霸权主义时,要使学生树立道路自信、理论自信、制度自信以及文化自信,就要明白"中国特色社会主义道路是实现途径,中国特色社会主义理论体系是行动指南,中国特色社会主义制度是根本保障,中国特色社会主义文化自信是实现中华民族伟大复兴事业的坚定信念,这四者之间统一于中国特色社会主义伟大实践"[①]。这种国际化势必会成为高校思想政治理论课教育改革的一种发展趋势。

一、高校思想政治理论课教育改革国际化视野趋势的成因

经济全球化与文化多元化是当今世界的主要特征之一。经济全球化、文化多元化以及西方文化霸权给高校思想政治理论课带来新的冲击,也为高校思想政治理论课改革带来新的机遇。

(一)国际化视野是培养合格公民国际交流的必要前提

高校思想政治理论课教学作为高等教育的重要的组成部门,要适应社会发展的趋势,要与国际间进行交流和合作,进而得到发展。通过与国外的教育机构进行合作,开展适合我国大学生思想道德规律和特点的教育,有利于我国高校思想政治理论课的改革,这就必须要求我们有国际化视野。

---

① 胡锦涛. 坚定不移沿着中国特色社会主义道路前进,为全面建成小康社会而奋斗——在中国共产党第十八次全国代表大会上的报告[J]. 求是,2012(22).

虽然每个国家的国情不同,在培养合格公民的方面也有不同的特点,但是相互之间存在一些共同的东西,即既强调主流意识形态的灌输,又注重道德品质的塑造。

美国的"公民教育",主张强调培养学生的"国民精神",使学生成为"责任公民";法国的"公民教育",主张强调培养"公民责任感",形成"热爱法兰西共和国的品质";英国在这种教育中强调"德行、智慧、礼仪、学问";德国则把这种教育具体化为"政治教育""和平教育"和"环保教育"。在亚洲,日本的这类教育强调"爱国主义""集体主义""民主主义",并主张"个性教育";韩国认为,为把学生培养成复合型和国际型人才,应该"学习教育、家庭教育和社会教育"三位一体;新加坡强调对公民进行国家意识教育,成为"新加坡人"。

所以,国际化视野有利于吸收各国在培养合格公民中的经验,可以拿来为我所用。国际化视野可以成为高校思想政治理论课教育改革的一个生长点。

(二)国际化视野是应对多元化渗透的迫切需要

文化的产生,一定程度上带有民族特性、多元性,是人们物质行动的直接产物,也是不同民族文化交流的结果。在古代,人们的交往比较困难,但是还是存在文化的交流、对话与借鉴。到了近代,随着商品和资本发展的拓展,资本主义文化走向了世界。现代,随着经济的全球化,"把世界各国人民互相联系起来,把所有地方性的小市场联合成为一个世界市场,到处为文明和进步做好了准备,使各文明国家里发生的一切必然影响到其余各国"①。所以,社会的发展需要多元文化的融合,多元文化对世界的经济发展、政治文明、军事演变、教育提高以及社会生活都产生了重大的影响。

多元文化在发展的过程中,不仅具有促进的作用,也存在一

---

① 马克思恩格斯选集(第 1 卷)[C].北京:人民出版社,1995:234.

些不好的因素,所以说多元文化是一把"双刃剑",既推动了民族文化的发展和繁荣,也给民族文化带来了一定的挑战。

长期以来,由于我国高校思想政治理论课实行封闭式的教育模式,唯我独尊,片面强调主流文化的灌输,既违背了世界多元化潮流的趋势,也脱离了当代中国大学生的实际,这种状况必然影响高校思想政治理论课的有效性,不利于马克思主义作为主流文化的传播。因此,国际化视野有利于高校思想政治理论课教育由封闭走向开放,有利于吸取多元文化的长处。

(三)国际化视野是反对西方文化霸权的迫切需要

文化霸权,指的是资本主义国家在思想上、文化上、意识形态等方面占据了主导地位,进而掌握了社会文化发展的领导权。这种文化领导权是西方民众在经济上认同、政治上顺从资产阶级管理和统治的思想文化根源。正是这种霸权思想的发展,西方发达国家不断地对发展中国家进行文化的渗透,由于它们经常凭借发达的经济、政治地位,因此,西方文化霸权甚至影响到高校思想政治理论教育。

世界各国经济、文化、政治的交流与合作受现代信息科技的推动而迅速发展,高等教育也势必会在现代信息科技的推动下影响学生思想政治理论课教学的交流与合作。由于文化交往、学术交流的控制权掌握在西方发达国家手中,它们必然要把自己的世界观、价值观渗透在文化中传授给他人,如果我们缺少国际视野,无意识地去认同和模仿,必然会对我国社会主义核心价值带来冲击。因此,高校思想政治理论课教师要保持清醒的头脑来认识西方文化霸权的特点和我们所要面临的国际挑战、竞争压力,努力强化马克思主义理论教育,克服文化教育国际化过程中的负面影响,利用和吸收国际化进程中的积极因素,培养国际化人才。

二、高校思想政治理论课教育改革国际化视野下的方针

要做到高校思想政治理论课教育改革的国际化视野,首先要

培养有国际化视野的教师。根据中宣部、教育部《2012—2016 年高等学校思想政治理论课教师培养培训规划》,为了建设一支高素质的高校思想政治理论课教师队伍,决定在试点基础上,每年组织 40 名左右的高校思想政治理论课骨干教师赴国外进行为期 10 天的学习考察,5 年共组织 200 名教师参加活动。① 从组织上为培养有国际化视野的思想政治理论课教师提供了保证。各地高校也为思想政治理论课教师国际化创造条件。

(一)明确国际化给高校思想政治理论课教育带来的影响

第一,西方意识形态正力图消除马克思主义对大学生的影响。在国际化的发展过程中,西方国家以美国为首,通过跨国公司、非政府组织、宗教团体等组织的形式,将知识、教育、学术在全球信息传播系统中,对大学生进行传播和灌输西方思想、文化以及思维方式和价值观念。西方国家打着"普世价值"的旗号,试图消除马克思主义,进而宣传新的自由主义思潮和民主社会主义思潮。这种渗透思想是在文化交流和学术交流的形式中所进行的,具有欺骗性和伪装性,带给高校思想政治理论课教育很大的挑战。

第二,努力展现马克思主义的理论魅力,增强思想政治理论课教育的说服力和感召力。在国际化进程中,我国思想政治理论课教育不能回避矛盾,要努力展现马克思主义理论魅力。"大学生要以马克思主义的世界观和价值观来武装自己,了解和掌握马克思主义中国化的最新成果以及在社会主义建设中所发挥的重要作用,鼓舞大学生的奋斗意志,用以改革创新为核心的时代精神和以爱国主义为核心的民族精神来进行;大学生要将自身的发展与国家的发展、民族的振兴以及个人的人生价值和追求紧密地结合在一起,树立正确的人生观、世界观和价值观,有效抵制各种不良思想以及腐朽思想的侵害,防止受到西方敌对势力的渗透和

---

① 资料来源:中华人民共和国教育部网站.

侵袭"①。

（二）树立国际化视野下高校思想政治理论课教育新理念

为深入贯彻落实全国高校思想政治工作会议精神,打一场提高高校思政课质量和水平的攻坚战,切实增强大学生对思政课的获得感,经教育部党组研究,决定将2017年定为"高校思想政治理论课教学质量年",深入实施《普通高校思想政治理论课建设体系创新计划》,充分总结"05方案"实施以来高校思政课建设所取得的巨大成绩,进一步深化教材、教师、教学等领域的改革创新。

着力推动思政课在改进中加强、在创新中提高,全面推动习近平总书记系列重要讲话精神和治国理政新理念新思想新战略"进教材、进课堂、进头脑",切实引导广大学生正确认识世界和中国发展大势、正确认识中国特色和国际比较、正确认识时代责任和历史使命、正确认识远大抱负和脚踏实地,不断坚定道路自信、理论自信、制度自信、文化自信。

高校思政课教学质量年的工作重心在基层。打赢提高思政课质量和水平的攻坚战,战线在高校,战场在课堂,战斗员是教师,指挥员是党委书记和校长。各地各高校要重点从教学上攻坚突破,效果看满意度。

以《2017年高校思想政治理论课教学质量年专项工作总体方案》为参照,吃透精神,因地因校制宜,结合实际制定本地、本校思政课教学质量年专项工作方案,实现教育部、地方和高校三级联动,形成工作合力。各地各高校的专项工作方案要有的放矢、抓住重点,注重推出实招新招,更为细化、更具特色,充分调动广大师生的积极性、主动性和创造性。

各地各高校要对本地、本校思政课建设情况开展一次普遍调研,重点调研全国高校思想政治工作会议召开后和中共中央、国务院《关于加强和改进新形势下高校思想政治工作的意见》印发

---

① 王杨.国际化视野下大学生意识形态教育问题探析[J].思想理论教育导刊,2011(12).

以来,各地各高校思政课建设创新情况,并总结思政课建设特色做法和工作案例,形成调研报告。

各高校党委书记和校长要敢于担当、亲力亲为、靠前指挥,抓调研、抓思路、抓推进、抓落地,确保本校思政课教学质量年工作落地见效。

(三)优化国际化视野下的高校思想政治理论课教育内容

第一,要优化社会主义核心价值的主要思想政治理论课教学体系。党的十八大报告指出:"社会主义核心价值体系是兴国之魂,决定着中国特色社会主义发展方向。"高校思想政治理论课教育要将爱国主义、集体主义、社会主义教育融入其中,大力弘扬民族精神和时代精神,丰富人民的精神世界,增强人民精神力量。"倡导富强、民主、文明、和谐,倡导自由、平等、公正、法治,倡导爱国、敬业、诚信、友善,积极培育和践行社会主义核心价值观。"这样,才能培养出合格的具有中国特色社会主义的接班人。从国际视野的发展角度可以得出,应将社会主义核心价值观教育与西方各种思想进行比较,得出我们自己的优势,形成我们的理论自信,因此,高校在思想政治理论课教育的内容和体系方面应适当增加西方各种思潮的述评,适当增加当代资本主义的述评。

第二,创新以生态问题为核心的生态教育体系内容。当今社会发展的过程中,有很多是需要人们共同面临的问题,比如环境问题、饮食问题、和平问题、发展问题等,还有一系列的环境生态、民族生态以及政治生态等问题。由于以前高校思想政治理论课教育缺少国际化视野,因此,对诸如此类全球问题往往不重视。其实,生态文明关系人类福祉,关系民族未来,也关系国与国之间的安全。从我国的国内发展来讲,生态文明的建设关系到中国的建设,中华民族的发展。从全球发展来讲,生态文明对于人类的生存和发展关系重大,涉及人类的共同利益与命运,必须依靠人类的共同努力、相互合作才能解决。因此,要把各种生态问题引入高校思想政治理论课教育中,使学生积极参与和讨论全球范围的生态问题,从国际化视野出发,增加全球的责任感。

总之,国际化视野是世界育人的共同要求和共同趋势,随着高校思想政治理论课教育的改革,这种趋势将越来越明确。

本章小结

本章主要是以高校思想政治理论课教学改革为主要的探索依据,深入发展高校思想政治理论教学研究,以思想政治理论课教学的理论基础作为出发点,深入展开研究,探索发展过程中的社会问题、社会与人之间的关系、人的全面发展理论以及科学发展观等理论知识。通过对这些理论知识的借鉴,可以揭示出教学过程中的规律、模式、原则以及方式方法,以及人的道德成长问题、道德教育问题以及道德教育的方法等探索提供借鉴。在借鉴各学科之间的理论问题时,要增强其思想政治理论课教学的针对性、实效性以及实证性。在深入发展我国高校思想政治理论课教学研究过程中,也要注重结合国际文化发展,国际视野是发展公民国际交流的必然前提,是高校政治理论课教学的多元化改革,也是明确自我意识、树立自我观念以及优化自我发展的一个过程。

第五章 我国高校思想政治理论课改革的实践现状

2016年12月,习近平总书记在全国高校思想政治工作会议上提出,应该着眼于办好社会主义大学、开创我国高等教育的新局面。这是基于高校思想政治理论课教学现状提出的指导意见,为我国高校思想政治理论课改革指明了方向。了解我国高校思想政治理论课教学的整体现状并总结过往经验,对于进一步实现教育教学改革具有重要意义。

第一节 我国高校思想政治理论课改革取得的成绩

高校思想政治理论课建设和教育教学改革是一个动态的、持续推进的过程。在总结过去的思想政治理论教育的基础上,高校思想政治理论课"98方案"全面推行并实施了7年,经过改革后的"05方案"全面推行实施了8年多。在这十多年来,高校思想政治理论课建设和教育教学改革工作在各个方面都取得了阶段性的成绩,这些方面包括机制体制建设、课程体系构建、实践教育建设等,并且经过十多年的实践也积累了一些宝贵的经验。

一、高校思想政治理论课教学改革取得的成绩

(一)构建了全新的高校思想政治理论课课程体系

进一步加强和改进高校思想政治理论课教育教学的基本内

容,包括提高课程设置的科学性以及加强课程结构体系的合理性。

在"05 方案"课程体系中,四年制本科需要学习的思想政治理论必修课为 4 门,分别为:"马克思主义基本原理概论",这门必修课主要的内容为马克思主义的世界观和方法论,通过这门课程可以从整体上让学生了解和把握马克思主义,正确认识人类社会发展的基本规律;"毛泽东思想和中国特色社会主义理论体系概论",这门必修课的重点内容为中国共产党把马克思主义基本原理与中国实际相结合的历史进程,通过这门课程大学生可以充分了解马克思主义中国化的理论成果,使他们可以系统、全面地掌握毛泽东思想、邓小平理论和"三个代表"重要思想基本原理,在党的领导下坚定地践行中国特色社会主义道路,树立社会主义思想观念;"中国近现代史纲要",这门必修课的主要内容为中国近代以来抵御外来侵略、争取民族独立、推翻反动统治、实现人民解放的历史,通过这门课程可以使大学生充分了解中国近代史,并了解和领会马克思主义、中国共产党、社会主义道路是如何带领人民和国家战斗和建设、发展的;"思想道德修养与法律基础",该门课程主要内容是社会主义道德教育和法制教育,大学生通过这门课可以建立并提高自身的社会主义法制观念,提高思想道德素质,可以通过理论结合实践来解决实践过程中遇到的各种实际问题。除了以上必修课外,还设置了形势与政策、当代世界经济与政治等选修课。

在总结了"98 方案"课程体系后才形成了改革后的"05 方案"课程体系,经过提炼和改革而形成的"05 方案"课程体系更加适应高校教育教学改革的需要,可以有效体现新形势下的高校思想政治教育教学改革的理念,该课程体系具有鲜明的综合性、整体性、时代性、创新性。

"05 方案"课程体系是对"98 方案"课程体系的优化与提升,将原有体系中类型相同的课程进行适当的合并,将原有的 7 门课程减少到 4 门课程;规定的学时也做了调整,有了一定减少,"05

方案"规定课程 14 学分,如果按照一般课程的学时计算方式,也就是 1 学分相当于 16 学时或 18 学时,思想政治理论课所占学时大致为 224～252 学时,然而在"98 方案"中,除"形势与政策"课外,理科课程设置为 291 学时、文科课程设置为 319 学时。但是,各高校在实施"05 方案"时,实际学时与"98 方案"的实际学时并没有太多差距,课程内容的覆盖面也并没有缩水,课程的教学要求也得到了保证,课程教育的作用也没有降低,也就是说新方案的课程设置做到了保质保量,是符合高校思想政治教育原则和时代发展要求的。

"05 方案"课程体系以马克思主义中国化的理论成果,也就是毛泽东思想、邓小平理论和"三个代表"重要思想为中心内容,并随着社会的发展相继添加了科学发展观以及习近平有关中国梦的重要论述等内容,凸显了教育内容的时代特征,体现了马克思主义与时俱进的理论品质。同时,"05 方案"课程体系与马克思主义理论学科设置相对应,既有利于加强马克思主义理论学科建设,又有利于提高高校思想政治理论课教育教学质量。

此外,"形势与政策"课的课程建设也更加规范。"形势与政策"课是高校思想政治理论课的组成部分,但是其具有一定独特性。"形势与政策"课与其他课程不同,它在教学内容、教学形式、教师队伍构成等方面都有明确的、统一的要求和规定,并且一直向更为规范化的方向开展建设。"形势与政策"课并不是在集中的时间开设课程的。随着外部环境的不断变化,形势与政策也在不断发展,大学生的关注热点也是处于动态之中的,这就要求"形势与政策"课必须适应不停变化的外部环境与大学生的成长、成才需要,要做到"全覆盖,不断线",这样才可以真正发挥作用。保证自身的不断发展是问题的核心与关键。例如,十多年来,北方工业大学不断探索、实施形势与政策课"全覆盖,不断线"的教学模式,在这个领域积累了丰富的经验。

(二)推进了高校思想政治理论课教材编写工作

在高校思想政治理论课教学改革和"05 方案"实施过程中,一个十分重要和关键的问题就是实现理论体系、学科体系、课程体系、教材体系、教学体系、大学生素质体系、信仰体系、行动体系的有机统一。对于高校教育教学来说，教材是基本。只有保证教材的高质量才能有效提高教育教学的水平。

党中央对哲学社会科学和高校思想政治理论课建设的高度重视，为高校思想政治理论课教学改革与课程建设提供了坚实的社会基础。马克思主义理论研究和建设工程的实施，为高校思想政治理论课教学改革与课程建设提供了有力的理论支撑。党中央对高校思想政治教育做出的一项重大决策就是将高校思想政治理论课教材编写纳入马克思主义理论研究和建设工程，并将该项目作为重点项目，要各部门积极配合工作努力推进项目的建设。党中央、国务院领导同志对高校思想政治理论课教材的编写给予了极大的关怀、鼓励，并提供了直接指导。中央政治局常委亲自审批高校思想政治理论课4门课程的编写提纲，提纲的确定指明了教材编写思路和框架的方向；中央有关领导十分重视教材编写工作，多次审阅相关的工作汇报并对其进行批示、指示，让编写人员按照一定要求编写教材。中共中央宣传部、教育部始终十分重视教材建设，强调这项工作是教育的基础、关键环节，由他们领导相关人员编写高校思想政治理论课教材。党中央采取以上这些举措都为"05方案"的高质量实施提供了根本的政治保证和组织保证。

按照党中央的部署和要求，以及马克思主义理论研究和建设工程的目标要求和工作程序，中共中央宣传部、教育部联合成立了高校思想政治理论课教材编写领导小组，该小组的主要任务就是领导教材的编写，为了更好地进行教材的编审工作，还专门成立了高校思想政治理论课教材编审委员会，该委员会成员是相关各个领域的专家。在教材编写首席专家和主要成员的选择确定方面，教材编写领导小组严格依据党中央确定的"定向申报、择优遴选、集中编写"原则，最终经过严格的挑选和审核成立了4门课程的专门教材编写组。首席专家和召集人主持小组成员的编写工作,编写组成员严格遵守党中央提出的要求,全力以赴、全身心地投入编写工作。编写组成员深入调研、广泛听取各方意见,集中进行学术讨论,集合团体的力量攻坚,认真投入编写提纲和教材的工作中。编写组完成的提纲和教材初稿,会依次经过教材编审委员会、教育部党组、马克思主义理论研究和建设工程咨询委员会、中央宣传思想工作领导小组会议分别审议和反复审议,最后上报中央政治局常委进行审定。2007 年上半年,"05 方案"的 4门必修课教材编写完成,并经党中央审定后统一出版。随着时间的推移,各门课程的教材还根据需要陆续出版了修订版、再修订版。

新编写的 4 门思想政治理论课教材,集合了全国各相关方面的力量和智慧,在编写教材的过程中积累了工作模式、组织方式、工作程序等各个领域的宝贵经验,这些经验是高校思想政治理论课教学改革与课程建设的重要资产。

新编写的 4 门思想政治理论课教材以及教育部多次印发的《高校思想政治理论课教学建议》《高校思想政治理论课贯彻党的十八大精神教学建议》等,具有以下几个鲜明的特点。

1. 反映了马克思主义中国化的两大理论成果

教材和教学建议都坚持以马克思列宁主义、毛泽东思想、中国特色社会主义理论体系为指导,并在其中深入贯彻党的各届全国代表大会及各届中央全会的精神,在教材和教学建议中体现了马克思主义中国化的历史进程以及取得的各项理论成果,尤其强调并比较充分地反映了党领导广大人民群众建设中国特色社会主义的实践成果以及获得的基本经验,同时还反映了在本学科领域内获得的最新研究成果。教材和教学建议贯彻党中央精神,注重内容的时代性,观点鲜明正确,具有十分突出的科学性、权威性和严肃性。

2. 体现了马克思主义不断发展的特征

随着时代推进和社会进步,以及不断的实践和发展,马克思主义也在不断发展,始终保持着其先进性。教材和教学建议中指明了需要坚定不移地坚持的马克思主义基本原理,以及需要随着时代发展不断丰富和补充的马克思主义理论,同时也明确指出因为僵化过时需要剔除的内容,也指明了哪些是需要澄清的附加在马克思主义名义下的主观主义和形而上学的内容。

3.突出了思想政治教育和马克思主义理论教育两个重点

教材将重点放在充分体现马克思主义的立场、观点和方法上,强调马克思主义的人类社会发展客观规律、社会主义建设的客观规律以及人的成长和发展的客观规律。教材的目的在于更好地服务于高校思想政治教育,为大学生提供更全面、更系统的马克思主义理论教育,进一步突出高校思想政治理论课对于大学生思想政治教育的重要作用。

4.具有较强的针对性和可读性

教材始终坚持教育的科学性与针对性、准确性与可读性的有机结合、合理统一。教材坚定地坚持理论科学性、准确性,以此为基础紧密联系改革开放和社会主义现代化建设的实际,结合大学生的实际思想状况,将重点放在大学生关心的问题上,尽可能地贴近和满足大学生的需求。教材充分体现了创新精神,文字鲜活简明,并且灵活运用各种表现元素,适合教师讲授和大学生学习。

随着新形势和新任务的出现,新教材从出版使用以来经过了多次修订,每次修订都是根据实际情况需求进行相关方面的修订,经过不断补充和完善,得到了高校思想政治理论课教师的认同和好评,得到了大学生的赞许,新教材被称为是改革开放以来最优秀的高校思想政治理论课教材之一,是马克思主义理论研究和实际践行重要的阶段性成果,同时也是我国哲学社会科学界经过不断努力取得的一项重要学术成果。高校师生对新教材给予了普遍认可,认为其具有明确的指导思想,内容新颖,观点鲜明,并且具有很强的可读性、科学性、针对性以及思想性。

　　大学生思想政治理论教育是一个系统的庞大工程，虽然教材的编写、修订和出版为加强教育打下了坚实的基础，但是更关键的在于高效地运用教材并持续不断地吸收和优化以便做好教材建设工作，这就需要各相关方面更加努力。教材是教育教学的基础，教师则是运用教材保证并提高教育教学质量的关键。为了使教师可以更好地进行备课，各门教材还专门编写了对应的教师参考书。通过教师参考书可以帮助教师更清晰地把握教材脉络，从而可以据此科学合理地安排教学，使他们可以更好地把握和处理教学内容安排的问题。

（三）提升了高校思想政治理论课的学科建设水平

　　2005 年以来，国务院学位委员会、教育部先后印发了《关于增设马克思主义理论一级学科及所属二级学科的通知》《关于增设"中国近现代史基本问题研究"二级学科的通知》，教育部办公厅印发了《关于做好 2008 年"高校思想政治理论课教师在职攻读马克思主义理论博士学位"专项计划招生工作的通知》，中共中央宣传部、教育部印发了《关于进一步加强和改进高等学校思想政治理论课的意见》等文件。这些文件中都强调学科建设的重要性，提出这是科学有效加强和改进高校思想政治理论课的重要基础。高校思想政治理论课是我国特有的一门学科，它具有很强的政治性、科学性和实践性，中央确定了马克思主义理论一级学科及所属二级学科的地位，对于高校思想政治教育以及学科体系的建设来说具有重要意义，使相关理论学科成为支撑高校思想政治理论课教育教学的重要力量。

　　各高校和高校思想政治理论课教师看到了马克思主义理论学科地位确立的真正意义，积极建设和充分利用这一平台，专注于学科方向的研究，不断加强马克思主义综合性和整体性的研究，将学科建设以及"05 方案"的实施有机结合，不断提高理论教育的针对性、实效性和吸引力、感染力；加强学科建设与科学研究之间的联系，不断开展相关方面的研究，将研究成果灵活地运用到教学实践中；加强学科建设和教师队伍建设之间的联系，加强对高校思想政治理论课教学和科研人才的培养，打造一支由中青年学科带头人和骨干教师组成的人才队伍。高校思想政治理论课教师应该对马克思主义进行深入研究，将重点放在综合性、整体性研究上，目标是建设一个有明确研究对象、功能定位科学的学科体系，并在实践中不断总结并吸收经验，积极探索马克思主义理论学科发展的规律，防止学科发展出现弱化、边缘化和泛化的情况，并为加强和改进大学生思想政治教育及高校思想政治理论课提供学科上的有力支撑。他们在实际工作中不断努力，取得了明显的进展，并且一直保持着热情。同时，高校思想政治理论课教育教学实践也拓宽了马克思主义学科研究的视野，保证了马克思主义学科建设具有明显的时代特征。这是因为马克思主义一级学科本身就是一个特殊的学科，它在高校思想政治教育中实现了与思想政治理论课的有机结合。这种结合会在大学生培养模式、培养目标、教学内容等方面得以体现，所以马克思主义一级学科在融入理论课教学中时应该注重教师教学和学生吸收的实际需要。①

从整体上来说，各级教育主管部门、各高校党委进一步提高了对高校思想政治理论课的重视程度，相应的体制机制也处于不断优化和完善的过程中；大学生对高校思想政治理论课的认可度和接受度也相较以前有所提高，建立起了畅通的教育教学主渠道，积极向上的主课堂，坚不可摧的主阵地，慷慨激昂的主旋律。大学生对高校思想政治理论课的认可情况、接受情况、践行情况，是检验"05方案"实施以及教育教学改革实际效果的重要尺度。而这就会涉及理论教育和思想政治教育的意识形态特性。意识形态工作始终是党和国家极其重视的工作，它对于国家安全和社会稳定具有极其重要的作用，同时也直接关系到党和人民的事业是否可以取得成功。意识形态具有鲜明的阶级性，社会主流意识

---

① 徐维凡.关于马克思主义理论一级学科建设与思想政治理论课相互关系的思考[J].思想理论教育导刊,2006(11).

形态会直接反映统治阶级的意志以及思想体系。我国是工人阶级领导的、以工农联盟为基础的人民民主专政的社会主义国家。中国共产党将马克思主义作为其指导思想，领导广大人民群众开展中国特色社会主义伟大事业，是全国人民的领导核心。这就决定了我们必须把马克思主义作为立党立国的根本指导思想，必须确立马克思主义作为社会主义意识形态旗帜和灵魂的地位，必须使全党全国人民坚持在党的领导下坚定不移地走中国特色社会主义道路，坚定不移地推进中华民族的伟大复兴，将其作为我们共同奋斗的思想基础。高校思想政治理论课教育教学改革的一个重要阶段成果，就是强化、巩固了意识形态阵地，使大学生在教师、几个方面力量的帮助下树立了科学正确的世界观、人生观、价值观以及符合社会要求的道德观、法律观，将大学生培养成为中国特色社会主义事业的合格建设者和可靠接班人，同时这也是"05方案"实施以来获得的最重要的成果之一。

二、高校思想政治理论课教学改革的经验

高校思想政治理论课自从"05方案"实施以来，不断地改革和创新，也得到了各方面的加强和发展，不仅获得了阶段性成绩，同时在教育教学改革的实践中积累了宝贵的经验，经过探索形成了对加强高校思想政治理论课建设的规律性认识，这为高校思想政治理论课教育教学的进一步深化改革提供了前提条件。

（一）坚持政治方向

我国高校思想政治理论课教育教学改革获得的最基本的经验就是坚持正确的政治方向，坚持以马克思主义为指导思想，高举中国特色社会主义伟大旗帜，促使大学生将马克思主义中国化的最新成果作为自身的思想武装。

在使用马克思主义中国化的最新成果武装大学生头脑的过程中，我们党始终坚持将马克思主义的本质、马克思主义的重要

性以及坚持和发展马克思主义的具体方法作为教育的灵魂,强调社会主义的意义和本质,建设社会主义的具体方法,将建设一个什么样的党以及建设党的具体方法作为教育的核心,强调教育的根本在于发展的目标以及发展的方法,并结合现实将实现中国梦作为大学生教育的指向。以上这些内容构成了大学生思想政治理论教育的历史主线和基本内容,而这些内容具体表现为马克思列宁主义、毛泽东思想、邓小平理论、"三个代表"重要思想和科学发展观的教育,具体体现为进行"六个为什么"和"划清四个界限"的教育,以及实现中华民族伟大复兴中国梦的教育,这些基本内容构成了一个系统、有层次的教育教学结构,为大学生思想政治理论教育指明了方向,使教育教学具有鲜明的针对性、方向性和敏锐性,突出体现了社会主义意识形态的本质特征,这也是高校思想政治理论课教育教学改革坚持使用马克思主义中国化的最新成果武装大学生头脑的根本政治意义。

(二)坚持以人为本

高校思想政治教育模式已经发生改变,学生的主体地位逐渐凸显,在进行教育教学时应该贴近实际、贴近学生,要积极调动学生参与理论学习和实践的热情,帮助学生解决他们遇到的实际问题。

在教学改革中,高校思想政治理论课教师更关注师生之间关系的建立和维护,通过晓之以理、动之以情的方式教育学生,争取从理性和感性两个方面说服学生、教育学生,做到情理交融,更好地发挥教育合力的作用。坚持学校教育与自我教育的有机结合,要充分发挥学校教育的引导作用,同时应该通过各种方式调动大学生的积极性、主动性,促使他们进行自我教育。在教学实践中,应该坚持理论联系实际,要使教育贴近实际、贴近生活、贴近学生,此外还应该加强在观念、内容、方法、体制等方面的创新。贴近实际,是指应该明确目前社会所处的实际发展阶段,要紧跟时代步伐,要将回答和解决学生面临的实际问题作为高校思想政治理论课教育教学的中心任务。贴近生活,是指应该深入社会,要全面、深入了解社会经济、政治、文化各方面的实际情况,应该了解人民群众的实际生活,把握社会主流,以此保证高校思想政治理论课的教育教学可以更富有人情,使教育中带有生活气息,使学生更易接受。贴近学生,是指应该深入学生群体,将学生的想法和需求作为首要考虑对象,要把握学生的思想动态,为学生提供他们有实际需求的健康向上的精神食粮,在教育教学的过程中更多地联系学生身边的事例,多运用学生熟悉的语言,多采取学生乐于接受的教育形式,力求使高校思想政治理论课教育教学工作可以更加贴近学生的实际生活,更深入人心。在进行教育教学时绝不可以照本宣科、刻板说教,应该将学生作为教育的主体,要关心学生、理解学生、尊重学生、服务学生、引导学生、提高学生。贴近实际、贴近生活、贴近学生的理念体现了辩证唯物主义和历史唯物主义的世界观和方法论,高校思想政治理论课教育教学改革的过程中必须长期坚持这一教育理念。

(三)坚持解放思想

高校思想政治理论课教育教学要不断优化和完善课程体系、教学内容、教学方法,要结合实际情况不断增强教育教学的针对性、实效性和吸引力、感染力。

高校思想政治理论课改革的过程中应该坚定不移地坚持解放思想、改革创新,使课程体系可以持续得到完善,教学内容可以持续得到改进,教学方法、手段可以持续得到创新,教学效果、实效性可以持续得到强化。教学实效性,是指切实实现高校思想政治理论课的教育教学目标。只有保证教育教学的实效性才可以切实实现教育目标,这是高校思想政治理论课教学工作的根本,保证了这点才可以保证教育教学改革与建设的正确方向。将加强教学效果、教学实效性作为重点,就会显现出教学内容改革创新的重要性,这主要体现在以下几个方面。第一,坚持将理想信念作为教育教学的核心,针对大学生开展深刻的世界观、人生观、价值观教育,力求让大学生理解党和人民对他们寄予的殷切期望,让他们明确全面建成小康社会和实现社会主义现代化是他们肩负的任务,让他们明白实现中华民族伟大复兴的中国梦需要他们的积极奋斗。第二,坚持将爱国主义教育作为教育教学的重点,引导大学生树立民族精神,增强自身的民族自尊心、自信心、自豪感,让他们自觉主动地热爱祖国、为祖国的事业贡献全部力量,使他们以损害社会主义祖国利益、尊严和荣誉为最大耻辱。第三,坚持将基本道德规范作为教育教学的基础,对大学生开展深入的公民道德教育,引导大学生自觉主动地遵守国家法律法规和道德规范,培养他们爱国守法、明礼诚信、团结友善的优秀道德品质,使他们可以践行文明行为。第四,坚持以促进大学生的全面自由发展为教育教学的目标,针对大学生开展素质教育,不断提高他们的思想道德素质、科学文化素质和健康素质,并促进他们的全面协调发展。

高校思想政治教育教学还十分重视"两支队伍"相结合和"两个课堂"相结合。"两支队伍"相结合,是指高校思想政治理论课教师队伍与学校党团组织工作者和班主任、辅导员队伍相结合,也就是指专职、兼职有机结合。这样可以提高教育教学的现实感和针对性。"两个课堂"相结合,是指高校思想政治理论课课堂教学与社会实践和社会教育相结合。理论教学与实践教学的有机结合,可以有效深化大学生对马克思主义理论的理解,还可以培养他们运用理论知识的能力。例如,清华大学开设的"毛泽东思想和中国特色社会主义理论体系概论"课,研究并践行课堂教学与实践教学相结合的教学模式,这种教育模式可以有效地提高教育的针对性,通过社会实践活动,尤其是课前调研活动,组织相关教师深入社会的各个相关领域进行调查,在了解实际社会情况的基础上积累自己的教育教学素材,同时可以增长见识、开阔视野、启发思维,这些都有利于教师更好地开展教育。如组织课程组教师前往朝鲜和越南等国家开展社会考察,以便他们可以更深入地了解这些国家的政治经济情况和人民生活状况,这样就可以帮助他们更深入地了解改革开放为中国带来了什么,从而极大地提高了课堂教学的针对性,增强了教学的实效性。[①] 天津师范大学在这方面也采取了一定举措,自 2005 年起该校就围绕 4 门高校思想政治理论必修课的教学目标、内容和进度,开展相关的实践教学活动,以此对课堂教学进行合理的补充和延伸,并严格规范教学环节,要求实践教学要与课堂教学保持相同的对象、目标、内容、进度、考试,实践教学渗入这 4 门课程的各个单元,同时该实践教育的范围覆盖了各个专业的全体学生,以此形成了理论与实践相结合的新的教学模式。这种新的教学模式可以为学生带来丰富多彩的实践教学,可以有效地补充相对单调的课堂教学,从而形成知识与观点的平面化与立体化的结合。同时,为了避免实践教学模式化、形式化,学校要求实践教学教师发挥主观能动性,使实践教学突出专业特色。

因为高校思想政治理论课的观念、内容、方法和体制机制等都处于不断的改革创新中,在这个过程中积累了丰富的经验,从而有效地提高了教育教学的针对性、实效性和吸引力、感染力,同时这种与时俱进也保证了教育教学的时代性和创造性。

(四)坚持同时建设

将"05 方案"的基本要求作为基础,统筹兼顾教材、教法、教师、学科、保障等各个方面,整体推进课程建设,这是高校思想政治理论课教学改革的基本理念和做法。在这样的理念指导和做法的推进下,高校思想政治理论课教学改革已经取得了一定成果。这些成果主要包括:将课程改革和建设作为工作中心,建立了以国家重点教材为主体的立体化和网络化教材体系;强调学生在教育中的主体地位,建立了将重视能力培养为教育目标、理论教学与实践教学相结合为教育模式的高校思想政治理论课教学体系;坚持以教师为本,建立了以提高教师整体素质为根本的教

[①] 孔祥云. "毛泽东思想和中国特色社会主义理论体系概论"课实践教学探索——以清华大学为例[J]. 思想教育研究,2012(4).

师队伍建设制度体系;充分发挥思想政治理论课的学科优势,建立了以科学研究为基础的课程支撑体系等。

此外,在中共中央宣传部、教育部的领导下,将提高教师素质、优化教师结构、保持队伍稳定作为目标,建设了一支政治过关、业务水平高、作风正派的高校思想政治理论课教师队伍,在这支庞大的队伍中出现了很多行业精英,很多思想政治理论课教师深受学生爱戴,他们将立德树人作为他们工作的根本任务,在工作中爱岗敬业、关爱学生,对学科研究也很认真刻苦、勇于创新,在品德方面淡泊名利、甘于奉献;他们将传授知识与思想教育紧密地联合在一起,灵活运用系统教学与专题教育,科学地践行理论结合实践的教学模式,不断优化和改进教学方法和手段,脚踏实地地推进高校思想政治理论课教育教学改革,并已经取得了不错的成果。

(五)坚持有效机制

高校思想政治理论课建设和教育教学改革必须坚持、加强和改善宏观指导。从中央到地方各级党政领导干部尤其是与高校思想政治理论课教学直接相关的高校党委和行政领导,应该从战略和全局的高度理解与认识加强和改进大学生思想政治教育的重大意义,将这项工作作为高校教育的一项重大课题,要将其放在最关键的位置,要将其作为党的一项根本任务来抓,明确这项工作的重要性,积极调动各方面的力量,力求搭建起以科学、创新、有效为根本价值目标,具有良好的舆论氛围、职责分工明确、覆盖全党全社会的领导体制和工作机制,从而形成工作合力,这样才可以有力地推动我国高校思想政治理论课建设和改革工作的前进。

根据党中央 16 号文件的精神,我国各高校普遍将思想政治理论课建设纳入党政重要议事日程,并在以前的基础上对思想政治理论课建设领导小组做出了进一步的充实和调整,建立和完善以马克思主义理论研究和教学为重点的教学管理机构,建立起用于整合学校思想政治理论课教学资源的工作平台以及长效机制。建立起针对学生工作的特色基地,为高校思想政治理论课教育教学提供良好的校园氛围;改进和完善切实可行的制度措施,科学合理地解决教师的薪资待遇问题;投入更多经费,以保证各相关工作可以顺利开展等。通过各种举措,有效地改善了高校思想政治理论课的教育教学条件,学校作为大学生思想政治教育主阵地、主课堂、主渠道,在这些举措下充分发挥了作用。

"05方案"实施以来,高校思想政治理论课教育教学改革取得了新的阶段性成绩,在此过程中也积累了新的经验。但不可否认的是,当前的高校思想政治理论课教育教学还无法完全满足党中央的要求、人民的期望以及不断发展变化的社会现实需要。目前还存在教学内容与教学方法的矛盾、课程学时与课程内容的矛盾、理论教学时间与社会教学时间的矛盾、教师业务专长与实际工作需要的矛盾、机构设置方面统一性与灵活性之间的矛盾等,而只有进一步优化和改革高校思想政治理论课教育教学,才可以逐步解决这些问题,才可以不断地适应和满足各方面提出的新要求。

第二节　我国高校思想政治理论课改革存在的问题

高校思想政治教育是我国高校整体教育中的重要组成部分,其对于培养和提高大学生各方面素质具有积极意义和作用,因此高校思想政治理论课改革显得尤为重要。然而,由于人们在认识层面和实践层面上没有真正理解高校思政理论课教学,导致当前的改革工作存在一定问题,本节主要就这些问题进行分析。

一、在认识层面存在的误区

人们对高校思想政治理论课一直存在着认识上的误区,这对于教师进行教学和学生接受教学都存在一定不利影响,直接影响了教学实效性的提高。

(一)对高校思想政治理论课重要性存在的误解

学校、家长、社会都十分重视专业教育,但是却忽视思想政治教育。虽然我们始终强调应该促进大学生的德、智、体、美全面发展,其中德是第一位,但是在实践过程中却没有真正重视这方面的教育,在人力、物力、财力各个方面都没有足够的投入。就目前的大学生考核评价的标准来看,重点还是放在专业素质方面,对思想政治素质的评价相对笼统。实际上,在大学生综合素质的评价结构体系中,思想政治素质才是最重要的一项内容,是体现一个人的灵魂的重要内容。一再忽视对大学生道德的塑造,不将重点和最终目标放在大学生的全面发展上,就只能培养出只有智商而没有智慧、只有知识而没有文化、只有目标而没有信仰、只有欲望而没有理想的大学生,这明显是不符合我国高等教育目标的。

(二)对高校思想政治理论课教学方法的误解

长期以来,很多人都认为思想政治理论课是一门抽象枯燥的课程。但其实并非如此,马克思曾经提出:"理论只要说服人,就能掌握群众;而理论只要彻底,就能说服人。所谓彻底,就是抓住事物的根本。"[①]实际上,高校思想政治理论课的教学过程是教师通过真理打动人、震撼人、改变人的过程。而利用真理的力量就是在充分理解马克思主义理论的基础上,发挥其真理性、科学性的本质光辉,这就需要教师要准确地把握马克思主义理论,在运用过程中要保证说理的透彻性。高校思想政治理论课教师只要把握好马克思主义理论的真理性、科学性及其精髓,就可以将这些内容融入贴近实际、贴近生活、贴近学生的教学中去,通过各种各样的形式和多姿多彩的内容加强教育教学的感染力和吸引力。

---

① 马克思恩格斯选集(第 1 卷)[C].北京:人民出版社,1995:9.

（三）对高校思想政治理论课教师研究的误解

一些高校思想政治理论课教师认为开设这门课程属于国家行为，教师工作只是贯彻国家的意志，所以只需要按照相关文件和教材进行教学就是完成了自己的任务，并不需要进一步研究。一些领导和部门认为高校思想政治理论教学改革的相关论文和专著称不上是学术成果，所以在评奖、发表和考核等方面对于这类成果都会有一定忽视，甚至有一些内容很有意义的高校思想政治理论课文章无法发表。实际上，高校思想政治理论课教师应该同时开展两项科研工作，也就是专业科研和教学科研。教好高校思想政治理论课并非易事，必须在充分研究的基础上教授思想政治理论课的基本内容和精神实质，才可以真正地说服学生、打动学生。因此，教师必须进行科研工作，以此实现高水平高质量教育。此外，高校思想政治理论课教学不可以照本宣科，这样无法取得实效。高校思想政治理论课教学所具有的思想性、政治性和意识形态性的特点，决定了它具有一定特殊性，这门课程承担着启迪和诱导学生的思想、心理和情感的作用，承担着指导和规范学生行为的作用。这就要求教师在教学过程中不断认识教学活动的规律，总结出教学的方向性要求，逐渐形成科学、合理、有效的教学方法，以此实现和不断提高教学效果。这也可以说明对高校思想政治理论课教学方法进行研究和改革的必要性。

（四）对高校思想政治理论课教育效果的误解

当前存在一个思维定式，认为教学效果不好便是社会环境不好的错。在改革开放和建立社会主义市场经济体制的新时期，国际国内形势发生了深刻变化，虽然我国社会经济在这样的背景下取得了全面进步，但与此同时也出现了各种社会矛盾和冲突，如地域发展不平衡、收入差距过大、社会就业困难、资源环境污染、腐败等问题。我国当前处于社会主义初级阶段，社会主义市场经济的各项政策、管理体制和监督机制并不健全，社会主义民主法制也并不完善，也没有全面、严密的规范来管理和制约各种行政行为、企业行为和市场行为，这就导致了各种社会矛盾的出现。但是这些并不是高校思想政治理论课无法取得成效的关键，通过科学合理的教育，可以引导学生正确地、理性地分析社会中存在的各种矛盾和问题，培养他们以辩证思维和大局观念看待问题，树立正确的世界观、人生观、价值观，做到这些就保证了教育的实效。

（五）对大学生关于高校思想政治理论课态度的误解

很多人认为当今大学生具有很强的功利性，他们并不在乎思想政治理论课的教育。这种认识是不全面的，它否定了当代大学生思想中积极、健康、向上的部分。随着时代的变迁，我国目前处于社会变革时期，开放性越来越强导致各种文明相互碰撞和融合，也导致了思想观念的多元性、开放性，这些都对大学生形成世界观、价值观和人生观产生了各种影响。由于受到各种社会思潮的干扰，导致当代大学生对高校思想政治理论课存在很多模糊或者错误的认识。但从本质上来说，当代大学生与马克思主义之间并不存在天然隔阂，他们也并不是从根源上对高校思想政治理论课不感兴趣，有一部分大学生还会积极主动地学习和研究马克思主义。由此可以看出，大学生对于高校思想政治理论课并不是完全不接受、不感兴趣。只要不断提高高校思想政治理论课的针对性和实效性，让大学生通过教育教学有所收获，帮助他们解决实际问题，就可以消除二者之间的隔阂。

二、在实践层面存在的偏差

在思想政治理论课教学实践中，概念化地传授知识、机械死板地照本宣科、枯燥乏味的教学语言、脱离实际的教学内容、陈旧单调的教学手段、频繁和程序化的考试等问题普遍存在，这并不能切实体现高校思想政治理论课教育的初衷。

(一)教学内容重复陈旧

随着马克思主义的不断发展,现在已经蕴含了十分丰富的内容,因此,高校思想政治理论课在课程设置的过程中,应该包括马克思主义的基本理论以及马克思主义在各个时期的中国化体现,两个部分都需要重视。高校思想政治理论课最初只有 3 门课程,后来发展为 8 门课程,并且每门课程都是重点,这导致高校思想政治理论课课程体系没有明确的中心,在"05 方案"实施后这一现象有所缓解但没有得到完全解决。并且,这些课程强调自己的专业知识的完整性,并且自成体系,这就导致相关内容的纵横关系之间缺乏协调,并且造成了一些课程的内容出现重复。同时,高校思想政治理论课的相关教材对于一些至今仍具有现实合理性的原理和观点,没有新视角、新手法对此进行解释;对于那些反映现实变化的最新原理、最新观点,也不能及时地将其纳入教学;没有充分利用各种新兴学科、交叉学科、边缘学科的相关知识,这导致一些课程内容可能与大学之前的思想政治教学有所重复。高校思想政治理论课体系虽然越来越严密,但其内在的生命力却遭到了一步步的扼杀。

(二)教学方法和手段过于单调

目前的高校思想政治理论课教学中,普遍存在教育方法手段过于单调的问题。一些教师仍然沿用"六个一"教学方法,即一个教室、一名教师、一本教案、一本教材、一支粉笔、一张嘴巴,这种教学方法枯燥乏味,单纯地传授理论不结合现实,从而导致大学生对这门课程没有兴趣;一些教师采用"坐讲"的教学方式,只对教材中的理论进行照本宣科式的讲解,不将理论联系实际,不对理论进行深层分析,不与学生进行交流和沟通,不调动学生的学习兴趣,不渲染课堂气氛,缺乏真挚的情感和理性的启发,完全忽视学生在教育教学中的主体地位;一些老师虽然采用了现代教育技术,但也只是最低限度地使用这些工具进行教学;一些教师制作课件进行教学,添加各种文字、图片、音频、视频资料穿插在教学过程中,虽然可以丰富教育内容,但是太多内容让学生目不暇接,忽视了思想政治理论课的思想性和政治性,也无法达到良好的教育教学效果;一些教师误解了语言生动的意思,通过"调侃"的方式进行教学,将高校思想政治理论课变成了一般的故事会或调侃会。曾有记者到哈尔滨市一所高校听了"邓小平理论和'三个代表'重要思想概论"课,该课程的教师用一堂课的时间介绍和讲解新华社、中新社、《中国青年报》等媒体的最新消息,以及一位领导人家人的故事;第二堂课,他从做领导人需要的品质讲到龙生九子,并用很多时间详细地讲述了龙生九子的传说故事,又由此联想到烽火戏诸侯的史说,接着开始讲从古至今的现代通信工具,而只用最后 20 分钟讲了"三个代表"重要思想形成的条件。记者发现,这堂课的纪律很好,大部分学生都听得认真,课堂气氛也很活跃,但是这种教学方法并不能实现教学目标,或者说已经完全脱离了高校思想政治理论课教育教学的本身目的。因此,应该进行科学合理的教学方法改革,保证改革为教育服务。

(三)教师素质能力不足

目前高校思想政治理论课教师面临不受重视、工作量大、待遇低下等问题,这就导致从事这项工作的人员较少,为了满足人员规模需求,就出现了高校思想政治理论课教师队伍成分复杂、专业性差、素质能力低下的情况。第一,个别高校思想政治理论课教师的政治素质明显较低,缺乏使命意识。这是指教师缺乏政治信仰,也就是缺乏对马克思主义、社会主义和共产主义的信仰。个别教师无法正确认识到自己担负的重要使命,缺乏高度的政治责任感和使命意识。第二,教师不具备高水平的理论修养。随着高校扩招,高校思想政治理论课教师出现缺口,这就导致高校不得不聘请政工干部、辅导员或已经离职的老教师或起用新教师来充实教师队伍。一些教师并没有充分了解和掌握马克思主义理论,无法运用马克思主义理论阐述诠释现实问题。第三,教师的基本功较差。一些教师不注重教学基本技能的训练,教学中缺乏感染力,不能吸引学生;一些教师的教学缺乏针对性,导致学生所想的、所关注的社会热点问题无法得到回答和解决;一些教师的教学缺乏重点,语言平铺直叙,没有融入个人情感,很难引起学生共鸣;一些教师的授课内容缺乏层次性以及逻辑性;一些教师在教学中过于盛气凌人、唯我独尊,使教学出现不良倾向。这些是与高校对待思想政治理论课的态度、高校思想政治理论课教师的经济待遇以及对教师的培训等问题联系在一起的。专业院系可以通过创收的方式有效提高教师的经济收入,但是高校思想政治理论课教师无法利用这一点,他们面对的只有繁重的工作量以及较低的收入。这导致了高校思想政治理论课年轻教师的流失,并且还处于不断上升的趋势,严重影响了高校思想政治理论课教育教学的进一步发展。

(四)理论教学与实践教学缺乏联系

在建立社会主义市场经济体制的过程中,大批新鲜事物以及相应的问题就此涌现出来,这些问题的解答和解决是无法从教材中找到的,所以高校思想政治理论课教师应该引导大学生通过实践寻找回答问题、解决问题的方法,应该将社会实践作为教学的一个重要环节。但是就实际情况来说,当前很多高校并没有形成一套普遍有效可行的运作模式,存在明显的以点代面现象,存在很大的人为随意性,缺乏必要的计划和规范,也没有建立行之有效的监督和考核制度等,这对高校思想政治理论课社会实践的有效性造成了直接影响。一些学校把主要精力集中在院系社会实践小分队或某一类实践活动上,却没有针对大多数学生个体的有效实践活动;一些高校存在教师、领导、财力、场所等因素的限制,导致其很少甚至无法开展社会实践活动;一些高校要求在假期参与各种社会实践活动,但对于确定社会实践的主题、选择社会实践的方式、实施社会实践的具体方法、撰写社会实践报告的方法等问题并没有提供系统的培训和指导;一些学生心有余而力不足,一些学生对于这类活动就是简单应付,还有一些学生直接弄虚作假。这些问题存在的根本原因在于实践环节并没有真正纳入完整的思想政治理论课的教学计划之中,理论教学和实践教学是脱节的。

(五)考试方式过于程序化

目前大多数高校都会采用闭卷考试的方式进行思想政治理论课考试,考试题目的设置一般包括选择题、填空题、辨析题、简答题、论述题或材料阅读题。课程最终的评分方式为平时成绩占30~40分,包括平时考勤情况、课堂提问、作业完成情况等,期末考试成绩占60~70分,综合二者得出学生的最终课程成绩。这种考试方法虽然具有较强的可行性,但是仍然存在一些问题,主要体现在以下几个方面。第一,这种考试关注的重点在于理论知识的掌握,并不注重实践能力。通过试卷使考试显得十分教材化和程序化,应对考试的方式就是熟记教师在课堂上强调的重点内容,这就导致很多学生不会注重平时的学习,因为只要通过考试前的突击性复习就可以通过。第二,这种考试方式限制了教师的课堂活动,同时也限制了学生学习的主动性。第三,这种考试要求标准答案教材化,即使是主观题也需要学生陈列自己熟记的理论知识,而学生运用所学知识抒发见解、解决问题的能力无法得到体现,学生的口头表达能力、灵活运用知识能力等综合素质无法得到验证。第四,这样的考试提高了学生作弊的可能性。因为既然有考试重点就表示有标准答案,一些学生为了通过考试会在考试的过程中作弊。还有一些学生会直接利用通信工具作弊。这种行为会使学生丧失自尊和诚信。

(六)学科建设存在滞后性

改革开放以来,我国高校思想政治理论课在课程设置、教材建设、方法改革、师资培养和学科发展方面取得了积极的进步。但同时也出现了一些需要我们引起注意的问题,很多人对高校思想政治理论课所依托的学科认知存在一些误解。一些人认为高校思想政治理论课并不是一个独立的学科；一些人并没有正确认识其功能和作用；高校思想政治理论课的研究对象并不十分明确，内涵较模糊，外延较宽泛；学科研究存在过于分散的情况，并没有形成自己特有的研究范畴、研究体系和研究框架；在学科课程设置方面缺乏一定稳定性；学科队伍的整体素质和教学水平不高，高层次人才严重短缺；学科规划明显滞后；管理体制也不规范等。

第三节　我国高校思想政治理论课改革的影响因素

高校思想政治理论课教学改革是一项复杂的系统性工程，它涉及社会环境、课程、教材、教师队伍、教学方法、学科建设等诸多方面，这就导致高校思想政治理论课在改革的过程中会受到很多方面因素的影响。

一、高校思想政治理论课改革面临的国际国内形势

（一）高校思想政治理论课改革面临的国际形势

从国际社会的角度来看，目前世界正处于深刻的变化改革阶段，但和平与发展仍然是时代主题。世界多极化、经济全球化的进程不断推进和深入，国际社会逐渐呈现出文化多样化、社会信息化的特征，科学技术发展迅猛，全球合作开始向多层次全方位拓展，新兴市场国家和发展中国家的整体实力也开始明显增强，国际力量对比朝着有利于维护世界和平的方向发展，相对于过去一段时间具有更多有利条件用于保持国际形势总体稳定。但现实是，当前世界仍然处于不安宁的状态。全球金融危机的影响仍

然在发挥作用,世界经济增长处于不稳定状态,存在诸多不确定因素,全球发展不平衡加剧,新霸权主义、强权主义和新干预主义有所上升,一些国家和地区频频发生局部动荡,粮食安全、能源资源安全、网络安全等全球性问题也越发凸显。尤其是处于当今这个思想文化交流、交融、交锋愈加频繁的环境中,西方发达国家依靠其在经济、技术方面的优势,不断向我国渗透西方的意识形态和生活方式,这对我国社会主义主流意识形态造成冲击,影响了我国高校思想政治理论课的教学改革。

(二)高校思想政治理论课改革面临的国内形势

从国内的实际状况来看,我国自进入 21 世纪就在各个方面得到了空前发展,取得了一系列新的历史性成就,为全面建成小康社会打下了坚实基础。我国经济总量已经从世界第六位跃升到第二位,在社会、经济、文化、科技、教育、医疗等各个方面都取得了一定成绩,我国的综合国力、国际竞争力、国际影响力也有了明显的提升,国家面貌发生了新的历史性变化。但不可否认的是,随着我国经济社会的发展,一些社会矛盾和问题更为凸显,同时还出现了一些新的社会问题。我国存在发展不平衡、不协调、不可持续的问题更加突出;经济增长下行压力与产能相对过剩之间的矛盾也有所加剧;企业生产经营成本有所提高,并且企业普遍缺乏自主创新能力;财政收入增速放缓和政府刚性支出增加的矛盾凸显;金融领域高速发展的同时留下了安全隐患;产业结构依然存在不合理的问题,农业基础薄弱;经济发展和环境资源保护之间的矛盾日趋尖锐;城乡、区域发展不平衡,居民收入水平差距较大;随着社会发展,明显出现了更多社会矛盾,教育、医疗、就业、社会保障、住房、生态环境、食品药品安全、安全生产、社会治安等方面都存在问题,仍然存在生活困难的群众;存在很多制约科学发展的体制机制;政府并没有完全完成职能转变,一些领域易发、多发腐败现象。在社会不断发展的过程中,这些问题逐渐积累形成,一些问题是在经济社会发展过程中出现的,一些问题是由于政府工作中的缺点和不足造成的。这些发展中的新问题也对高校思想政治理论课教学改革提出了新的要求。

（三）高校思想政治理论课改革面临的新要求

一些教师和学生提出，在课堂教学的过程中教师可以运用理论的逻辑解释清楚相关问题，学生也可以理解这些问题，但是对于那些社会现实中出现的负面问题和现象就会导致说服力下降，教学效果会出现一定消减。这就要求教师和学生树立社会主义主流思想，要对我国改革发展成就进行正面宣传，应该以社会主义核心价值体系、社会主义核心价值观指导大学生树立正确的世界观、人生观、价值观，首先就应该要求高校思想政治理论课教师做到真正了解、真正相信、真正使用马克思主义，并不断提高个人政治素质，及时了解时势变化以及党和国家的政策，全面了解意识形态和思想政治教育工作。这也有一个认识问题的方法论问题、譬如全面与片面的关系问题、主流与支流的关系问题，当下与长远的关系问题等。

二、教育教学理念相对落后

观念和理念的培育在高校思想政治理论课教学改革中具有十分重要的地位。教师作为高校思想政治理论课教学活动的主体，如果不具备现代化的教育理念，会在很大程度上影响和制约高校思想政治理论课建设和教学改革及其有效性。

（一）教育理念有待转变

高校思想政治理论课教学应该坚持以人为本，也就是保证学生在教育中的主体地位，坚持思想政治教育应该具有人性化、平等性、主体性、生活性、针对性、实效性的特征。应该确保教师和学生同样是教育主体的教学管理理念，这样就要求，在处理管理者与教师的关系时应该以教师为本；在处理教师与学生的关系时应该以学生为本。当前,我国高校思想政治理论课教学中,仍然存在教学观念没有转变的情况,没有完全实现由教师本位向学生本位的转变,没有真正做到以学生为本;在教学管理方面,没有完全实现由管理本位向教师本位的转变,没有真正做到教学管理以教师为本。

(二)教学方向有待转变

世界教学改革的一个明显趋势就是批判性思维。高校思想政治理论课批判性思维教学,可以帮助学生培养鉴别能力、创新能力,这些能力对于当前这个信息化时代十分重要,还可以帮助教师更好地完成教学任务。马克思主义的批判性本质和大学生思维的批判性特点,为高校思想政治理论课批判性思维教学提供了可能。教师在其教学过程中,可以大力倡导思想解放,鼓励学生提出质疑,引导他们进行自我反省,以此有效加强学生对所学知识的理解和创新,让他们可以更好地理解、掌握、信仰马克思主义。目前,我国高校思想政治理论课教学仍然在一定程度上缺乏对学生批判性思维的培养,没有充分调动学生的积极性、激发学生的创造性,在"05方案"的实施中应该重新定位教师角色,促进教学策略的进一步转变,灵活运用案例教学、启发式教学、谈话教学、学导式教学等教学方法。

(三)教学模式有待转变

高校思想政治理论课教学的进一步发展,不仅要重新认识理论灌输的必要性和重要性,还应该重视师生之间的互动交流,在教学中引入对话机制,建立起师生互动的教学模式,应该明确教育教学活动是教师和学生在同一个教学现场,共同构建教学情境,进行双向沟通,对教学文本意义进行共识性理解的过程。搭建师生互动的教育模式,可以促使学生自觉主动地接受理论灌输,还可以通过实践完成理论知识的深层理解,促进学生将理论知识内化为自己的思想观念,外化为自身的行为,从而做到

"深学、深知、深究、真信、真情、真用—激发、诱发、开发、交流、交锋、交心—形动、心动、行动、共振、共享、共进"的逻辑递进。[①]

(四)教育理论有待转变

高校思想政治教育理论应该关注各种社会问题,保证理论的时代性,坚持理论具有的主导性和多样性特征,强调民主性与主体性,保证高校思想政治理论课的政治性以及意识形态性,保证教育具有理论性与思想性,坚持理论联系实际。

三、课程定位存在偏差

(一)认为高校思想政治理论课只是知识性课程

高校有两类课:一类是使人作为人、成为人;另一类是使人成为某种人。它是两种学问、两种课。[②] 高校开设各种专业课的教育目的是"使人成为某种人",这是高校教育中十分重要的内容。高校思想政治理论课的教育目的则是"使人成为人",这项教育对大学生来说更重要。高校思想政治理论课的基本任务是帮助大学生了解和掌握马克思主义的基本立场、观点和方法,并以此为指导树立正确的世界观、人生观和价值观,全面提高他们的各方面素质,使他们成为符合社会期望和要求的社会主义合格公民。高校思想政治理论课并不是一般地向学生传授知识的公共课,而是一门塑造大学生灵魂的理论课程,具有很强的思想性、政治性、政策性。对于高校思想政治理论课教学应该始终保持忧患意识、积极建立阵地、加强历史使命感和责任感。

---

① 江洪明.主体间性视阈下的高校思想政治理论课教学[J].鞍山师范学院学报,2008(1).

② 高扬马克思主义旗帜发挥咨政育人作用[N].新华日报,2006－06－02.

（二）认为高校思想政治理论课只是工具性课程

很多教师和学生认为高校思想政治理论课教育教学也只是一种应试教育，为了各种考试服务。在高校思想政治理论课教学改革实践中，一些学生和教师无法深刻理解开设高校思想政治理论课的意义，不理解高校思想政治理论课长远的战略性意义，不理解其对于培养学生的真正作用，认为该课程只是实现某种眼前利益目标的工具。如果只重视高校思想政治理论课的实用意义，就会使学生即使通过考试，也无法真正了解和掌握高校思想政治理论课传递的思想理论知识，对国家和社会的发展态势依然时常感到迷茫。结合实际，联系未来，公民的基本理论素质和思想政治素质具有十分重要的作用和意义，这对于我国是否能实现现代化建设目标具有关键性作用，而这也是高校开设思想政治理论课的一个重要目的和意义。

（三）教育改革存在一定滞后

改革开放以来，尤其是近十余年来，我国建立社会主义市场经济体制，大力发展政治文明，信息技术的发展也十分迅速，这导致人们具有越来越强的民主意识和主体意识。然而高校教育体制并没有完全摆脱"官本位"，这与我国目前的社会发展产生矛盾，导致教学主体无法充分发挥主体意识。在缺乏民主的教育环境中，教师和学生无法充分发挥其话语权，只能听命于上级的指导和安排，而这违背了高校思想政治教育的本质。高校思想政治教育的本质，是激发教育对象的主体性和民主理性，使他们的各方面素质以及自我教育能力有所提高。但是，目前的高校思想政治课在这方面的教育十分欠缺，导致教师没有足够的教学动力，学生也没有足够的学习动力，直接影响了教学的实效性。这种现状使学生意志无法与国家意志达成一致，从而很难形成强大合力，没有能够唤起教育主体的主体性及自我教育热情。

在这种背景下，高校没有实现高校思想政治理论课创新的制度环境。首先,没有建立相应的制度以尊重、保护、鼓励和发展思想政治理论课课堂教学创新。现行的高校思想政治理论课,实行以学科知识为核心的教学计划以及以知识管理为目标的课堂教学制度,这直接阻碍了课堂教学的创新性实现。在这样的背景下,学生不需要通过自己的思考提出问题;不需要发表自己对于某个问题的意见和看法;不需要参与讨论以了解和解决某个问题;教师与学生之间没有真诚与平等的对话;教学时间和空间被分割成为许多小单位,并且这些小单位具有设置好的教育和学习任务,教师和学生没有个性化选择的自由等。其次,没有建立有效的创造性教学评价标准。教学评价对于教师和学生的行为塑造方面具有十分重要的导向作用,它决定了教学行为。现行的高校思想政治理论课教学评价标准在目标上,着重强调知识教育,强调对某些知识的组织、传递、理解、运用和再现情况进行检查;在方法上,将量化作为主要手段,主要检查的项目是师生教学目标的达成情况,却不重视实现目标的过程;在内容上,重视全面性,强调对知识掌握的完整性、系统性和准确性进行检查。这种评价体系引导整个教学生活趋向于统一化、标准化和程式化,不可否认的是这方面的作用很重要。然而创造性也是教学的重要组成部分,但是这样的评价活动无法体现这一点,应该完善评价体系方面的作用,给个体寻求独特的理解、阐释、表达以及策略留下必要的时间和空间。

(四)课程管理不够严格

高校思想政治理论课普遍存在管理过于松懈的现象。从体制的层面来看,大部分高校专门设置了马克思主义学院、思想政治理论教研部,基本形成了学校党委直接领导、教学机构独立运行、教研活动独立开展的管理体制,但是仍然有一些高校并没有对高校思想政治理论课教育教学加以重视,使其仍然处于比较边缘的位置。从机制的层面来看,存在比较严重的制度缺失现象,很多高校并没有建立起针对高校思想政治理论课教育教学的有效评价标准与激励约束机制,没有充分激发出思想政治理论课教师的积极性、主动性、创造性。从教学组织的层面来看,高校思想政治理论课教育教学工作缺乏前瞻性和计划性,教学管理的规范性和科学性也需要进一步加强。从教学实践的层面来看,教学实践的安排方面存在很多没有解决的问题,也缺乏稳定的社会实践基地,教学实践活动和高校思想政治理论课的课程要求之间存在很大差距。

本章小结

高校思想政治理论课教学改革是高校面临的一项重要任务,这不仅需要高校做出努力,还需要各相关部门和人员共同努力形成合力才可以实现。本章主要研究的是高校思想政治理论课教学改革的现状,只有充分了解和把握现状才可以以此为基础放眼未来。具体来说,本章主要内容包括三个部分,即高校思政理论课教学改革取得的成绩、高校思政理论课教学改革存在的主要问题、高校思政理论课教学改革的影响因素,这样可以从整体上把握当前的改革现状,并根据现状开展进一步的改革工作。

第六章 当前我国高校思想政治理论课改革的实践探索

推进高校思想政治理论课教学改革,是提高高校思想政治理论课教学实效性的重要保障。在当前形势下,高校思想政治理论课教学要与现代技术相结合,与时政相结合、与心理学相结合,同时还要强化教学艺术,深耕教材内容。

第一节 运用现代技术,注重网络育人

随着科学技术的发展,先进的技术手段在教育领域中得到的应用越来越广泛,尤其是计算机及网络。高校思想政治理论课教学改革与现代技术相结合势不可挡。

一、高校思想政治理论课教学与现代技术相结合的必要性

(一)高校思想政治理论课教学与现代技术相结合是社会发展的产物

1.互联网技术的发展使高校思想政治理论课教学现代化成为可能

随着科学技术的发展,集中了数字化、多媒体和网络化的信息技术发展迅速。互联网技术的发展,使信息的传播方式发生了革命性的变化,它既为高校思想政治理论课教学提供了广阔的平台,又为课程教学丰富了教育内容,还扩展了课程教学的方法。

这就必然深刻影响大学生思想政治教育的信息传播方式,形成高校思想政治理论课教学改革与现代技术相结合的趋势。因为从传播学的角度看,高校思想政治理论课教学实际就是一种传播活动,当信息传播方式由传统向现代发展,必然要求高校思想政治理论课教学由传统向信息化发展。

2.大学生信息素质的不断提高催生了高校思想政治理论课教学技术现代化

青少年是运用现代信息科学技术的主体。随着现代社会信息科学技术的不断发展,大学生对现代信息科学技术越来越关注,对技术的掌握也越来越好。这是由当代大学生有不同于以往大学生的三大特点造成的:一是绝大多数是独生子女,渴望与他人更多地交流;二是正处于高校扩招后,相比以前的大学生,人均高校教育资源占有量少,希望通过网络来补充;三是成长于网络时代,与信息网络技术共成长,因而他们对网络的热爱和依赖远远高于其他群体,信息技术素养也远远高于其他群体。由于网络内容丰富,有各种的信息、各式的观点、多样的游戏;手段便捷,一台电脑或手机,便可以随时上网;双向互动,可在选择和互动中共享快乐。因而,网络日益成为大学生的信息渠道、沟通工具、娱乐工具和生活助手。随着网络应用功能的拓展,大学生的上网人数和上网时间在不断增长,这也意味着大学生的信息意识、信息能力和信息素质的不断提高。许多大学生希望教师将现代信息科学技术手段运用到思想政治教学中去,这些就为高校思想政治理论课教学与现代技术相结合提供了客观条件。

(二)高校思想政治理论课教学与现代技术相结合是提高思想政治教育有效性的紧迫要求

思想政治教育的有效性既与思想政治教育的内容有关,也与思想政治教育的形式、方法、手段有关。思想政治理论课的信息化尽管是属于形式、方法、手段的范畴,但搞得好,有利于提高思想政治教育的有效性。

从现代技术的使用视角看,思想政治教育有效性的薄弱环节表现为以下几个方面。

第一,部分教师对思想政治教育的信息化不重视,个别教师对信息科学技术手段不能很好地掌握,满足于传统的灌输式教学模式。当代大学生是在信息技术的环境下成长起来的一代,他们更愿意在网络的环境中进行学习和思考,而不再愿意在课堂上接受传统灌输式的教学。

第二,由于不善于利用网络技术,在传统的思想政治理论课教学模式下,学生手里只有教材,缺乏相关的经典原著和教学参考资料作参考,没有办法深入地进行学习。尤其是一些以理工农医类专业见长的大学,由于人文经典原著和人文社会科学类书籍、资料非常匮乏,远远不能满足学生普遍学习的需要,这一问题就更加明显。

第三,由于师资紧张,高校在进行思想政治理论课教学时多为大班教学的模式,大班教学如果采用传统教育方式,难以创造良好的教学互动空间。缺少互动就缺少反馈,教师的教学容易缺乏针对性和有效性。缺少互动就阻碍在课堂深入地讨论以推动学生的思考,学生的学习容易流于肤浅。

第四,"05方案"的实施虽然对思想政治理论课的数量和学时进行了压缩,但是在内容上并没有减少。这就需要高校思想政治理论课教师在更少的时间内完成更多的教学内容。如果仍采用传统的教学方式,是很难获得期待的教学效果的。而与现代技术相结合,采用网络教学则可以破解这一难题。

二、高校思想政治理论教学中现代技术的运用

(一)开发思想政治理论课教学多媒体软件

多媒体教学软件可以利用超文本技术和媒体手段,并且可以

按照设计者的思维模式进行交互式的信息处理。在现代教学中，使用多媒体教学软件进行教育已经成了教育者的基础能力。多媒体教学软件拓宽了教学的方法和思路，同时提高了教学的质量，帮助学生在学习过程中更好地理解和消化知识，提高了教学效率。

1. 多媒体教学软件设计的原则

（1）教育与科学原则

第一，在进行教学软件的设计时，应该充分考虑教学的方式方法、教学的目的、教学的对象。同时，在进行教学软件设计时，要注意对教学内容的编排，考虑重点与难点的运用关系，以便制作出更有利于学生掌握知识的软件。

第二，多媒体教学软件可以运用多种媒体进行设计，所以在软件设计时应该充分利用这个特点，将软件的内容设计得更生动，用这种方式引起学生的兴趣，从而提高他们的学习积极性，以此进行高效教学。

第三，教学软件内容要确保正确和科学，这是通过软件进行有效教育的基础，如果不能保证这一点，那教学的质量就更得不到保证。

第四，要重视教材的典型性与代表性。在设计和制作模拟动画时不能忽略科学性，动画要符合科学理论；注重表达方式的多样性和科学性，通过分类、比较、归纳、分解等手段进行表达。

（2）互动性原则

教学软件是辅助教师进行教学的，为了达到更好的教学效果，应该重视软件与学生之间的互动性。将一些理论上的知识、学习目标等进行感性化处理，加强互动性，使学生可以更好地理解和接受教学内容，营造出更舒适的教学环境，提高教学的真实性和交流性。

（3）集成原则

多媒体教学软件可以对多种信息进行集成处理，使它具有很强的表现力和感染力。集成性不是指将多种信息进行简单的堆砌，而是按照具体要求对不同信息进行有序的集成处理，对不同的媒体信息会有不同的要求，要按照这些要求对信息进行分类和处理。

2.设计软件时需要注意的问题

一般教学软件都是教师进行操作，所以应该充分考虑软件的可控性和易操作性，这样可以避免教师进行软件操作时浪费过多时间而影响教学效率。首先，多媒体教学软件应该保证安装和运行的简单快捷，避免复杂的操作浪费时间。其次，多媒体教学软件的操作界面应该设计简洁，在明显位置标明操作方法和用途，保证教师进行操作时可以快速适应软件。最后，要注意软件的稳定性和运行平台的兼容性。保证软件在运行过程中不会出现死机、闪退等问题，并保证可以简单退出和重启软件；注重软件与搭载平台的兼容性，尽量做到多媒体教学软件的无关性。

（二）充分挖掘信息化资源

在思想政治理论教学过程中要对信息化资源充分进行挖掘，做好思想政治理论课资源共享方面的工作。信息化资源具有以下的特点。

一是数量大、种类多。现代信息技术集成度高、系统结构柔性大、处理方式严密，这就使互联网信息资源具有数量巨大的特征。信息化教育的信息有多种形式，例如文字、图片、音频、视频等，随着互联网信息技术的不断发展，对于信息的表达方式也越来越多样。

二是内容丰富但侧重点不同。大量的教学资源出现在网络中，不同的网站提供的服务有所不同，所以对教学资源的侧重点也不同，虽然网络中的教学资源内容丰富，但根据不同网站和数据库的作用和侧重不同。不论是教育者还是学生，都可以按照自己的搜索意愿在合适的网站进行教学资源检索，帮助其快速便捷地获取需要的资料,相比传统的资料检索方式,信息化教学资源的检索简单方便,可以节省大量时间。

三是形式多样、分布广泛。海量信息资源存储在互联网中,由于互联网的特征,使这些信息资源的分布十分广泛,信息化教育资源呈现出分散、开放的特征。同时,互联网具有超文本链接方式及强大的检索功能,这使信息资源之间存在很强的关联性,这种关联性可以帮助人们更好地利用信息资源,这也是相对于传统信息检索更方便的一个地方。

四是动态发展、信息更新速度快。互联网媒体具有信息及时性的显著特点,信息资源的发布和传递始终处于动态,相较传统的信息传递更为快捷、灵活。信息化教学资源可以进行实时更新,在相关网站发布最新动态,使教育者和学生可以第一时间掌握最新的教学资源。信息化教学资源可以通过互联网进行及时、快速的传播,打破传统教学资源的传播方式,大大增强了信息资源的更新和传播速度。

五是传播范围广、具有交互性。互联网信息资源通过多媒体进行传播,超越传统的信息组织方式,多媒体帮助信息化资源通过语言、非语言两种符号进行媒介间的传递。多媒体信息的传播方式使信息传播范围更广,同时丰富多样的传播方式为人们带来了全新的感官体验。多媒体具有很强的互动性,这使通过多媒体进行传播的信息化资源具有交互性。信息化教育资源在传播范围上远远超过传统教学资源,不用担心教学资源因数量限制而无法供更多人阅读;同时多样化的感官体验带给人们不同于以往的交互体验。

(三)构建微课堂

移动4G网络时代的到来,以及网络新兴媒体的广泛普及,网络对人们的日常生活越来越重要。移动学习是微课堂的学习方式。随着智能手机的普及,人们有了一个更好的接收平台。微课堂有着简短精巧、不受时间空间限制的特点,很容易受到大多数青年学生的青睐。只要在有互联网的地方,教师就可以在任意地点,通过手机等移动设置,利用微信或微博进行微课教学,同步或不同步地与学生进行交流学习,解决疑难问题,完成既定教学任务。其中,大多的微课堂资源库面向社会开放,通过微信和微博中的操作链接可轻松访问,实现上传和下载,同时也支持媒体服务,不失为一种省时、省力、高效的方法。思想政治理论课教学也要利用现代技术,进行微课堂的构建。

微课堂的大致流程主要有以下步骤:课程准备、导入(视频、PPT)、合作学习、布置作业、总结分析(见图 6-1)。

课程准备 → 导入(视频、PPT) → 合作学习 → 布置作业 → 总结分析

图 6-1 微课堂的流程

1.微课堂的主要特点

微课堂用于教师的课上教学,既能不断增添新的课程资源,又能满足教师日常教育教学所用的资源;既能同时满足教师备课、教学、学习、反思和研究等多方面的需求,又能系统地整合教学资源类型。因此,微课堂具有资源类型多样、简明扼要、主题鲜明、教学情境真实、动态生成的特点。

(1)资源类型多样

微课堂的重要内容是课堂教学视频。视频可以由多种文化元素构成,在进行微课堂教学时要利用微课堂的视频特点,营造一个系统的、真实的、开放的“微教学资源环境”,向学习者展示教学内容,在潜移默化中影响学生。

(2)简明扼要

微课堂用来教学的视频时间一般很短,为 3 分钟左右,最长也不过 8 分钟,此特性也更加符合学习者短暂的记忆特点,同时微课堂的信息容量也相对较少,适合移动学习和个性化学习。简明扼要地讲明什么是对、什么是错,帮助学习者树立起正确的世界观、人生观、价值观。

(3)主题鲜明

与传统课堂相比较来看,微课堂教学模式的教学目标更加明确,教学主题更加鲜明突出,内容更加精简,方向更易把握,其优势是显而易见的。在制作与设计时,要紧紧抓住课堂教学的核心,利用微课堂这个新形式进行高校思想政治教育,帮助学生树立正确的世界观、人生观、价值观。

(4)教学情境真实

传统的课堂为微课堂提供了基础,微课堂可以真实反映课堂教学的全过程,也可以反映师生在教学、学习中的方方面面。比如在进行高校思想政治教育时可以将弘扬中华美德的故事迁移进课堂,让学生自己体会、感悟。

(5)动态课堂

微课堂并不是将传统意义上的各种资源进行简单累积,也不是拿来就用的、现成的教学资源包,它是将课堂内容中的某个知识点或与其相关的课堂内容进行优化组合,并将所要讲的内容与其任务、活动及环境等因素之间建立起一个相互联系、互相影响的网络。在微课堂上,更加注重学生的主体性,注重培养学生分析问题、探究问题的能力。

2.微课堂内容的讲授方法

根据教师日常的教学方法及学生认知方式的特点,教师可利用演示法、讨论法、讲授法、谈话法、参观法、练习法、实验法、表演法、启发法、合作学习法、自主学习法、探究学习法等多种方法进行教学活动,充分调动学习者的积极性,让学习者自主探究。

(四)利用微电影进行课堂教学

微作品是作为新媒体应运而生的。尤其是微电影受到广泛的关注。因此,高校思想政治理论课教学也可以通过合理利用微作品,使大学生潜移默化地受到教育,从而提高思想政治理论课教学的有效性。

微电影最初在网络上兴起,通过互联网新媒体平台进行传播。微电影在互联网上受到人们的追捧,很大原因在于网民的主动参与,互联网平台具有很强的包容性,可以为人们提供更加开放的展示空间。随着微视频、微电影的兴起,越来越多的网民开始自己拍摄身边的故事上传到互联网,通过互联网新媒体的传播,这些微视频、微电影可以分享给更多的人。在课堂教学时选择的微电影要具有以下两方面的特点。

第一,突出叙事性。微电影作为电影的一种形式,当然具有显著的叙事性,通过将叙事与主题相结合的方式,将宣传片想要表达的中心思想渗透到影片之中,通过这种性质带来的渗透性和亲和性使学生领会其中的精神。

第二,明确主题类型。在课堂上,为了吸引学生,进行微电影选择时要选能够引起他们兴趣的主题,从而进行思政教育。选择年轻群体认可的影片主题,创作符合社会主义核心价值观内容的影片,公益微电影可以在潜移默化中影响人们的思想,帮助人们树立正确的世界观、人生观和价值观,使他们可以正确地看待世界、看待自己,从而达到思政教育的目的。

第二节　拓展实践教学,注重实践育人

进行高校思想政治理论课教学要坚持理论联系实际这一条根本原则。坚持这一原则,提高思想政治理论教育的针对性和实效性,关键就是在思想政治理论课教学中增强对时政的关注,要注重联系国际和国内的各种社会现实问题和大学生的思想实际,敢于讲实事、道实情、论实理、找实策,努力分析和解答大学生关注的国内外社会热点、焦点问题和大学生自身存在的各种思想实际问题,批驳形形色色的错误社会思潮,实实在在地增强思想政

治理论教育的吸引力、说服力和感染力。

一、高校思想政治理论课教学与时政结合的必要性

如果高校思想政治理论课教学脱离社会现实，不能引导大学生关注和思考社会现实问题，不能圆满解释社会变革和转型时期表现的种种现象，不能正确有力地批驳形形色色的错误社会思潮，那么，思想政治理论教育在社会现实生活面前就难免会显得苍白无力，对大学生的吸引力、说服力和感染力自然不强，思想政治理论教育的针对性和实效性就会大打折扣。

（一）高校思想政治理论课教学与时政结合是永葆思想政治理论教育政治性和时代性的现实需要

高校思想政治理论课教学是我国高校思想政治工作最重要的组成部分和最主要的表现形式。与高校的其他教育教学活动相比，高校思想政治理论课教学更具有强烈而鲜明的政治性特点和时代性特征。而其政治性和时代性都是在关注社会现实的过程中呈现，并且是在持续不断地认识、分析和解决社会现实问题的进程中得以永久保持的。

高校思想政治理论课教学的政治性，首先表现为思想政治理论教育的意识形态性。思想政治理论课是我国的意识形态教育课程。作为思想政治理论教育核心内容的马克思主义基本原理及其马克思主义中国化的系列理论成果属于观念上层建筑范畴，是国家意识形态的重要表现形式。通过思想政治理论课开展思想政治理论教育，首先是坚持马克思主义的党性原则和捍卫国家意识形态安全的必然要求。其次，思想政治理论教育发挥着理论育人的重要作用，担负着为我国社会主义建设培养具有优良思想政治素质的建设者和接班人的重任，它在促进思想政治理论教育目标实现的同时深刻体现着思想政治理论教育特有的政治导向性。高校思想政治理论课教学的政治性除了通过其自身性质和

肩负的使命、任务表现出来,它还突出地表现为思想政治理论教育对社会现实的高度关注。运用马克思主义基本原理及其马克思主义中国化的系列理论成果,认识、分析和解决国际和国内的各种社会现实问题以及大学生自身存在的思想实际问题,不仅是思想政治理论教育政治性的重要表现,而且是高校思想政治理论课教学永葆政治性特点的现实需要。

高校思想政治理论课教学的时代性,主要源自于马克思主义与时俱进的理论品质。随着时代的不断进步和社会的不断发展,现时代的马克思主义者在对社会现实的反思和实践经验的总结中不断提出新的时代命题,在对各种社会现实问题做出马克思主义的科学回答和解决的基础上形成新的马克思主义理论成果,而这些新的理论成果一方面创新和丰富了思想政治理论教育教学的内容,同时可以确保思想政治理论教育教学能够经常保持和体现时代的特征,服务于国家和社会发展的现实需要。高校思想政治理论课教学,既要及时体现和充分反映马克思主义在理论和实践上的重大发展和突破,同时还要充分反映现实国际的和国内的政治经济形势的新变化,紧扣党和国家的重大方针政策和战略决策,时刻关注党和国家以及社会现实生活中存在的种种问题。

(二)高校思想政治理论课教学与时政结合是提高其针对性、实效性和吸引力的必然选择

坚持以人为本,关注社会现实,努力使高校思想政治理论课教学贴近实际、贴近生活、贴近学生,是高校思想政治理论课教学必须遵循的指导思想,也是提高高校思想政治理论课教学针对性、实效性和吸引力的必然选择。

高校思想政治理论课教学的针对性,就是指高校思想政治理论课教学要针对国际和国内现实社会生活中的各种问题,针对改革开放和社会主义现代化建设中的重大问题,针对大学生的思想实际、心理需求和认知特点,针对大学生关注的社会热点、难点和疑点问题,针对社会现实中存在的各种错误思潮,有的放矢地开

展教育活动;要敢于并善于对重大社会现实问题和大学生关注的社会热点、难点、疑点问题做出有说服力的回答。

高校思想政治理论课教学的实效性,则是指高校思想政治理论课教学活动对思想政治理论教育目标的达成程度。具体来说,就是指高校思想政治理论课教学活动及其内容对大学生思想观念影响的深刻性、持久性,对其预设目标的实现程度,以及对大学生思想与行为方式所产生的导向和强化作用。与时政相结合,可以加深大学生对思想政治理论课内容的理解,加深大学生的印象,促进大学生思想观念的改变。

高校思想政治理论课教学的吸引力,就是指高校思想政治理论课教学所透射、产生出来的对大学生的亲和力与凝聚力。与时政相结合,使思想政治教育理论与实际相结合,使理论课更加具有吸引力与凝聚力。

对于高校思想政治理论课教学而言,针对性、实效性和吸引力三者相辅相成,缺一不可,其中针对性是产生实效性和吸引力的前提,实效性是增强针对性和吸引力的目的,吸引力是联结针对性和实效性的纽带。提高针对性、实效性和吸引力,是高校思想政治理论课教学永远绕不开的核心话题。

(三)高校思想政治理论课教学与时政结合是凸显思想政治理论教育实践性的客观要求

关注社会现实,也是凸显高校思想政治理论课教学显著的本质属性——实践性的客观要求。

高校思想政治理论课教学的实践性,就是思想政治理论教育的社会现实性,它在内容和形式上主要表现为思想政治理论教育在教育实践活动中对社会现实问题的关注、思考和回答;在具体操作实施中则主要表现为思想政治理论教育与各种社会实践教学活动直接或间接的结合与渗透。

凸显思想政治理论教育的实践性,主要做到以下几点。

第一,思想政治理论课的理论教学要同认识现实社会的实践活动相结合,要敢于和善于理论联系实际,努力使思想政治理论教育自觉做到贴近社会现实和大学生思想实际,不回避思想政治理论教育遇到的各种现实存在的社会矛盾和问题,并给予这些社会矛盾和问题以令大学生们信服的马克思主义的实践性回答。

第二,要求"教育者要先受教育",即思想政治理论教育者要以对社会现实的深切关怀深入社会实践,通过参观考察、调查访问和科学研究掌握大量第一手资料,善于发现和分析社会现实中存在的重大问题和大学生存在的思想实际问题,并把这些问题及时引入思想政治理论课教育教学中,增强思想政治理论教育的针对性、生动性、吸引力和感染力。

第三,要求把课内实践教学、社会实践教学以及虚拟实践教学等纳入整体性的思想政治理论课教育教学体系,有计划、有目的地组织大学生开展丰富多彩的社会实践活动,引导和帮助大学生学以致用,通过对现实社会的参观考察、社会调查、科技文化服务、勤工俭学、志愿服务等加深对社会现实问题的认识和了解,亲身感受马克思主义认识世界和改造现实社会的伟大力量,进而在对社会现实的认识和了解中逐步形成科学的世界观、人生观和价值观,增强社会责任感和时代使命感。

二、高校思想政治理论课教学与时政结合的原则

(一)坚持科学性和方向性相结合原则

科学性原则和方向性原则是在长期的思想政治理论教育实践中形成和总结出来的两大思想政治理论教育原则,二者辩证统一,共同指导着思想政治理论教育的健康和可持续发展。

高校思想政治理论课教学关注社会现实,与时政结合是思想政治理论教育的重要内涵和使命。因此,高校思想政治理论课教学在关注社会现实的过程中,也要自觉遵循思想政治理论教育的科学性和方向性相结合原则,即科学认识与价值导向相统一的原

则，坚持科学性和方向性相协调。具体来说，就是要关注和思考国内外社会现实问题、追踪和讲授社会热点和焦点问题、研究和解决大学生思想实际问题时，既要遵循马克思主义的认识路线，最大限度地实现对各种社会现实问题的科学认识，针对大学生关注的各种社会现实问题尽量做出马克思主义的有说服力的回答，又要坚持社会主义方向，做到以正面教育为主，对现实社会和大学生中存在的形形色色的错误思潮进行大胆而有力的揭露和批判，引导和帮助大学生树立正确的世界观、人生观和价值观，自觉捍卫社会主义意识形态的安全。

（二）坚持层次性和针对性相结合原则

层次性原则和针对性原则是在长期的思想政治理论教育实践中形成和总结出来的又一对重要的思想政治理论教育原则，二者是辩证统一的关系。

高校思想政治理论课教学与时政结合应坚持层次性和针对性相结合的原则，简要地说，就是要在高校思想政治理论课教学与时政结合过程中，必须针对思想政治理论教育的实践对象——大学生群体的各种不同类型、不同层次和个体差异实施不同内容和方法的教育，做到因人取材、因材施教。层次性和针对性相结合原则，是从思想政治理论教育的实践对象的具体情况出发，有效实施高校思想政治理论课教学的正确指导原则。

高校思想政治理论课教学要关注社会现实，其具体内容和问题指向是国际和国内的各种社会现实问题、当前和今后一段时间内的社会热点和焦点问题、大学生的思想实际问题以及高校和社会上存在的形形色色的错误社会思潮，而对所有这些问题的关注无一例外地都要求要贴近大学生，要以大学生群体的旨趣、问题关注点和价值取向为基准进行选择，想大学生之所想，急大学生之所急。而大学生群体又是有层次性的。由于学校和家庭教育背景的不同，生活和学习环境各异，主体学习积极性的个体差异等，大学生可以群分为先进、中间和落后三部分，在政治上、思想上也存在不同倾向。因此,高校思想政治理论课教学在与时政结合的同时,坚持层次性和针对性相结合的原则,一方面要根据不同层次的大学生群体有针对性地选择不同的社会现实问题予以分析和解答。另一方面要提高大学生选择、分析和解答社会现实问题的准确性和有效性,着力提高关注社会现实的针对性。

(三)坚持疏通与引导相结合原则

疏通与引导相结合原则,简称为疏与导相结合原则。疏通与引导相结合原则,曾经是中国共产党人在长期的思想政治工作中坚持的并且被实践证明是正确的思想政治工作原则,也是高校思想政治理论课教学与时政结合必须遵循的基本指导原则。

疏通与引导相结合原则主要是指高校思想政治理论课教学与时政结合的过程中,在认识、分析时政问题时,在批判阻碍大学生正确思想形成和侵害我国意识形态安全的形形色色的错误社会思潮时,要坚持广开言路、集思广益与说服教育、循循善诱相结合,首先以相信和依靠大学生为出发点,采取百花齐放、百家争鸣的方针,放手让大学生将各种意见和观点充分摆出来,不戴帽子,不打棍子,通过仔细观察和分析研究,做出科学的引导决策。同时要在疏通的基础上对正确的意见和观点旗帜鲜明地表示肯定和支持,强化正确思想观点在大学生中的主流地位和正面影响;对于错误的意见和观点,则通过民主讨论、说服教育、实践教育、批评和自我批评等方法,以理服人,以情感人,化消极因素为积极因素,实现对各种错误思想观念的正确引导与调适。

三、与时政结合的教学方法

(一)案例教学法

案例教学法,是指在教师的指导下,围绕一定的教学目标,把社会现实生活和学生生活学习中的实际问题引入课堂,让学生综合运用所学知识来思考、研究分析、讨论案例,从而提高学生分析问题、解决问题能力的一种教学方法。案例教学法虽然历史悠久,但经过不断地探索、创新和发展,案例教学法已经发展成为一种新型的现代教学方法。

运用案例教学法,旨在将高校思想政治理论课教学与时政这两者进行结合,将时事政治引入思想政治理论课课堂,引导大学生综合运用相关知识分析思考问题,这是一种感染性和针对性很强的现代教学方法。在高校思想政治理论课教学与时政结合的过程中,采用案例教学法,可以有效贯彻理论联系实际的原则方法,培养大学生运用马克思主义基本原理和中国化马克思主义理论成果认识、分析和解决社会现实问题的能力,能够有效地增强思想政治理论教育的可接受性,克服传统的讲授法吸引力不足、缺乏实践性的种种弊端,应该经常性地加以研究、创新和运用。

(二)新闻分析法

新闻分析法也叫舆论分析法,是指教师引导学生通过观看、分析相关的报纸、电视、网络等新闻媒介对国际时事、党和政府的重大活动及社会事件的相关报道情况,帮助学生在正确认识时政的最新动态消息的基础上确立科学的形势观和政策观的方法。

在高校思想政治理论课教学过程中,新闻分析法的具体方式有报纸、政府公报等文字媒介新闻分析和电子媒介新闻分析(包括广播、电视、网络媒介新闻)等。

新闻分析法伴随大众传媒的出现而产生,一方面,大众传媒播放的均是近期的新闻热点,而热点时事又往往是一定政治立场的外在表现。因此,在高校思想政治理论教学过程中使用新闻分析法既有助于发挥时政信息工具的价值,又有助于强化高校学生的正确形势观和政策观。另一方面,使用新闻分析法对高校学生开展思想政治理论课教学具有便捷、易懂的特点。大众传媒播报的时事多为客观事实,具有感性的认识基础,从而减少了教育者在理论教育方法中的原理解说时间。最后,新闻分析法运用的信息载体是报纸、广播、电视、网络等,具有使用成本低、方便使用的特点,使新闻分析法的使用很少受地点和条件的限制。

(三)问题研究法

问题研究是科学研究的重要形式。探索高校思想政治理论课教学与时政结合的有效方法,问题研究法是值得重视和大力倡导的一种教学方法。高校思想政治理论课老师在对时政分析的基础上,提出和设置一系列带有现实性、针对性、前沿性和实践性的研究课题,有针对性地引导大学生针对时政进行研究,可以有效激发和培养大学生的问题意识,促进大学生对社会现实问题的发现和认识,培养大学生理论联系实际的自觉精神和实践创新能力,提高大学生分析问题和解决问题的能力和水平,做到学以致用,刺激大学生的思想政治理论需要。与此同时,在与时政结合的问题研究过程中,大学生往往还能够集中时间搜集到一些思想政治理论课教师都不能掌握到的教学资料,能够提出一些新观点、新思想,从而为思想政治理论教育者开展相关理论和实践研究提供新材料、新视野,实现教学相长。

四、高校思想政治理论课教学关注社会现实的导向

高校思想政治理论课教学与时政结合应该以国内外社会热点、焦点问题以及形形色色的错误社会思潮等作为主要的问题指向。

(一)国内外社会热点、焦点问题

追踪、把握国内外社会热点、焦点问题,是思想政治理论课教学贯彻理论联系实际原则的重要内涵,是思想政治理论教育紧密联系全球化的发展趋势、网络信息环境对大学生思想的影响、社会多样化带来的新变化、改革开放和社会转型期的实际等进行问题研究与教学的现实需要,可以有效提高思想政治理论课教学的

针对性、现实性和吸引力,使大学生的思想脉搏与时代保持一致。

思想政治理论课教学与时政结合,首要的问题就是要关注国内外社会热点、焦点问题,要敢于和善于对大学生关注的国内外社会热点、焦点问题做出充分的、有说服力的分析和解答。

所谓国内外社会热点、焦点问题是指在一定时期内为人们所普遍瞩目和重点关注的带有政策性、时代感、历史感及教育性较强的国内外社会现象。划分的标准不同,国内外社会热点、焦点问题可以分成不同类型,如国外社会热点、焦点问题和国内社会热点、焦点问题;全国性社会热点、焦点问题和区域性社会热点、焦点问题;政治热点、焦点问题和经济文化热点、焦点问题等。具体到当前和今后一段时期,思想政治教育理论课教学要关注的热点和焦点问题主要有:带有全球性的社会热点、焦点问题,主要包括应对国际金融危机、反对恐怖主义、人口资源环境问题、国际间贫富差距等;国内的社会热点、焦点问题,主要包括收入分配,看病贵、上学贵、买房贵,就业难、劳动者维权难,社会保障滞后,食品安全,公民利益诉求和意见表达渠道不畅通,打官司难、信访难,南海安全局势恶化等。

高校思想政治理论课教学与时政结合,就要在教学过程中关注国内外社会热点、焦点问题,首先要根据各门思想政治理论课程的特点、任务和目标,选择大学生普遍关注而又符合思想政治理论教育教学需要的国内外社会热点、焦点问题。其次要在思想政治理论教育教学过程中始终牢牢追踪、把握带有全局性的国内外社会热点、焦点问题,增强大学生对国内外社会热点、焦点问题的整体性了解和认识。此外,还要根据各高校的具体实际,充分挖掘思想政治理论教育的本地资源,紧密联系一些地方性的社会热点、焦点问题,有针对性地进行高校思想政治理论课教学。

(二)各种社会思潮

当前,随着社会主义市场经济的发展和转型期社会结构的变化,各种社会思潮竞相争锋和互相激荡,大众媒体每天都刊载许多持有各种各样理论观点的文章,呈现出前所未有的活跃。这种情况反映到高校校园,主要表现为大学生思想观念的日趋多元化、对各种社会思潮甚至错误的社会思潮所表现出来的开放性和包容性等。总的来看,现在的中国思想界,马克思主义及其作为马克思主义中国化最新理论成果的中国特色社会主义理论体系无疑占据着主导地位,我国意识形态的主流是积极健康的,引领着国家发展的潮流。但是也应该清醒地看到,我国的意识形态安全还面临着挑战,民粹主义、狭隘民族主义、教条主义、无政府主义等一些错误思潮正在社会上流行、传播和发酵,对大学生产生越来越多的负面和消极影响,值得引起广大思想政治理论教育者的重视。

具体来说,在高校思想政治理论课教学中要关注形形色色的错误社会思潮,第一,要求思想政治理论教育者要有意识地针对高校和社会上存在的形形色色的错误社会思潮开展调查研究,从理论和实践上充分辨明这些错误社会思潮的本质和对大学生可能产生的影响。第二,思想政治理论教育者要讲政治、讲正气,善于运用马克思主义观点同各种影响大学生成长成才的错误社会思潮进行积极的斗争。第三,要通过组织演讲会、读书会、参观考察等各种校内外实践活动,引导大学生走向社会,在实践中认识国情,感受马克思主义及其中国化、马克思主义理论成果对中国改革开放和社会主义现代化建设所产生的巨大理论指导作用,在思想上为大学生构建精神长城。

第三节　调动心理因素,注重品格育人

心理学是研究认识、情感、意志等心理过程和能力、性格等心理规律的科学。人的思想最复杂,人的心理最奇妙,思想政治理论要入脑入心,必须关注人、关注人的思想和心理,利用心理学的研究成果,结合心理特点,分析心理需求,确定什么时候、怎样进行教育输入。与心理学结合,有助于提升高校思想政治理论课教学的科学性。

一、高校思想政治理论课教学与心理学结合的必要性

与心理学结合不仅仅是高校思想政治理论课教学发展的需要,也是思想政治教育对象发展的需要。

(一)与心理学结合是提升思想政治理论课教学科学性的需要

高校思想政治理论课教学与心理学结合是从人的心理发生发展的角度来探讨高校思想政治理论课教学。它以马克思主义理论为指导,借鉴心理学相关学科理论知识,特别是心理学研究的观察法、体验法、实验法等,应用于高校思想政治理论课教学的研究和实践,使高校思想政治理论课教学更加接近思想政治教育对象——大学生的思想实际,有效地提高了高校思想政治理论课教学的科学性。

心理学有其特定的研究对象,它注重研究人的心理状况及其发展变化的规律;其目的就是最大限度地调动人们的积极性、创造性,协调人们之间的相互关系,以提高人们认识世界和改造世界的能力。科学的高校思想政治理论课教学与心理学结合,要客观反映教育对象的内心世界,把握教育对象心理变化发展的规律,适时地进行思想政治教育引导。

高校思想政治理论课教学与心理学结合,借鉴心理学研究方法,遵循辩证法的基本原则,用历史的、发展的、辩证的观点去观察教育对象、分析教育对象、认识教育对象。历史经验告诉我们,在高校思想政治理论课教学过程中,如果缺乏科学性,高校思想政治理论课教学往往就会走不出形式主义、经验主义和盲目主义的窠臼,高校思想政治理论课教学就会缺乏应有的效果,就会形成"两张皮",其价值和地位难以得到社会的承认。鉴于此,高校思想政治理论课教学要与心理学相结合,以高度的责任感和强烈

的使命感，遵循高校思想政治理论课教学的科学性，结合高校思想政治理论课教学的实际，树立高校思想政治理论课教学的科学意识，在思维、方法、手段等方面进行科学的创新。

要提高高校思想政治理论课教学的科学性，高校思想政治理论课教学与心理学结合还必须坚持理论联系实际，即应用心理学的理论与方法去分析和解决思想政治教育对象的实际问题，把心理学的理论和方法拿到实践中去检验，在实践中丰富和发展高校思想政治理论课教学的理论和方法。

高校思想政治理论课教学的科学性是否提高或实现，最终会通过教学效果反映出来。教学效果没有出来，至少说明其某个环节出了问题；教学效果出来了，说明高校思想政治理论课教学符合教育对象的思想实际，符合教育规律，证明了高校思想政治理论课教学的科学性。与心理学结合可以提高高校思想政治理论课教学的科学性，具体表现在高校思想政治理论课教学符合教育对象的学习心理、接受心理，并进一步实现了教育对象从教育到自我教育的转变，实现了从教育到"不教育"的升华，实现了高校思想政治理论课教学的目的。

中共中央、国务院在 2004 年下发的《关于进一步加强和改进大学生思想政治教育的意见》中就明确提出要"坚持教育与自我教育相结合。既要发挥学校教师、党团组织的教育引导作用，又要充分调动大学生的积极性和主动性，引导他们自我教育、自我管理、自我服务"。一般来说，针对某个个体的思想政治教育不是一次就能够完成的，要实现教育对象的思想道德品质和政治信念达到思想政治教育的要求，并实现由内化到外化的转变，就需要教育对象发挥自己的主观能动性，变教育客体为教育主体，并不断地激发自我教育的动力。

教育和自我教育，只有把高校思想政治理论课教学的科学性放在首位，按照教育的规律，发挥教育对象的主观能动性，使教育变成自我教育。提高高校思想政治理论课教学的科学性，要求高校思想政治理论课教学与心理学结合，将心理学理论与方法应用于高校思想政治理论课教学中,从而能够较好地掌握教育对象心理变化发展的规律,适时地调动教育对象学习与接受的心理状态,达到自我教育的境界。

(二)与心理学结合是培养全面发展的合格建设者与接班人的需要

思想政治教育的目的说到底就是教育和培养人,培养社会主义革命和建设的合格接班人。合格接班人就是全面发展的人,就是身心健康、德智体美等全面发展的人。这就要求高校思想政治理论课教学与心理学结合,要充分发挥心理学在培养全面发展人的过程中的重要作用。"人的全面发展"是一个科学的概念,马克思主义认为全面发展的人是"各方面都有能力的人,即通晓整个生产系统的人"[①]。按照马克思主义对人的全面发展的论断,全面发展的人应该是体力和智力充分自由发展的人,人的才能多方面发展的人,人的社会关系高度发展的人。

我国正处在社会转型的时期。在这个过程中,原有的社会形态,包括社会经济结构、政治结构、文化结构和人的思维观念、思维方式等正在发生一系列的变化。由于旧格局已经被打破,新秩序和新的社会机制还没有完全建立起来。对于当前的国人来说,来自现代转型社会中的观念、制度、心理等诸多方面的问题都可能导致人的观念、思想、心理的冲突。面临新旧之争,人们在观念上长期处于胶着状态,而现实社会又在加速转变之中,于是就产生了人的思想观念、理想信念与现实生活之间的距离越拉越大,人的适应也越来越困难。

虽然从总体上来看,我国社会价值观主流取向是好的、积极的,它展现了中国人民的精神风貌与时代特征,体现和反映了我国社会发展的主导方向和社会主义价值观成果。但是,人们面对社会多样性、复杂性、多重性与多变性的环境,产生了诸多的迷惘

---

① 上海师范大学教育系. 马克思恩格斯论教育[M].北京:人民出版社,1979:71.

与困惑。尤其是对大学生来说，他们还没有一个稳定的价值观，分辨是非的能力也较弱，因此，有些人在价值取向上呈现出偏向性特征，出现了信仰缺失、诚信缺失、道德缺失、公信力缺失的严重问题。

在现代社会中，不确定性因素、不稳定性因素量大质异，而且这些因素的影响具有非逻辑、非理性特征。虽然这种快速的流动为人们的发展提供了各种机遇，但是风险也是不期而至。同时，网络在丰富现代人关系的同时，却逐渐使人走向了"生存的孤独"，这种孤独不是肉身之孤独，而是灵魂的孤独，是人赖以生存的意义关系上的孤独。

同时，全球化、互联网和西方文化渗透这三者的结合，使我国社会价值观呈现复杂状况。西方发达国家利用"生态""反恐""时尚"等日常生活的新型话语工具，塑造新的"全球共识"。特别是从日常生活到文化精神领域的西方模板化，正是西方国家以时尚名义推行"西化"战略的典型体现，它直接影响大学生的生活方式和价值观念，并对我国的民族价值观产生消解替代作用。

人是要有理想信念的。没有理想信念，就没有前进的动力。理想信念是凝聚人民群众的纽带，是人民群众的精神支撑。它具有导向的功能。只有具备了理想信念，才能保持坚强的斗志，才能保证事业的成功。中国梦是全国各族人民的共同理想，也是青年一代应该牢固树立的远大理想。

高校思想政治理论课就是教育大学生树立崇高的理想信念，积极投身社会主义革命和建设之中。高校思想政治理论课教学与心理学结合就是要从人的心理发展的角度来做好高校思想政治理论课教学，根据心理疏导的原则来疏通大学生的心理，引导大学生向正确的方向发展，通过心理互换原则与教育对象达到相互理解、相互信任，努力实现心与心的融合，再通过情感强化原则走进大学生的内心世界。在高校思想政治理论课教学过程中，为了实现高校思想政治理论课教学的目的，有时还需要应用心理学的方法来调整和改变教育对象的心理、情感和态度等。心理学常常采用心理震慑法、认知改变法、心理交融法等方法，来实现心理的震慑与抑制、调整与改变、交流与融合，进而实现思想的调整、改变与转向，达到高校思想政治理论课教学的目的。高校思想政治理论课教学与心理学结合就是要努力实现培养合格建设者和接班人的需要。

（三）与心理学结合是促进学生个体健康成长的需要

思想政治理论课希望学生树立科学的价值取向并健康成长成才，最终目的是实现国家的繁荣和民族的振兴。个人的命运原本就同国家民族的命运紧密相连，个人的价值是在国家社会当中实现，个人的需要是在国家社会当中满足。但过于注重社会集体就难免会淹没具有独立人格和精神的个人，完全忽视个人就等于没有社会。因此，思想政治理论课教学必然需要从社会价值取向走向个人价值取向，必然需要从相对缥缈的宏观世界走向更加实际的微观的学生的生活世界，并最终重新回到整个社会民族的层面上。从社会生活实践来看，个体的健康成长是社会进步的前提，个体价值的实现是社会价值实现的基础。因此，思想政治理论课教学也必然要把完善自我和促进学生的身心健康成长并形成独立完整的人格作为自己的主要目标和出发点，在教学过程中从学生的实际出发，从解决学生的实际问题着手，从"要我"走向"我要"并最终走向"我能"。只有让学生感受到思想政治理论课与国家社会发展需要、与学生个人需要的密切联系，学生才会认同、接受思想政治教育传递的信息，并激发学生自觉学习的能动性。

另外，市场经济氛围中思想政治教育理论课的非功利性会使大学生产生一种逆反心理。由于高校思想政治理论课普遍采用大班授课，讲授法成为最主要的教学形式。这种形式强化了以教师为中心的教学模式，重视知识的传授，相对地对学生的情感有所忽视。部分学生中因此出现了"四不"现象，即"不接收""不理解""不接受""不行为"。"不接收"就是教而不学，即学生将教师讲授的教育信息屏蔽掉,不入耳;"不理解"就是学而不知,即学生对于接收的教育信息并不理解,不入脑;"不接受"就是知而不信,即学生接收并理解了教师讲授的教育信息,但是内心不接收,不能内化为自己的认知,不入心;"不行为"就是信而不行,即学生接受认同了接收的教育信息,也内化为自己的认知,但是不实际行动外化为良好的行为,不入行。在很多大学生对思想政治理论课存在反感心理和喜欢凸显个性的背景下,尤其需要找到学生感兴趣、愿意倾听接受的契合点,再通过循循善诱、层层递进的方式逐渐打通学生的心理障碍。

总的来看,大学生的特点特别需要教师采用站在学生的角度,凸显人文关怀,关注学生的心理需求。

二、心理学在高校思想政治理论课教学中的应用

(一)高校思想政治理论课教学的心理学原则

高校思想政治理论课教学与心理学结合,把心理学方法运用在高校思想政治理论课教学中,重要的前提是把握好高校思想政治理论课教学的心理学原则。

1.心理认同原则

认同是在思想、情感、态度和行为上主动接受他人的影响,使自己的态度和行为与他人相接近。心理认同既包括理性方面的认知的求同,还包括感性方面的情感的移入,既包括受教育者对教育者的情感认同和对教育目标的认知求同,还包括个人对社会规范和主流价值观念的认同。心理认同作为一种心理状态可产生肯定性的情感,成为客观目标的驱动力,也制约着人们对特定实践活动的态度和行为,高校思想政治理论课教学要在思想上或行为上影响大学生,首先要尽量取得大学生对思想政治理论教育心理上的认同。

2. 心理相容原则

心理相容是指群体成员在心理与行为上的彼此协调一致。它是群体人际关系的重要心理成分,是以成员彼此对共同活动的动机与价值观的一致为前提的,是群体共同活动顺利进行的重要的社会心理条件。高校思想政治理论课教学中的心理相容是指理论教师与大学生之间情感相容、相互尊重、和谐融洽的心理和情感关系,心理相容的原则能够构建一种积极的情感关系,唤起大学生对思想政治教育的回应,在高校思想政治理论课教学时引起大学生思想上的共鸣,从而达到教育效果。心理相容是高校思想政治理论课教学的心理基础。

3. 心理动机原则

心理动机原则是指通过满足受教育者的物质和精神需要,激发人的潜能,调动人的积极性、主动性和创造性,从而产生行为的内动力。人是为了满足需要才进行积极行动的,动机是指由特定需要引起的,满足各种需要的特殊心理状态和意愿,动机原则实际上也是满足原则。在高校思想政治理论课教学过程中理论课教师应该认真分析大学生的心理需要,通过满足大学生的需要把大学生的思想活动引向高校思想政治理论课教学既定的目标,增强高校思想政治理论课教学的针对性和实效性。

4. 心理互动反馈原则

心理互动反馈原则阐明高校思想政治理论课教学过程就是主体间、主客体间在共同的心理环境之中的心理互动过程,在这个动态变化的过程中,大学生能否实现高校思想政治理论课教学目标的有效转化,必须重视对高校思想政治理论课教学效果的及时、灵敏、准确的反馈,反馈信息是改变教育措施的依据,理论课教师根据反馈信息再做出新的教育决策,以期保证教育效果。

5.个性心理差异原则

能力、气质和性格是人的个性心理特征,个性心理特征会影响教育的过程,高校思想政治理论课教学方法的选择要重视大学生的心理差异,对个性心理特征进行具体分析,对逆反、障碍、挫折等特殊心理问题选择有针对性的特殊的教育方法,才能行之有效。

(二)高校思想政治理论课教学中具体心理学方法的应用

1.谈话法教学

谈话法是通过面对面的交谈,获得谈话对象个人的意愿、感受、思想及心理活动的信息,并分析其心理特点的教育方法。高校思想政治理论课教学中运用谈话法的基本原则是用"心"交谈。

第一,爱心、热心、耐心、细心,倾心相谈。高校思想政治理论课教学中的谈话作为一种教育方法不是简单的交谈和沟通,是按照既定的目的,把握学生心态的前提下有计划进行的,不仅谈,还要分析并获取教育信息和资料,灵活处理谈话中的意外情况。这就要求理论课教师具有热爱思想政治教育事业,关爱学生的爱心,解决思想困惑的热心,善于倾听的耐心,从学生言谈话语、语调变化中理解谈话意义的细心,在真诚平等的氛围中与学生倾心相谈。

第二,掌握好谈话的技巧和艺术。谈话的技巧和艺术就是其科学性的体现,要善于把握谈话的良好时机,做好充分的谈话准备,营造良好的交谈氛围,找准谈话的切入点,控制好谈话的场面和交谈情绪。谈话的艺术在于:情理交融,语言生动、实事求是,并注重以教育者自身的人格、学识魅力获得教育对象的认同,从而增强谈话的吸引力和感染力。

2.情绪感染法教学

情绪感染法就是通过情绪的共鸣、渲染、同频、寓理而感动,达到心理交融,实现高校思想政治理论课教学效果的方法。人是社会存在物,人在劳动中创造了语言,也产生了丰富的情绪和情感。情绪是对自己所处环境认知的基础上产生的情感体验;情绪在交流过程中会产生很重要的作用,即情绪对人的认知、兴趣、意志都有非常重要的影响。情绪在高校思想政治理论课教学中会促进大学生认知的发展,促进兴趣的培养,促进意志力的增强。

情绪感染就是教育者和教育对象之间情绪的互动交流,尤其是指教育者把自己的积极情绪传递给教育对象,从而影响教育对象的情绪。因此,在高校思想政治理论课教学中要运用好情绪感染法,理论课教师要做到以下几点。

首先,理论课教师要饱含激情。在高校思想政治理论课教学的过程中,理论课教师要充满激情,以激发大学生的激情。在教学的过程中,建立民主平等、相互尊重、教学相长的融洽关系,以提高教学效果。

其次,教育者要寓教于乐。寓教于乐的教学方法就是使教育对象在愉快中获得知识,在快乐中成长。理论课教师要激发大学生的好奇心和学习的兴趣。好奇也是一种情绪,这种情绪以认知为基础。当大学生感受到自己的知识存在不足,又很想弥补这种不足的时候就会产生好奇。就会在好奇心的吸引下,积极主动地去获取知识,接受教育。

最后,理论课教师要关心大学生的成长和需要。理论课教师要创造良好的融洽的教学环境,就要研究大学生思想的需求和知识的需求。在高校思想政治理论课教学过程中,要增强针对性,就要研究大学生思想的实际。要了解教育对象最关注什么、最感兴趣的是什么、最想了解什么,然后有针对性地实施高校思想政治理论课教学。只有高校思想政治理论课教学内容符合大学生的需要,符合大学生的认知水平,才能创造积极的、愉快的教育氛围,才能激发大学生对思想政治理论课的兴趣,实现理想的教学效果。

3. 情境感染法教学

情境感染法就是在高校思想政治理论课教学过程中创造特定的情境,使大学生有身临其境之感,激发大学生相关的情绪,使这种情绪在理论课教师和大学生之间相互感染，达到教育者和教育对象心理交融，以提高高校思想政治理论课教学实效的一种方法。运用情境感染法，可以拉近教师和学生的心理距离，使教师和学生之间有共同的感受和情绪，即教师的情绪感染学生的情绪，学生的情绪也感染教师，两者在心理情绪上高度统一，使教师对学生产生高度的肯定和认同，达到思想政治教学期望的效果。在高校思想政治理论课教学过程中，情境创设的方式有两种：一种是案例情境创设。针对高校思想政治理论课教学目的，选择合适的案例，创造一定的教育情境，激发所需的情绪，达到心理交融。情境创设，比理论课教师单纯讲授枯燥的理论更能激发大学生的学习兴趣，达到寓教于情与境。另一种是实物演示情境。一件实物，可以让人浮想联翩，产生心理震撼，激发某种情绪或产生多种复杂的情绪。例如，通过播放《重走长征路》等触景生情，激发人们对祖国的热爱、对老一辈无产阶级革命家的敬仰和对现实问题的冷静思考，保持自己的政治觉悟，肩负起时代赋予的使命。

（三）把握学生心理，抓好教学时机

1. 个体成长性时机

个体成长性时机是指与教育对象身心发展过程中相对应出现的思想政治教育时机。教育对象身体的各部分及器官的结构、机能都有一个生长、发育并渐趋成熟的过程，在个体心理发展的年龄特征中存在许多最佳发展期，也叫关键期，是个体在发展过程中存在的一些最适宜接受思想教育并获得最佳效果的时期。大学是各个年级层次系统组成的一个统一整体，理论课教师在教学时应以不同年级的大学生特点为依据，对教学目标、内容深浅和重难点、方法要进行合理的选择，要针对各个年级的大学生的身心特点和理解认知能力的不同，由浅入深、由低到高、由感性到理性、由具体到抽象，逐步提高。教师应从学生的言行中了解学生的情绪波动，揣度其波动的原因，并及时给予诱导。人的心理

发展过程是连续性和阶段性的统一。这一特点和规律要求思想政治理论课教学也应坚持连续性和阶段性的统一，即顺应人的心理发展规律，增强把握教育时机的敏锐性。

2.外界触发型时机

理论课教学是在一定的历史时期和时代背景下进行的，只有紧跟时代主题的变化，积极研究新情况，树立新观念，探索新途径，才能增强时代感，具有时效性。在理论课教学过程中强调把握教育时机，不仅要把握好人的发展过程中的成长性时机，理论课教师还要增强教学的时代感，切实回答和解决时代提出的重大问题，担负时代赋予的历史使命，积极应对教学过程中所遇到的外界触发型时机。所谓外界触发型时机是指教育对象周围环境和外界事物变化而引起的教育契机。这类时机通常可以分为阶段转折、事件交替、行为受挫和矛盾冲突四大类。大学生在各个年级发生交替时，思想往往一时难以适应新的环境。理论课教师应抓住环境转换和阶段转折时的火候，因势利导，以诚相待，做好心理调适工作，创设轻松和谐的环境氛围。重大事件对人心理发展的影响主要体现在以下三方面：一是国内外出现重大事件时，特别是关系到我们党和国家利益的事件发生时，可能在大学生的思想上引起强烈反响；二是改革深化、开放扩大、社会结构与利益关系调整，触及人们传统观念和利益时，必定会产生各种新的思想问题；三是在举行重大竞赛、隆重集会、盛大节日庆祝的前后，必定引起大学生情绪上的巨大波动。理论课教师要掌握大学生情绪变化的规律，善于察觉和把握教育对象伴随这些事件而产生的喜悦、愉快等情绪，抓住大学生情绪巨大波动的时机进行行之有效的理论课教育。人在各种需求的驱动下，为达到一定的目的，就必定会进行各种各样的活动和尝试，在这些努力尝试的过程中，不可能一帆风顺，挫折和失败在所难免。由客观原因引起的挫折叫环境导因挫折；由主观原因引起的挫折叫个人导因挫折，是由于个人的体力、生理、智力等方面的障碍而形成的挫折。

在学校,这些挫折的产生会导致目标实现过程受阻,学生就会在情绪和行为上出现形形色色的表现,如产生苦恼、压抑和烦闷等情绪。教师要关心学生、体谅学生,帮助学生分析受挫原因,总结失利的教训,使其无论在得意或失意、快乐或痛苦、成功或失败时,都能自尊、自信、自强、自立,逐步朝着德、智、体、美、劳全面发展的目标前进。

第四节　提高教学艺术,注重素质育人

　　长期以来,在高校的思想政治理论课教学过程中,不少思想政治理论课教师沿袭传统的教学方法,削弱了学生的主体作用,制约和影响了思想政治理论课的实效性。因此,要提高思想政治理论课教学工作的实效性,就需要在尊重教育教学规律的基础上,从学生思想实际出发,不断改进和提高思想政治理论课的教学艺术,不断探索思想政治理论课教学的新招、实招,为其实效性的提高夯实基础。

一、加强高校思想政治理论课教学艺术的重要性

(一)加强高校思想政治理论课教学艺术可以充分调动学生学习的积极性

　　毋庸讳言,在大学生群体中,由于受到国内、国外,家庭、社会、学校乃至他人、自身等多方面因素的影响,部分学生对思想政治理论课的学习不感兴趣,缺乏良好的学习动机,在思想意识上呈现一定的抵触甚至是排斥情绪,总之一句话,就是对思想政治理论课的学习持消极态度,而这种消极态度在大学生群体中具有一定的扩散性与传导性。因此,要使高校思想政治理论课教学工作取得实效,就要不断地端正、引导学生形成并保持正确的学习

态度,明确学习思想政治理论课的目的、意义。激发大学生的学习动机,关键就在于尽最大的努力,培养他们对思想政治理论课的学习兴趣,能否达到和实现这一目标,在很大程度上取决于高校思想政治理论课教师的教学水平及教师本人教学艺术修养的高低。

实践表明,具有高超教学艺术的思想政治理论课教师在课堂教学中,能够营造出和谐的、有美感的、能吸引人的课堂氛围,通过高质量的教学不断展现出思想政治理论课别具风格的魅力,从而激发出学生对思想政治理论课的兴趣,调动学生学习的主动性和积极性,激励学生认识真理、探索真理,树立科学的世界观、人生观和价值观。

(二)加强高校思想政治理论课教学艺术可以充分发挥育人的作用,陶冶学生情操,提升修养

教学艺术在思想政治理论课课堂教学中的呈现与运用,能够使思想政治理论课教师的整个教学过程充满着美感和情感的气息,形成生动活泼、和谐愉悦的课堂气氛。这种用教学艺术构建起来的最佳教学环境,使学生更容易接受学习的内容,并形成自我情感体验。同时由于高校思想政治理论课的教学内容本身就是真善美的统一,在教学艺术成功构建的美的教学情境中对学生进行熏陶,可以使思想政治理论课的魅力充分展示出来,从而把思想政治理论课教学内容的科学性和真理性中包含的美充分凸显出来。富有教学艺术的思想政治理论课教师能够实现思想政治理论的科学性、真理性与美的结合,促进学生发自内心地去认识、认同、接受、追求并享受这种崇高的美,自然也就能够使学生发自内心地认同和接受教师讲授的教学内容,使教学潜移默化地发挥出育人的作用,陶冶学生情操,提升修养。

(三)加强高校思想政治理论课教学艺术有助于提高广大思想政治理论课教师的成就感,提升其乐教的境界

由于高校思想政治理论课具有其他专业课程所不会遇到的

困难与挑战,加之部分专业课教师与学生对其怀有成见与偏见,这就使理论课教学的难度大大增加,在迎难而上之中需要思想政治理论课教师付出更多的努力去赢得赞誉,在受到学生的尊敬中捍卫自己的尊严。高校思想政治理论课教师提升教学艺术的修养,能够增强教学工作的实效性,感染学生、影响学生的成效越大、越多,就越能有效增强教师的自信心和成就感,强化职业认同,促进教师实现从教向乐教的境界转化。因此,高校思想政治理论课教师具有高超的教学艺术和良好的教学效果,既能体现教师对自我的认同,丰富作为思想政治理论课教师的内涵,又能体现出思想政治理论课教师的自我价值,从而使其更加热爱并坚定从事思想政治理论教育教学工作的信心,努力追求卓越并保持高昂的工作热情。

二、教学艺术在理论课教学中的运用

(一)要求"真"

高校思想政治理论课讲授的是马列主义、毛泽东思想以及中国特色社会主义理论体系,这些都属于真理的范畴,因此高校思想政治理论课教师在教学过程中,在运用教学艺术时就应当把"真"放在第一位。这里所指的"真"指代的内容包含四个方面的结合,即"真理、真信、真懂、真诚"的结合。

第一,马列主义、毛泽东思想和中国特色社会主义理论体系是真理,是真善美的集中体现。高校思想政治理论课教师的教学任务就是在完成课程教学内容的同时宣传、宣讲、宣扬真理,也就是用真理的力量去感召人。作为思想政治理论课教师,在教学中必须把这些真理包含的科学性讲清、讲明、讲活、讲深、讲透,实现"五性"(科学性、生动性、深刻性、历史性、现实性)的结合,这样才能极大地提高思想政治理论课教育教学的吸引力和影响力。

第二,理论课教师对马列主义、毛泽东思想和中国特色社会主义理论体系包含的真理必须做到真懂和真信。作为思想政治理论课教师，必须努力学习掌握马克思列宁主义、毛泽东思想和中国特色社会主义理论体系包含的科学理论，学习掌握党的路线、方针、政策；树立正确的世界观、人生观、价值观，做到真正懂得在课程教学内容中包含的真理，并成为自己坚定的信仰，这样才能敢于坚持真理，并理直气壮、旗帜鲜明地宣传、宣讲和宣扬真理。才能向授课学生传递感染和影响他们思想的正能量，坚定大学生的理想信念，使其真正领会和把握马克思主义理论的真谛。

第三，高校思想政治理论课教师在讲授思想政治理论课的过程中，应当使学生感受到思想政治理论课教学还包含了教师对提升他们自身的思想政治素养，指导其健康成长的真诚。

高校的思想政治理论课教育教学是坚定学生社会主义的理想信念、提升其思想政治素养、培养社会主义事业合格的建设者与接班人的崇高事业，教师自身的理论修养高低决定了教师宣传、宣讲和宣扬真理的水平与层次；教师对本职工作的态度与投入状况决定了教师宣传、宣讲和宣扬真理的成效。因此，一定要在"真"字上下工夫，把责任感与事业心有机结合，做到真诚做人、真诚从教、真诚育人，体现出高校思想政治理论课教师的品德、修养与风范。

（二）要重"情"

"动之以情、晓之以理"是教师在教学工作中的一句至理名言，"动之以情"指的是用感情来打动受教育者，"情"是高校思想政治理论课教学艺术的灵魂，是作为"理"的内容入脑、入心的催化剂。

"动之以情"包含了三个方面的内容。

第一，在进行"晓之以理"的教育中，教师对自身的本职工作与授课对象赋予了深厚的爱和纯真的情在其间，使学生在受教诲的过程中真切地感受到教师对自己事业的热爱以及给予广大学生成长的关爱和温暖。

第二,教师在教学过程中,学生能够强烈地感受到教师的教学语言(口头语言、肢体语言、姿态语言)中包含的浓烈的情感色彩。其一,在教师的教学语言中,语调(高低)与节奏(快慢)的变化对吸引学生的注意力来说是最为重要的语言要素。其二,融情于教师的肢体语言中。高校思想政治理论课教师在教学中的情感色彩还须与自身有效地运用肢体语言(主要指手势)结合起来。其三,要有富有情感的姿态语言(身体的各种姿态,也就是教师的教姿)。其四,有意识的视觉交流。其五,教师的面部表情配合情感的变化。

第三,思想政治理论课教师要善于发掘课程教学内容中蕴含的丰富的情感因素,如革命导师、领袖、伟人、优秀党员在各个历史时期,他们的理论与实践活动体现出的改天换地与翻天覆地的豪情、对祖国和人民无比挚爱的深情、对事业和工作全心付出的真情、密切联系群众的友情、对待家庭的亲情等,使思想政治理论课教师对"情"的表达具有更加丰富的内涵。

三、理论课教师提高教学艺术的途径

(一)提高自身的人格魅力

思想政治理论课教师的人格魅力在教学艺术中具有重要的地位与作用。人格魅力指的是一个人在性格、气质、能力、道德品质等方面具有的能吸引他人的力量。高校思想政治理论课教师的人格魅力属于非语言艺术,是指思想政治理论课教师个人成熟的并能够教育和感染学生的尊严、价值和道德品质力量;是教师在教学过程中创造性地运用仪表、举止等因素进行教学表达活动时所反映和折射出来的内在修养。思想政治理论课教师的人格魅力主要是由自身的形象魅力、品德魅力与性格魅力三部分所构成,并从以下方面形成:第一,高校思想政治理论课教师应该具有让学生佩服的渊博学识;第二,高校思想政治理论课教师要注重

自己外在仪表的端庄;第三,高校思想政治理论课教师应该充分展示自身的品德魅力;第四,作为高校思想政治理论课教师应该具有个性魅力;第五,高校思想政治理论课教师要善于培养自身的人格魅力。

(二)端正工作态度,提高境界

从事高校思想政治理论课教学工作有相当的压力与难度,而要取得一定的成绩与成就,就需要付出更多努力。实践经验表明,高校思想政治理论课教师在教学工作中努力追求成就感,提升工作快乐指数,崇尚乐教的境界,形成事业心,就会传导和影响到学生的学习,由此,必然带来教师教学效果与实效性的极大提高,实现教与学的双向促进。只有热爱自己的本职工作,努力追求,不断提高教学工作的实效性,做优秀的思想政治理论课教师,才会有更多的时间与精力投入教学工作中去,才会自觉把增强自身教学艺术性作为工作的一个重要组成部分给予重视,加强学习与修养。

(三)锤炼教学基本功,提升教学能力

要成为一名优秀的思想政治理论课教师,提升课堂教学艺术,必须加强对教学基本功的锤炼,对相关的教学理论、技巧应该有比较深入的了解和把握。高校思想政治理论课教师的教学基本功应该包括以下几大方面。

一是对所授思想政治理论课课程教材的领会、把握和驾驭能力;二是对4门主干课程教学内容熟悉、理解的程度及课程间联系、衔接的把握能力;三是备课工作的能力;四是语言表达能力;五是现代教学技术运用能力;六是对授课对象思想实际与思想问题进行针对性解决、引导的能力;七是教学效果的自我评价与教学反思的行为能力;八是对所授课程学科的理解、认识,对学科研究的最新动态与前沿研究成果的把握及引入教学的能力;九是富有成效地组织课堂教学的能力;十是理论教学与实践教学结合与

促进的能力。

思想政治理论课教师个人的教学基本功锤炼得越扎实,就越容易提升教学能力,就越有利于教师对教学艺术的追求、体验、总结、升华。

(四)加强对优秀教学成果的继承和创新

高校思想政治理论课要提高实效性,需要思想政治理论课教师在教学工作中体现出教学的艺术性,同时坚持原则性和灵活性的统一,也就是既要按照教育教学规律的要求开展教学工作,也要结合具体实际问题有针对性、创新性地开展教学工作。做好对其他优秀教师教学成果的学习、借鉴与模仿;在此基础上结合不断变化的教学对象以及新时代、新形势的要求,进行教学艺术性的再创造与再加工,再结合自身特点与优势进行创造性的发展,形成独具风格的教学艺术。只有不断创新发展,才能打破常规,有所突破和超越,体现每个教师的个性特色,提升自身教学工作的艺术境界,完善自身的教学工作,实现自身教学素养的不断提升,成为学习型、发展型、艺术型、学者型教师的结合体,这样才能成为一名学生喜爱和尊敬的优秀思想政治理论课教师,教学工作的实效性才能最大限度地得以实现。

(五)充分发掘教学内容中包含的特别的育人作用

高校思想政治理论课是对大学生进行思想政治教育的主渠道、主阵地,对于大学生树立科学的世界观、人生观、价值观具有不可替代的重要作用,对坚定大学生的理想信念、掌握马克思主义基本理论以及引导其行动,从而成为合格的社会主义事业建设者、接班人具有重要的现实意义。但是高校思想政治理论课的教学内容中包含的育人作用则远远超过这些,还有不少需要高校思想政治理论课教师进行大力发掘。思想政治理论课教师对课程教学内容认识越深,进行发掘取得的成果越多,并且能够结合运用到教学工作的实际中来,这样对大学生的触动面就越广,对思想的触动就越深刻,对提高思想政治理论课教师教学工作的实效性的帮助就越大越突出,对自身教学艺术的提高与飞跃就越有利。

第五节　深耕教材内容,注重课程育人

教材是课程之本,是高校思想政治理论课教学改革发展的基础。要对理论课教材进行深入挖掘,实现教材体系向教学体系的转化。

一、教材内容的整体把握——深耕教材内容的前提

把握思想政治理论课的教材内容,实际上也就是把握思想政治课程的教学内容,这是深耕教材内容的前提。把握教材内容最主要的就是要把握对教材本身的分析。

(一)把握教材内容的知识结构

教师要把握思想政治理论课教材的基本内容,必须先从把握教材的知识结构开始。思想政治理论课教材在编写上虽然知识的理论性、系统性有所减弱,多是一些常识性知识,但教材的知识结构却仍然存在,它是按照一定的逻辑关系来编写的,教材中课与课之间、节与节之间、框与框之间、目与目之间、段与段之间,都具有一定的关联性、过渡性、系统性,都存在着一定的内在联系与逻辑关系。因此,思想政治课教师要通过阅读教材和分析教材的逻辑关系,来把握教材的内在知识结构。如果教师对教材的内在知识结构没有一个较好的把握,也就无法进行教材内容的深入分析,无法做好对学生的教学。

(二)把握教材内容的知识要点

思想政治理论课教材上的知识要点是由一系列基本概念、基

本原理、基本观点、基本问题等所构成的,这些内容就是教师教学时对学生所要传授的内容。思想政治理论课教师要在把握教材知识结构的基础上,找出教学时准备向学生传授的知识要点,并牢牢地把握和熟悉这些知识要点,把它储存在自己的认知结构中,也就是实现对知识要点的内化,这样教学时才能做到胸有成竹。

(三)把握教材内容的情感因素

思想政治理论课的最基本属性是教育性,实现情感态度与价值观教育是本课程的最终教学目标。因此,思想政治理论课教师在进行教材分析时,就必须将教材中所蕴含的爱国主义教育、道德情操教育、辩证唯物主义教育、心理品质教育等情感性教育因素挖掘出来,并以恰当的表达形式将其纳入自己的教学内容之中。

(四)把握教材内容的重点、难点和热点

把握思想政治理论课教材中的重点也就是把握教材中最重要、最基本的基础知识或最关键和最有现实教育意义的部分。每堂课的教学都应有重点,教师在分析教材时找出教学的重点,然后再处理好重点与非重点之间的关系是十分重要的。把握教材中的难点也就是把握学生难以理解和难以掌握的知识点。分析难点是突破难点的前提,分析难点的关键应放在对"难"的原因分析上,以便选择有针对性的教学策略。把握热点也就是把握与教材内容相联系的、学生普遍关心的社会热点问题。社会热点问题属于学生的思想问题,把握热点既要把握热点问题的成因和发展,又要把握热点问题对学生认识的影响。

(五)把握教材内容的广度和深度

在思想政治理论课教学过程中,教师必须始终围绕教材和学生的实际进行教学,教学内容不可讲得过深或过浅,如果脱离教

材讲得过深,就会使学生望而生畏,从而失去学习兴趣;如果讲得过浅,同样不能使学生掌握必要的基本观点,也不能发挥学生的智力和能力。所以,思想政治理论课教师把握好教材内容的广度和深度是十分必要的。

二、吃透学生——深耕教材内容的落脚点

吃透学生是深耕教材内容的落脚点。一定要在了解大学生思想发展变化的基本脉络和思想政治素质现实状况的基础上,在内容设计、方法运用方面力争贴近大学生的实际生活,切实关注大学生关切的热点、难点问题,真正做到答疑解惑,以人文关怀启发大学生关注现实社会,感知社会关系,进而做出理性、正确的选择。师生之间应进行平等的对话,做到以理服人,以情感人,以教师自身丰富的知识和社会阅历,以扎实的理论功底和理性的思辨能力去获得学生的共同认可,充分发挥学生学习的主体作用,激发学生学习的积极性和主动性。因此理论课教师要下大力气了解学生的心理、思想、性格等,积极参与学生的社团活动、班级活动,观察他们的共性和个性,深入理解某些思想观念产生的原因和化解办法,真正吃透学生,这是教师深耕教材内容的落脚点和着力点。具体操作上,大多数专职思想政治理论课教师是上课即来、下课即走,与学生的接触和联系主要局限在课堂、教室,课外与学生的联系和互动十分有限。尤其是有的高校校区多,教学任务繁重,教师疲于往返各校区、各教学楼,往往抽不出更多的时间和精力来参与学生活动,有效地了解学生、理解学生,导致教学效果打了折扣。因此,除了集体备课中老师彼此之间的交流沟通和相互学习外,课间休息时理论课教师要主动与学生交流、互动,课余主动与班主任、辅导员、学生干部加强联系和沟通,只要有心、用心,肯付出,天道酬勤,就会有收获、有回报。即便没有立即用于改善教学,但这种有心的付出,学生也会感受得到,至少可以融洽师生关系,这也是良好教学的必备条件之一。任课教师还要更

加珍惜与学生相处的机会。另外,借助于手机、QQ、微信、贴吧、博客等方式,教师也可以较多地了解学生,这可以较多地运用于教师与学生实际物理空间相隔较远的情况。因此,只要认识到理解学生、了解学生在思想政治理论课教学中的重要性、必要性,肯付出、肯用心,一定能找到多种解决办法,做到真正了解学生、理解学生、关心学生、服务好学生。

三、专题化教学——深耕教材内容的途径

专题化教学在教学内容上改变按教材章、节、目进行授课的传统方式,更加注重大学生的思想特点和当前的社会实际,有助于对教材内容进行深耕。

(一)开展教研活动,进行集体备课,对教材内容进行深耕

第一,为了深入有效地推动专题化教学,应对思想政治理论课教学改革的要求,马克思主义学院(或思想政治理论教学部)应组织集体备课。各教研室深入研究教材,同时了解中学思想政治课教材的内容,确定本教材的讲授内容,以避免简单的重复。同时,各教研室之间相互交流,确定各自讲授内容,避免高校各门课程之间的重复。在此基础上,确定各教研室的专题设置,然后由教研室具体到各专题小组,再到个人,形成专题化教学的整体思路和体系,完成思想政治理论课的教学任务。为了能够保证专题化教学的推行,要制定具体的教研活动计划,规定教研活动的时间、地点、内容及其活动程序。

第二,加强集体备课和教师之间的交流。组织集体备课,以专业和研究方向为依据,将教师分成不同教学组,共同完成相应的教学专题。克服课程教学中的困难,准确、深入把握专题教学内容,既博采众长,又使内容更精练、充实,以发挥教师的专业特长优势。

第三,安排和选定专题教师。安排和选定专题课堂教学的教

师很重要,应结合专题的内容和候选人员的专业特点、学识专长、讲学风格以及大学生的知识结构来选定教师。如"思想道德修养与法律基础"课教师中有思想政治教育专业毕业的、有法律专业毕业的,在安排专题时,可考虑教师的以上专业背景。

(二)精心设计各门课的专题教学方案

第一,要明确专题化教学的指导思想。专题化教学是为了加强和改进思想政治理论课,更加突出"育人为本"的教学理念。专题式教学要始终贯彻和坚持这一教学目的和教学理念,在组织教学内容时要把"育人为本"贯穿始终,落实到每一个专题之中。

第二,确立规范的专题设计方案。教材中各专题的确定要规范,由马克思主义学院(或思想政治理论教学部)根据学校的教学安排,摸清教学班学生的思想动态、知识结构以及他们关注的热点、焦点、疑点、难点问题,了解他们对教学课程的要求和建议。在此基础上,根据课程教学大纲、教学内容的要求,通过整理、归类、筛选、提炼等工作,确立和设置专题,包括必修专题、选修专题和实践专题。

确立和设置专题是关键,确立的专题必须涵盖课程的基本内容,并要注意各专题间的内在逻辑性。由于专题讲授具有相对的独立性,可能出现教学体系内部的断裂,因此在设计中要注意处理好前后专题间的逻辑一致性,强化各部分之间的理论衔接,加强学生对专题的整体把握。课程教学组要集思广益,既能从横向上把握所承担专题的基本理论和丰富内容,又能从纵向上建立专题间的逻辑联系。同时,还要体现针对性、新颖性、现实性和实效性。要对教材做必要的补充和增添学术层面的内容,体现其深度;要结合国际、国内实际及学生的实际,加强针对性,结合实际讲清道理,切中要害以理服人,以此体现内容科学性,兼顾政治理论性,强化思想教育性,确保教学目的性。

完善专题教学效果反馈机制,以利于改进专题设计与教学内容的组织。此环节要求学生在课后不记名地填写关于该课程各个专题课堂教学质量的调查问卷。调查问卷的内容是学生对各专题课堂教学内容、教学方式的评价以及学习的收获。反馈环节的目的是了解学生对该专题课堂教学方式的反应，为完善专题设置和教学方式做准备。

本章小结

推进高校思想政治理论课教学改革实践，有效提升高校思想政治理论课教学的实效性。本章主要通过高校思想政治理论课教学要运用现代技术、拓展实践教学、调动心理因素、提高教学艺术、深耕教材内容五个方面来进行相关的研究和分析，提升高校思想政治理论课教学的时代性、先进性和实践性、科学性和艺术性，进而促进高校思想政治理论课教学改革，提高教学的实效性。

第七章　当前我国高校思想政治理论课改革的实践研究

为了顺应时代发展的要求和高等教育发展的规律,高校思想政治教育工作者努力创新、锐意改革,探索出一系列行之有效的高校思想政治理论课教学方式、方法。其中,研讨式教学法、启发式教学法、探究式教学法、"3＋2"教学模式在高校思想政治理论课教学过程中取得了显著成效。

第一节　"研讨式"思想政治理论课教学改革研究与实践

"研讨式教学"是出现频率较高的概念,其起源于德国大学传统的学术制度,并逐渐为世界各地的大学所效仿。近年来,研讨式教学对我国高等教育改革也产生了一定的影响,国内关于这一教学模式的研究成果日益增多,为高校思想政治理论课教学提供了有益借鉴。

一、研讨式教学的内涵与特点

(一)研讨式教学的内涵

当前关于研讨式教学内涵学界还没有形成统一的说法,但是仁者见仁、智者见智,对研讨式教学已下的定义均有其合理性。本书认为,研讨式教学是一种与现代教育观念相适应的,拥有新的教学理念、课程理念和教育思想的,力图通过多种教学手段和方法培养学生自主学习能力和创新精神的教学模式。

(二)研讨式教学的特点

1.探究性

研讨式教学的本质是让学生通过自己查阅资料,让学生和教师之间相互研讨的一种学习方式。在教学过程中,教师不再直接把结果告诉学生,而是多维度地创设问题情境,建立一个框架,问题的最终解决需要学生自己不断地去探索、求证,以得到解决问题的方法,从而自己得出结论。研讨式教学所具有的探究性并不像科学研究中那样严谨和规范,在学习过程中的探究多是对很多科学研究成果的"再发现",尽管如此,学生的科学研究思维得到了很好的训练,知识也越来越充沛,更能激起对学习的兴趣。研讨式教学并不主张学生脱离教学活动去做专门的研究,而是让学生体验研究的过程、掌握研究方法并分享研究成果,从而提高自身的科学素养和研究能力。[①]

2.互动性

研讨式教学的互动性有以下两个方面的特点:①师生、生生之间的交流与协作;②师生关系的革新。由于研讨式教学是解决问题的教学,学生将面临综合且复杂的问题,这些都需要学生进行分工与合作,在合作的过程中既学会独立思考,又学会分享和帮助。在共同参与的过程中,师生、生生之间的交流与协作增多、彼此之间的关系更加融洽,传统的师生关系也得以改变。

3.灵活性

研讨式教学的内部和外部环境特点之一,就在于它的灵活

---

① 彭婷.大学本科课堂研讨式教学研究[D].长沙:湖南师范大学,2012.

性。灵活性是研讨式教学得以展开的必要条件。在传统教学中，教学任务与教学目标非常明确，学生只要按照指定要求掌握固有的知识，而教师只要按照规定的目标完成教学任务即可。研讨式教学恰恰相反，它是一种强调以过程为导向的学习方式，而不强调结果为导向。学生的主体能动性，学生的兴趣、知识基础和能力、学习速度、学习方式、个性潜质和情感因素的差异等，都使研讨式教学的过程和结果必然呈现多样性与灵活性。

4. 自主性

个体创造潜能的开发，首先依赖于个体主动性的发挥。在传统的教学中，通常呈现出教师讲、学生被动听的状态，学生的主体地位没有得到体现，其创新能力以及个性也得不到发展。而研讨式教学中，学生在整个学习过程中都处于一种积极、紧张、研讨的状态，从问题的设置、资料的收集与整理、观点的归纳等，都是学生独立自主地去体验，学生真正成为学习的主体。学生根据自己的兴趣决定研究的各个流程，可以真正地展示自信、自尊、自立和自强的精神风貌，谋求个体创造潜能的充分发挥和个性张扬，教师不再是传统意义上的严师，而是学生的朋友以及学习的促进者。研讨式的自主性特点有助于形成平等、和谐的学习氛围，使学生能够自主选择、自主学习、自主探究，自始至终都掌握着学习的主动权。

5. 实践性

研讨式教学强调学生在做中学，让学生在活动中亲自发现自然的奥妙，在动手实验、交流的过程中促进个体对自然及规律的认识，掌握科学研究的基本方法，并在教学活动中使自身得到全面发展。可见，研讨式教学属于实践过程，强调通过亲身体验获得直接经验。一方面，研讨式教学的内容与社会生活实际和科学研究进展紧密结合，社会生活中重大现实问题和理论问题常常是学生课堂讨论问题和开展课题研究的源头活水，而科学研究中取得的新成果也都基于学生的认识水平不同程度地纳入教学内容中。另一方面，研讨式教学强调学生的亲身实践，注重学生的主动参与，提倡学生开展调查研究，鼓励学生在研究的基础上发表独立见解。

二、高校开展研讨式教学的必要性

（一）目前高校教学存在突出问题

1.教师存在的问题

（1）教育观念陈旧，与现代人才培养理念格格不入。部分教师由于受传统教育观念的影响，教学中仍然固守过去以教师为中心、以教材为中心、以课堂为中心等陈旧的教育观念，把传授知识作为教学的主要任务，将考试成绩作为评价学生的唯一标准，而忽视学生知识、能力、素质的全面和个性化发展。

（2）教学内容过时，不能适应现代人才培养的要求。高校大多选用一般本科高校的通用教材，所选用的教材和授课内容与学生实际脱节，甚至一些教师的讲授内容还是自己当学生时获取的老掉牙的知识，既脱离当前我国经济社会发展实际，也缺乏实用性；课程设置不科学，教学内容重复现象严重；内容选择不合理，重理论知识、轻实践内容的问题普遍存在。

（3）教学方法落后，不能适应学生学习能力、实践能力和创新能力的培养。多数教师仍然沿袭传统的授予式、注入式教学方式，课堂上教师"满堂灌"的现象相当普遍，学生成为被动的知识接收器。由此，课堂质量大打折扣，"立德树人"的教育目标也不能有效实现。

（4）考试形式单一，不能调动教师和学生教与学的积极性。在教学评价上，高校大多采用单一的终结性评价方法，对教学的诊断性、形成性评价重视不够。如对教师教学工作的评价，无论是同行评教、督导评教还是学生评教,所依据的评价指标体系均是按照本科教学所谓的"标准化"要求设计的,侧重于从语言表达、板书设计、课件制作、师生双向交流、任务完成情况等方面进行评价,而对教师教学的科学性、艺术性和创造性等关注不够;对学生学业的评价主要采取课程考试的方式进行,重知识轻方法、重统一轻个性、重结果轻过程,考试方式单一,考试内容缺乏科学性和先进性,"一考定成绩"的现象比较普遍。①

2. 学生存在的问题

当前高校学生存在的问题主要表现为部分学生学习目的不明确,学习态度不端正。少数学生进入大学之后,对大学学习的重要性认识不足,放松了对学习的要求,不能正确处理学习与交友、娱乐、休息的关系,甚至沉迷于网络,把时间消磨在上网玩游戏上,严重影响学习;少数学生在学习过程中,因考试成绩不及格,学习积极性受到打击,出现厌倦学习的现象;少数学生不能正确地认识和对待所学专业,总是觉得所学专业没有前途,放松了对专业知识的学习,只求能够通过考试,直接导致学习不安心,成绩不理想;个别学生在思想观念上产生错误的认识,对"为什么学习"和"怎样学习"都比较茫然,不能形成自己的理想追求和正确的价值取向;少数学生面临就业的压力,忙于找工作,没有明确的学习目标,产生消极情绪,上课迟到、早退、玩手机、睡觉,甚至逃课、旷课等现象时有发生;平时学习不努力,学业完成得不好,考试违纪、作弊的情况屡禁不止;课余时间贪图玩乐,较少学习专业知识,实践能力、创新能力不强的情况多有存在等。

（二）开展研讨式教学是解决高校教学问题的重要手段

1. 研讨式教学以"问题"为中心

在研讨式教学过程中,教师选择学科重要问题、前沿问题或

---

① 杨舜清.论地方本科院校开展研讨式教学的必要性[J].高教学刊,2016(3).

直接与经济社会发展相联系的实际问题进行教学,并可以根据教学实际和学生的现实需要生成新的问题,使教师的主导作用在课堂上得以充分发挥;同时,教师给学生留出思维、想象的时间和空间,鼓励学生积极参加课题研究,引导学生独立地思考问题、发现问题和解决问题,培养学生的问题意识、创新精神和实践能力,从而充分调动学生的学习积极性,使学生在学习中的主体作用得以充分发挥。

2.研讨式教学以"探究"为方式

研讨式教学过程中,教师积极运用启发式、研讨式、探究式、案例式等教学方法,通过问题解决、自主研究和课题参与等方式,将理论教学与实践训练、知识讲授与能力培养、结论介绍与过程探究结合起来,促使学生积极探究、亲身实践,并广泛采用各种先进的教学手段辅助教学,从而增强课堂教学的吸引力,提高学生的学习兴趣,促使学生认真学习,增长专业知识,培养实践能力,提高综合素质。

3.研讨式教学以学生为主体,以教师为主导

研讨式教学真正做到了以学生为主体,在教学过程中教师尊重学生,信任学生,在课堂课外建立起民主合作、和谐平等的新型师生关系,教师有意识地引导学生自主学习、自主探究、自主创造,充分调动学生学习的积极性,激发学生学习的动力,使学生的学习由被动变为主动,在积极参与中学习、探索和实践,从而促进学生的学习能力、实践能力和创新能力的培养。

4.研讨式教学强调运用发展性评价方法

研讨式教学注重使用发展性评价方法。在对教师的教学进行评价时,将本科教学的"标准化"要求与教师课堂教学的科学性、艺术性和创造性结合起来,重视对教师的课堂教学规范和知识传授、理论讲解情况的评价;更重视对教师的课堂设计指导和

实践训练、能力培养情况的评价,重视对教师的课堂教学效果的评价,更重视对教师的课堂教学过程的评价,从而有利于调动教师进行教学改革、探索教学创新、培养学生能力的积极性。在对学生的学业进行评价时,将本科教学的统一要求与学生的实践能力、创新能力和个性发展结合起来,重视对学生的课堂学习纪律和掌握基本知识、基本理论情况的评价;更重视对学生的课程学习计划和研究意识、研究能力情况的评价,重视对学生的课程考试成绩的评价,更重视对学生的课程学习过程的评价,从而调动学生主动参与研究、自觉探索实践、积极培养实践应用能力的积极性。显然,开展研讨式教学是高校解决当前教学问题的重要手段。

三、研讨式教学法在高校思想政治理论课中的应用

(一)研讨式教学法在高校思想政治理论课中运用的一般步骤

1.理论导论

教师用两三周时间先讲理论导论,使学生对该课程的整体理论体系有所了解。这一部分的教学跟传统的模式基本相同,主要体现教师的主导作用。但在课程讲授过程中与平常的教学有一定的区别,其最大的特点在于不必将所有的细节都一一表述出来,而是让学生对这一理论课程有初步和整体的感性认识。导论主要就是将开展此课程的意义、课程包含的主要理论、基本框架等做一初步的阐述,让学生对课程中主要涉及的理论和侧重点有一定的印象。

2.分成小组,设置选题

在理论导论的基础上,将理论课的主要内容设置成不同的选题,这些选题可以是论点,可以是关键性主题,也可以是提问,甚至可以是正反对立的一组观点。多种形式的选题其目的是以新

颖的方式引起学生的关注,同时在设置上可以兼顾引导的方向。然后将全班学生分成若干小组,通过自主选择、抽签决定或教师分配等多种方式让每个小组选定一个主题,指导学生如何查找和收集资料。

3.收集资料,撰写发言稿

各个学生按教师传授的方法到图书馆或通过网络查找和阅读资料,围绕选题对资料进行整理和筛选,撰写发言稿。要求发言稿写出选题的基本情况、本质意义和历史地位,形势政策选题还应包括政策分析和影响。

4.小组交流和制作课件

学生在小组内将独立探索的知识和心得以讲课评课的形式进行交流,展开讨论,学生先内部协商,即在本组内部争辩究竟哪个观点是正确的,然后再相互协商,即针对当前问题提出自己的看法,并对别人的观点做出分析和评论,将大家共同认可和补充的内容进行汇总,并制作成多媒体课件。最后每个小组推选1~2名同学将大家的共识在大班进行讲述。

5.大班讲评

选择时间让各小组推选的学生在全班登台讲述各自的选题。每人讲35分钟左右,然后让其他组和本组学生进行讲评或展开辩论,教师根据所有学生发言情况对这一选题进行总评和综述。教师在综述中一方面对学生的表现进行评价;另一方面根据学生的讲述和讨论情况补充和深入阐述,纠正学生的偏颇或不正确的观点和认识,引导学生确立正确、科学的思想理论认识。

(二)研讨式教学法在高校思想政治理论课中的应用环节

1.课前准备工作环节

为了更好地开展研讨式教学,必须突出问题意识。对于课堂上要讨论的问题,教师有必要提前通知学生做好准备。作为学生一方,他们可以针对特定的问题,充分利用图书馆、网络等资源,广泛地查找、搜集资料,并可以从"是什么""为什么"以及"怎么样"等角度切入问题,对所要研究的问题做一个初步的分析思考。比如"钓鱼岛事件",学生可以借助网络等媒体弄清楚"是什么"的问题(事情的真相),可以结合图书馆的历史文献,弄清楚"为什么"的问题(为什么日本一直以来都对钓鱼岛虎视眈眈,为什么我们能够说钓鱼岛是中国固有的领土),学生还可以结合中日两国政治家处理钓鱼岛问题的政治智慧,进行独立思考,试图去回答"怎么样"的问题(用怎么样的方法和途径处理好"钓鱼岛事件")。

2.课堂教学环节

在课堂教学过程当中,教师可以借助视频播放、图片展示、文字说明,引导学生进入特定的教学情境中,进而激发学生参与研讨的热情。比如,当讲到"道德、法律、爱国"等知识时,教师可以播放由"钓鱼岛事件"引发暴力事件的一段视频。该视频显示:2012年9月15日,西安一日系车主李建利被人用利器砸中头部导致重伤住院。视频中可以看到周围很少有人上前帮忙救人。除此之外,教师还可以借助图片展示,说明全国有多家专营日系车的4s店被打砸的事实。针对这些暴力事件,教师可以启发学生思考和讨论道德、法律、爱国三者的相互关系。通过独立思考、小组讨论、小组代表总结发言,从而让学生了解到,钓鱼岛属于中国固有领土,日本这种侵占他国领土的行为是不道德、更是非法的,民众爱国本是一件幸事,民众有权利表达爱国热情,但爱国要用理性的方式,非理性的抗议活动对于解决问题并无益处,有些还触及了法律的边界,只有国家强盛了,才能最终免受他人的欺负,作为大学生,我们要有一种强盛国家的使命感,敢于有中国梦、强国梦,努力提升自我、超越自我,为祖国的强大与繁荣努力拼搏;对于视频中国人的道德冷漠也是十分值得深入思考的问题,国家的繁荣强盛必须要有道德的保障才能长久。

3.教师的点评归纳环节

教师对于学生的发言、课堂表现要给予充分的肯定与鼓励,以便使学生参与研讨的热情和兴趣能得以持续下去;教师要对所讨论的问题进行归纳,以使学生能在一个较高的层面上得到相对精确化的知识,教师应引导学生结合课堂研讨,撰写相关的小论文,从而促使学生不断提升自己的写作能力。[①]

(三)研讨式教学法在高校思想政治理论课中的应用效果

1.研讨式教学法使教学模式由单一走向丰富

研讨式教学法十分重视学生的学习主动性,其改变了过去"一言堂""一刀切"的单调的教学模式,使学生的学习兴趣更加浓厚、课堂更加活泼、教学效果更加显著。①在教学方式上,研讨式教学完成了从"讲授式"到"研讨式"的转变,打破了以教师讲授为主的传统授课制,而代之以学生自学为主,教师指导、小组交流、大班讲评三者结合的教学新方式。这种教学方式的过程是一种探讨、交流与对话的过程,以问题的提出与解决为始终,能够诱发学生强烈的求知欲和高涨的学习热情。②在教学形式上,完成了从"一言堂"到"群言堂"的转变,学生在课堂上不再是被动的知识接收者、倾听者,而成为课堂发言及讨论、辩论的主体。这种群言纷争的情况一方面使课堂变得活泼,另一方面使理论知识在教学过程中轻松地被接受,同时也使学生对理论知识的认识更加深刻和透彻。③在师生关系上,研讨式教学法完成了从"主—客"关系到"主—主"关系的转变,教学过程不再是教师有目的、有计划、有组织地对作为客体的学生进行加工改造的过程,而是作为主体的学生在教师的帮助和指导下自主探索、合作研讨、相互沟通、解决

[①] 张玉.浅谈研讨式教学方法在高校思想政治理论课讲授中的应用[J].中国校外教育,2013(24).

问题的过程。研讨式教学法符合大学生的心理特征,创造了民主平等的新型师生关系,从而易于调动学生的学习积极性,改变学生对学习的被动态度,激发学生的学习兴趣,凸显学生的主体性地位,使学生视学习为乐事,主动学、积极学。

2.研讨式教学法使教学过程由封闭走向开放

课堂不再只是教室、黑板、教师、多媒体,而是延伸到了资料室、图书馆乃至电子网络,从而扩大了教学活动的场景,缩小了学校与日益发展的社会之间的距离,也缩小了思想政治理论与实践之间的距离。同时让学生有更多的自主权和自由支配的学习时间,他们不再是被动地接受既成的结论与事实,而是可以通过自己主动的探索,分析、归纳选择自己所需的东西。

3.研讨式教学法使思想政治理论课教师能够更深入、直接地了解学生

传统的理论课教学模式,学生作为被动的倾听者和接收者,一般能够表达自我看法和认识的机会很少。思想政治理论课原本就是以培养大学生正确的人生观、价值观以及政策导向、法律意识等作为目标的,如果学生不在课堂上发表自己的意见、看法,理论教育者就很难探知其内心的想法,那么理论课就成了一种纯粹的科学,对学生的影响和正确引导的作用将很难体现。但是通过研讨式教学模式进行理论课教学,学生有了表达自我认识和思想的机会,教师可以通过学生的讲述、讨论和辩论了解其对理论知识的认识和看法,特别是对形势与政策的了解和态度。这样,就可以让教师在总结综述中有针对地对一些不是很科学,甚至偏颇、错误的观点和认识进行及时纠正和深入的阐述,其教学的效果自然是事半功倍。

4.研讨式教学法使思想政治理论课教师业务水平得以提升

在这种教学过程中,教师从一个理论的灌输者转变成为一个

理性的倾听者、分析者、引导者,这样的身份转变,也可以让教师从学生不同角度的阐述和分析中得到不少启发。同时对学生中出现的认识偏颇要进行及时的分析和纠正,也需要教师有一定的技巧和处理能力,教学相长,对于教师特别是年轻的理论教师来讲,这确实是一种能够促进教学水平的教学方式。①

5.研讨式教学法使学生能够加深对理论知识的理解,提高分析问题和解决问题的能力

(1)研讨式教学法能够促使学生加深对理论知识的理解。高校思想政治理论课理论性很强,传统的课堂讲授往往热衷于教师的单向"灌输",而学生则是被动地接受。这种被动接受加上理论本身的特性,导致很多学生提不起学习兴趣。于学生而言,不仅不能真正理解所学的理论知识,更无从谈起将理论应用于实践。而将研讨式教学方法应用在高校思想政治理论课的教授中,借助于教师的引导,学生能够主动地学习理论,并能结合所学理论剖析社会热点、难点问题。如此,既提高了学生的学习兴趣,又能在理论联系实际的过程中加深学生对理论知识的理解和掌握。

(2)研讨式教学法能够培养和提高学生分析问题、解决问题的能力。在研讨式教学中,每个学生都被要求主动地参与理论问题、社会热点问题与难点问题等的讨论。这种研讨式教学方法的应用,对于学生们的思维能力、语言组织能力、口头表达能力、写作能力、应变能力、解决问题能力的提升,大有裨益。另外,对于那些内向的、平常不善于沟通的学生,可以通过这样的课堂训练,逐渐地克服其害羞心理,促使其大胆地表达自己的观点,积极地展示自我、表现自我,进而大大地增强自信心。

---

① 杨海云.论研讨式五步教学法在高校思想政治理论课中的运用[J].新西部,2007(7).

第二节　"启发式"思想政治理论课 教学改革研究与实践

孔子曰："不愤不启，不悱不发。"孟子曰："君子引而不发，跃如也。"墨子曰："辟也者，举他物而以明之也。"由此可见，两千多年以前我国古代的教育家就已经意识到启发式教学的重要意义，并大力提倡。时至今日，启发式教学仍然具有其突出的作用。

一、启发式教学的内涵与特点

（一）启发式教学的内涵

启发式教学，"启"是前提，"发"是结果，要求教师根据课程教学的目的与内容，结合学生的思维状况，在遵循教学客观规律的基础上，充分调动学生学习的积极性与主动性，巧妙利用精湛的教学艺术引导并启发学生进行学习活动，使学生在接受知识的同时，其发现、认识、分析和解决问题的能力也得到提高，从而实现全面发展。

（二）启发式教学的特点

1. 确立了学生在教学过程中的主体地位

启发式教学的目的在于建构和塑造学生的主体性，发展学生的知、情、意、真、善、美的完美人格，并以此达到使学生"爱学""学会"和"会学"。启发式教学强调学生是学习的主体，确立学生的主体地位。启发式教学认为学生在教学中应具有积极性、主动性，它认为学生是教学环境的主人，创造良好的教学环境的一切工作几乎都离不开学生的参与、支持和合作。在这一教学活动中,学生处于积极的思维状态,提出问题和疑点,学生需要运用自身已有的知识经验,这就使学生思维处于积极主体的思维状态。在启发式教学中,学生主体作用得到充分的发挥,学生有认识的障碍和自己的想法,带着教材中的问题,产生的疑点,向教师请教,与教师沟通、交流、探讨。启发式教学,强调学生内在的学习动力和学习责任感及学生的能动作用,学生不是消极地接受知识,而主要靠自己动手、动口、动脑,来获取知识、培养能力。[①]

2. 确立了教师在教学过程中的主导地位

在启发式教学中,教师的主导作用,就是启发作用,就是指导、调节、调动学生的智力和非智力因素的能动性作用。教师处于主导地位,应用讲解、引导、答疑、解惑等多种形式进行启发。在这一过程中,教师用自己的智慧点燃学生的智慧,引导学生进入积极思维的状态。[②]

3. 实现了教师主导作用与学生主体作用相结合

启发式教学过程的基本规律体现了教学过程的认知和非认知的统一;教师主导和学生主体相互作用的统一;教与学相互作用的统一;教学的确定性与不确定性的统一。启发式教学,强调知识的认知过程,实现教师主导作用与学生主观能动性相结合。课堂教学不只是教师教、学生学,而是通过教师启发、诱导,主要依靠学生的自觉活动来实现教学目标。把学生看作学习的主体,教师的主导作用主要是落实在把学生的学习活动组织起来,让学生和教师一起探求知识,进而理解和掌握知识与技能。师生共同活动,教学相长。启发式教学的本质特征,体现了主导主体性。通过创造良好的学习氛围来激发学生的学习热情和内在潜能,不断提高教学效果和学生的学习能力。

---

① 温溶雪.现代启发式教学探究[D].南昌:江西师范大学,2003.
② 吕则柳.高校思想政治理论课启发式教学研究[D].昆明:云南师范大学,2009.

4.强调学生智力的充分发展

启发式教学有利于开发学生的智力,培养学生的创造力。传统教学理论认为,教师只要把教学大纲中规定的基础知识和基本技能传授给学生,就完成了主要的教学任务;学生只要接受了这些知识和技能也就完成了主要的学习任务。但是,学生接受了知识不一定会运用知识去解决实际问题。启发式教学所要完成的主要任务不仅是传授知识与技能,而是在传授知识的基础上促进学生智力的发展。培养出来的学生再不是只会背诵现成结论,而是能够独立解决问题、富有创造精神和创造能力的开拓型人才。

5.教会学生学习

学习是每个人一生的需要,特别是对于现代人更是如此。学会学习,是每个现代人必备的素质之一。启发式教学主要是通过教师的教(启),来达到学生的发(学)。教师的作用在于教会学生学习时如何思维,掌握科学的思维方法,使学生不但要学,而且会学。启发式教学,为教会学生学习提供了途径和手段。这也是这种教学原则的生命力所在。启发式教学过程的模式,表现为"启情诱思—发问尝解—释疑激创"的结构序列。在这一过程中伴随不同阶段的不同组合,呈现了多种方式类型。活动的方式体现了认知与非认知的统一,教师主导和学生主动相互作用统一的特点。

6.启发的方法越来越多

随着现代教育技术的发展,启发的方法越来越多。不仅是语言的启发,还有非语言的直观的、活动的方法,强调教学方法的综合性、多种感官性。启发的角色、范围(整体启发、局部启发、个别启发)也灵活多样,如多媒体辅助教学也是实现现代启发式教学的方法之一。

二、启发式教学的基本原则和实施途径

(一)启发式教学的基本原则

1. 以人为本的主体性原则

主体性是主体的品质与能力的反映与概括。作为教育主体的学生,其主体性的品质与能力主要表现在主动性、独立性、创造性三个方面。因此,启发式教学的目标在于培养学生的主动性、独立性、创造性。以人为本,发展学生主体性的现代启发式教学要求教师从过去的单向灌输转变为师生双向互动,教师的教育行为由"带着知识走向学生"转变为"带着学生走向知识"。学生的学习行为由"带教材进教室"转变为"带着问题走向教师"。教师必须通过让学生主动选择学习对象与方法,主动完成作业与设计活动,主动读书生疑、交流讨论、课后复习、课外学习等活动培养学生的主动性及独立性。

2. 学术自由的民主性原则

民主性原则,是指教师在教育的过程中,用一种民主平等的对话态度对待学生,充分尊重学生作为独立个体的自主性和独特性,而不是用居高临下的方式对待学生。贯彻学术自由的民主性原则,要注意以下两点:①要消除专制的教育气氛。因此,要打破沉闷的教学常规,建立民主的教学氛围。尊重学生的发言权、建议权,让学生自由选择教育,自由支配时间与空间;教师主动征求教学建议,民主公正评价学生,尊重学生学习成绩隐私等。②要允许学生对教师、教材质疑问难,给予学生思考的自由,发扬学术自由精神,让学生在愉快中学习、在发现中学习、在学习中发现。

3. 因材施教的差异性原则

个性是差异性的具体体现,认识学生个性是实施因材施教的

基础。因材施教包括适应于学生的发展目标,给予适合学生的教育内容。选择适合学生的教学方法,适应学生的教育环境,切忌"一刀切",免得造成"胃口"大的学生不饱,"胃口"小的学生受不了。因此,尊重学生个性,接受、宽容不同个性的学生,培养学生的个性,是为师之道所必需的。

4.质疑解疑的尝试性原则

教育过程的本质是一个学生通过认识人类已有文化,从而促进全面发展的认识过程,具有基于人类认识的重复而创新的特征。为培养学生的创新就必须在此过程中贯彻尝试创新。即变教师讲授、学生听记的结论性教学为教师设疑、激疑、学生解疑、尝试创新的教学。教育过程的重点不在于结论性文化观念的传授、接受、理解、掌握,而在于通过激疑、质疑、解疑活动的展开,发现人类知识的获得过程,学生在"复试"人类知识的发现过程中尝试创新,获得创新力的提升。据此,教师要善于根据教育内容的特点、目标,巧妙布置问题情境,精心设计问题思路,见机引导问题展开,使学生在阅读、观察、操作中质疑、解疑,尝试创新。

5.激励性原则

教师对学生学习的评价,应建立在激发学习的诱因,不断地满足认知需要的基础上,以保证学习活动的顺利进行。因此,评价应以激励为主,宜采用动态的课堂评价和静态的学期终端评价相结合。动态的评价是教师对学生在每一堂课中对学习对象的关注、学习活动的参与程度、创新的学习思考,以及课外自主性学习活动的成果——科研小论文、学习心得、小制作等作品的评价。静态的学期终端评价,是教师对每个单元、每个学期结束的测验情况而言,同时结合学生的自我评价。通过"动态"与"静态"的结合、"外在"与"内在"的结合,促进学生对自我学习的责任感的培养,提高学生的心理品质,健全学生的人格。

（二）启发式教学的实施途径

1.备课的过程中体现启发式教学

一名优秀教师对自己所教学科的内容是熟悉的。备课的主要内容是研究教材和学生的特点,设计合适的教学方法。而这个设计的过程就是如何贯彻启发式教学的过程。一般来说,我们使用的教材都有严密的科学性和逻辑性,而学生却各有个性。因此,要求教师对学生的情况了如指掌,为此,教师必须深入实际,调查研究,了解和掌握学生的思想动向、知识基础、接受能力、思维习惯、动机情绪、学习态度,以及学习中面临的具体困难和问题等。有了这些方面的了解,教师才有可能做到每一堂课、每一席话都能围绕教学目的要求,恰到好处地激发疑问、启发诱导,起到促进学生深入思考的作用。所以,教师备课,不仅要备教材、备教法,而且要备学生、备学法,以设计出适合学生参与形成的最优教学方案。

2.课堂中体现启发式教学

（1）注意启发学生的情感,培养良好的学习动机

情感不仅反映事物本身而且反映客观事物和人之间的关系,如对某一事物的喜爱和厌恶,它带有很强的个体性和被动性。不同的学生在不同条件下对某一门功课会有不同的情感。情感是一种心理体验,很容易变化。正是这种易变性常常会打断学生思考的逻辑过程,使之出现跳跃,而改变原来的思维方式。而思维灵性的产生常来源于浓厚的兴趣和快乐的情绪。所以教师在讲课时要特别注意学生的情感,要千方百计有意识地激发学生对该课学习的兴趣和热情。这种对学习的兴趣和热情直接关系到学生的学习动机,直接影响学生学习积极性的发挥和教学的实际效果。

（2）创设问题的情境,组织学生参与知识的形成过程

启发式教学的关键是让学生积极地开动脑筋来学习。揭示

矛盾、创设问题的情境,则是打开学生心灵之门,促使他们开动脑筋的一把金钥匙。如果教师能够按照思维活动的规律,在教学中不断提示矛盾,创设出问题情境,使学生时时感到许多新鲜而有趣的问题必须思考,自然就会引起他们的高度注意,促使他们努力思考并找出解决问题的答案,从而发展学生的思维,提高其分析问题和解决问题的能力。

（3）积极引进和运用现代化的教学手段

现代化教学要求我们在教学过程中注意不断强化形声教学。幻灯片、电影、录音等形声教学手段能给学生提供丰富而生动的认识材料,这些直观性很强的认识材料本身具有极强的启发性。它不仅可以引发学生的学习兴趣,而且,有利于学生掌握知识和技能,有利于发展学生的智力和能力,我们实行启发式教学,积极地创造条件,在可能的范围内积极引进和运用多样化的现代化教学手段,使传统的、常规的教学媒体与多样化的、现代化的教学媒体有机地结合起来,以实现启发式最优化教学。

（4）加强方法指导,教会学生学会学习

"授人以鱼,不如授人以渔。"学习科学知识和掌握科学学习方法,好比鱼和渔的关系。在现代教学论的许多理论著作中,非常强调对学生自学能力的培养,认为培养学生自学能力应当成为教学活动现代化的重要标志之一,要在启发式教学中切实培养学生的自学能力,真正教会学生学习。

3.在课后工作中体现启发式教学

一个真正优秀的教师应该将启发式教学思想作为自己整体工作的指导思想。课堂以外给学生留适当的作业、搞活动、与学生谈心等。这些都是为了达到启发学生思考问题的目的,教师与学生之间的谈话,不是一般人之间的闲聊,教师与学生谈话要讲求启发,启发的目的是要让学生学会用自己的头脑分析问题,而不是强求学生按教师的意志办事,从而使学生的身心健康发展,与老师、学生建立更加亲密的关系。

三、高校思想政治理论课启发式教学艺术

(一)问题启发

问题启发就是摸清学生存在的共性问题和实际需要,从而有针对性地提出问题、设置悬念,牢牢抓住学生的注意力,引导学生思考、激发学习兴趣的一种方法。问题启发不等于简单的提问,要使这一方法收到好的效果,必须注意以下三个方面的问题。

1.科学合理地设计问题

问题的设计应从两个方面考虑:①要从学生的实际思想状况入手,通过深入细致的调查研究工作,在此基础上科学合理地提出问题。②问题的设置要为教学内容服务,不能为提出而提出,更不能滥用。在这里问题的设计非常关键,不能把它当作一般意义上的提问。正确的做法应是:在每一部分内容中,根据教学基本要求,在对相关知识做深入研究的基础上,对问题做特别的考虑,从而设计出问题,起到唤醒学生的注意力、强化求知欲的作用。

2.灵活艺术地展现问题

(1)把握问题提出的时机。提出问题、设置悬念应针对教学对象、教学内容,选择适当的教学环节,在关键时候提出问题。

(2)提出问题的方式。可以直接提出,也可通过合理联想的方式提出,还可通过反问的方式提出。

3.循序渐进地解决问题

在引导学生思考和分析问题的过程中要循序渐进、步步深入,在学生理解了基本的道理后,再提出深层次的问题;在理论分析达到一定深度和广度的时候,再提出关键的问题。这样层层递

进地提出和分析问题,启发学生对问题的思考,在思考中学习,能更好地达到教学目的。

(二)形象启发

1.直观启发

直观启发是教学过程中,运用一定的直观教具(原型)来启发学生积极思维,深刻领会教学内容。为实现教学目的,在教学过程中教师可抓住教材的重点、难点等关键问题,运用一定教具,来启发学生积极思维,使其理解和掌握知识。强大的多媒体技术支持,为直观启发创造了前所未有的便利条件。课件在教学应用中,深受学生欢迎,理论更直观、更易理解。

2.语言启发

语言启发,即运用形象化的语言叙述或设计富有思考性的问题,吸引学生的注意力,启迪他们的思维。教师要每时每刻都用语言去启迪学生心灵。寓情于理和寓理于情的语言,能够解开学生的千千心结;有条理和层次分明的语言,能够激发学生对学习的浓厚探究兴趣。所以教师应慎重考虑所说的每一句话,言行一致。用语言去启智,用语言来激励、引悟、赞美、督促学生。

教师的语言艺术水平直接关系到课堂教学的质量。教师工作是创造性的劳动,在教师劳动的每一领域,都需伴有取得沟通教育对象心灵最佳效益的语言。在课堂教学中需要教师用艺术的、灵动的和智慧的语言,去全面调动学生学习的积极性,方可达到最佳的教学效果。教师的语言要含蓄、幽默,富于启发性。教师如果言语丰富、措辞优美、含蓄幽默、富有魅力,让学生置身于语言美的环境和氛围之中,学生就会心情愉快、兴味盎然、思维敏捷,从而收到良好的教育教学效果。

(三)情感启发

情感启发是针对大学生认知的心理特点,在精心营造平等、健康、和谐的良好氛围中,教师结合教学内容启发学生求知欲、探索欲,师生之间、学生之间通过交流、讨论,从而有效达到教学目的的一种形式。

教学设计的第一步就是导入或引起学生的学习动机,将学生引入学习情境。在课堂教学中,可以利用突发事件、人为事件、历史事件,借助多媒体及利用生活常识来创设情境,点燃学生的求知欲望,让学生积极地投入其中,凸显教师的教学机制与教学艺术。教师通过为学生创设学习情境,激发他们的学习兴趣,还可以根据教学中所触及的某些现实问题,设计出典型的情境,让学生在其中扮演相应的角色,通过角色的行为阐释自己的见解。教师作为一名特殊观众,适时加以引导,与学生一起得出较为科学的答案。学生在角色扮演的体验中,加深了对德育理论的理解和领悟,增强了理论教学的生动性和形象性。

(四)联想启发

联想启发是指人在思维过程中,根据事物之间所具有的相近、相似以及相反的特点,由一种事物联想到另一种事物,并从中受到启发,产生新设想、新观念、新假说、新发明、新科学、新方法的一种创造性思维方法。教师在教学过程中引导学生联想,以联想思维启发学生,不仅可以提高学生的学习成绩,而且可以加强学生创造思维能力的培养。根据类比推理的逻辑方法,引导学生认识事物,掌握技能,它能借助联想这一思维形式去理解新知识和新的技术原理。课堂教学中充分调动学生的联想,不仅活跃思维,而且能够增加知识的有序性,形成牢固的知识网络,培养发散思维能力。在高校思想政治理论课教学中,可以通过各种联想来启发学生理解、记忆概念和原理及有关内容,使学生借助奇特联想、类比联想、接近联想、对比联想和因果联想等联想手法,来进行归纳、演绎和类比推理,进而掌握知识、发展能力和提高思想认识。在教学过程中,教师应开阔学生的知识视野,重视学生掌握知识间的相互联系,引导学生分析事物的异同点,培养学生的联想力,这也为培养创造型人才打下了基础。

(五)比较启发

比较启发是立足于已有知识的基础上,把同类知识进行归纳整理,突出两类具有相同或相似属性的事物之间的对比,以启发学生识别异同、认识规律、变未知为已知的一种启发方法。比较分优劣,比较见异同。通过比较,可以更清晰地展示事物的本质,激发学生的学习兴趣,加深学生对事物的理解和掌握程度。为有效完成教学任务,教师在传授新知识时,可将两个或两个以上截然不同的问题进行对比,以启示学生找出问题间的共性、异性及其本质联系,这就是采用对比启发式教学方式。在高校思想政治理论课教学中,可比较的事物是很多的,比较的方式也多种多样。教师可大量运用此手法,引导学生对人物、事物乃至时空、场景等进行对比,从而领会教学内容,强化学生的道德认识。教师要在钻研教材的基础上,选择恰当的比较方式,运用真实具体的比较材料,并用马克思主义立场、观点、方法进行分析,使学生更好地认清事物的本质。若教师运用大量相互对立的观点和材料,启发学生对比,同时教师晓之以理、动之以情,会使学生从中受到启迪。

(六)比喻启发

所谓比喻启发,是指教师灵活运用自然贴切、新颖有趣、生动形象的巧譬妙喻,将教学内容化难为易、化深为浅、化繁为简、化生为熟、化理为趣,达到启智开塞的目的。一个恰当妥帖的比喻往往能沟通各个孤立的现象,使之建立联系。在运用比喻时,要特征鲜明、力求逼真,语言要简洁明了、通俗易懂。形象的比喻,既能给学生以丰富的联想,又能将多个孤立的现象联系起来,从而让学生借助联想加深理解某些概念和现象。

第三节 "探究式"思想政治理论课
教学改革研究与实践

知识经济时代的到来使社会愈加渴求创新人才,但是具有创新精神和实践能力的人才却十分匮乏,导致这一现象的原因是多方面的,但不可否认的是,其与传统教学的弊端不无关系。传统教学只注重学生获取知识,而不注重培养学生的各项能力,使学生缺少了活力和个性。探究式教学则克服了这一缺点,其不仅注重教学效果,更注重过程和能力的培养,是现代思想政治理论课教学值得大力借鉴和推广的一种模式。

一、探究式教学的内涵与特点

(一)探究式教学的内涵

探究式教学是指学生在学习新的知识时,教师只是给学生呈现出一些事例和问题,让学生通过自己的阅读、观察、讨论、思考等方法和途径去发现和探究,以此掌握新知识的一种教学方法。这种方法主要是在教师的指导下,让学生自觉地、主动地探索,掌握认识和解决问题的方法和步骤,探究事物的属性,发现事物发展的起因和事物内部的联系规律,形成自己的概念。

(二)探究式教学的特点

1.教学目标注重培养学生的科学素养

传统的教学模式都以学生获得知识和取得成绩为最终目标,而不关心学生能力的培养和提升,探究式教学认识到这一弊端,其主要目标便是培养学生的科学素养,提升学生的创新精神和实践能力。探究式教学的教学目标更适合现代社会发展的需要,因为现代社会需要具有创新精神和实践能力的人才,需要发挥他们的聪明才智。

2.教学过程重视学生能动性的发挥

探究式教学强调从学生的经验出发,不仅重结果,更重过程。学生的学习不是从空白开始的,而是从学生的已有知识和生活出发,激发学生的学习主动性和积极性。

3.教学方法采用探究方式

探究方式是一种非常新颖又非常科学的方法,这种方法增加了学习的乐趣,调动了学习的主动性和积极性,使学生享受学习的过程,把学习看成是一种有意义、有价值的游戏活动,使得学习效率有了很大的提高。

4.教学评价侧重形成性评价

探究式教学侧重形成性评价,这种评价是指在教学过程中,为不断改进和完善教学活动,保证教学目标得以顺利实现而进行的确定学习效果的评价。这种评价一般由学生在教学过程中实施,让学生完成相关的测试,也可以让学生自己评价最近的学习状况,或通过师生面谈和教师的日常观察来实现。[①]

二、探究式教学在高校思想政治课中的实施

(一)实施原则

1.坚持民主性原则

民主性原则的含义是:教师与学生在人格平等、互相尊重的民主环境下,师生之间言论自由、各抒己见,在自由民主的环境下

---

① 李亚伟.探究式教学在思想政治课中的应用[D].长春:东北师范大学,2011.

开展探究式教学。思想政治课探究式教学，需要一个轻松的氛围，言论自由的环境。民主是对学生实施探究式教学的强有力的保障，能够激发学生创造的动力。思想政治课教师只有树立民主平等的思想，实现教学民主化，才能更好地开展思想政治课探究式教学。在思想政治课中坚持民主性原则需要做到以下两方面。

（1）构建和谐民主的师生关系。教学是师生在平等基础上的双向沟通过程，是师生特殊的人际交往活动。教学实践证明，师生观在一定程度上决定了教学观，因此，应建立民主和谐的师生关系。而形成民主和谐师生关系的关键是教师尊重学生，包括尊重学生的人格、尊重学生的意见、尊重学生的受教育权利。思想政治课教师要尊重学生，应该做到以下几点：尊重学生支配自己时间的权利，尊重学生发表自己意见的权利，尊重学生的建议权，积极听取学生对教学改进和完善的建议和意见；客观公正地评价学生，尊重学生学习成绩的隐私权。

（2）发扬学术自由的精神。贯彻学术自由，首先，必须避免专制的教育氛围，营造出和谐民主的教学环境。因此，要让学生感受到自由的气息，改变过去对教师"言听计从"、教材至上的学习现象。其次，必须给学生思考的自由，发扬学术自由的精神，就要鼓励学生有怀疑精神。教师应该发掘学生的探究能力，鼓励学生大胆提出疑问。如果教师采取专制的态度，轻易否定或者随意指责学生这些行为，那么就阻碍了学生积极思考的能力，学生的探索能力就被教师扼杀在了摇篮里。

2. 坚持主体性原则

学生是学习的主人，在思想政治课探究式教学过程中，仍旧需要充分重视学生的主动性、积极性和创造性，引导学生积极思考、主动实践、自觉探究。

坚持主体性原则主要体现在三个方面：①了解学生是具有发展权利、需要尊重理解的个人。②了解只要条件具备，智力正常的学生都能取得成功,得到发展。③了解学生是具有无限发展潜力但同时又具有个性差异的个人,只要教师因材施教,学生都能够得到充分的发展。

3.坚持创新性原则

创新性原则是探究式教学的最高体现,不去强求学生得出同样的结论,而是注重探究的整个过程,重视学生的亲身经历和自身感受。在思想政治课中坚持创新性原则,就是要因材施教,特别注重学生的个性差异,使每一个学生都能获得与自身能力相一致的教育,并且使学生在某些领域和某些方面得到充分发展,充分挖掘其潜能,从而推动学生积极探索和创造。

4.坚持过程性原则

思想政治课探究式教学重视学生在探究的过程中体验挫折与成功,重视学生通过参与探究活动培养自身的创新精神和实践能力,这些能力都是在探究过程中形成和发展起来的。在过程中遭遇挫折是难免的,但是通过探究活动锻炼了学生搜集资料及参与社会调查的能力,获得了一些社会研究的经验和能力,了解了科学研究的方法,明白了科学原理的来源,学会了如何正确对待通往成功道路上的挫折,体验了与他人合作交流并分享成果的快乐等,这些都是思想政治课探究式教学的价值所在。

5.坚持发展性原则

思想政治课探究式教学必须坚持发展性原则,因为发展意味着每一个学生的全面发展,所以在具体的探究式教学过程中,就要意识到学生的发展是处在变化的过程中的,是一个动态的过程。发展性原则要求思想政治课教师在学生探究学习的过程中,为他们制定个性化的、具体的发展目标,并且及时掌握学生在探究活动中的情况,针对每个学生的具体情况,给他们提出具体可操作的改进建议和策略。

（二）主要途径

1.营造良好的探究环境

环境是指人生活在其中，并且给人以影响的客观世界，它包括自然环境和社会环境。其中社会环境对人的发展起到现实的决定作用。因此，必须营造一个适合思想政治课探究式教学的环境，为探究式教学在中学思想政治课中的应用奠定坚实的基础。

（1）营造良好的探究环境离不开学校的支持

学校应该支持探究式教学，为探究式教学的实施做出努力。因为学校是思想政治课教师开展探究式教学的一个坚强的后盾和支持，学校的积极倡导是至关重要的。比如，可以邀请国内研究探究式教学方面的专家和学者到学校开展讲座。一方面，普及和倡导思想政治课探究式教学，为思想政治课应用探究式教学创造一些有利的氛围。另一方面，对思想政治课教师进行探究式教学方面的培训和训练，提高思想政治课教师的探究式教学能力和素养，为思想政治课开展探究式教学提供强大的教师队伍。

（2）营造良好的探究环境离不开学生家长的支持

在探究式教学中家长应该鼓励学生积极地探索和发现。学校教育离不开家庭教育，家庭教育是学校教育的一个重要补充和辅助。家长可以鼓励学生积极思考，鼓励他们主动学习、积极实践。首先，家长应该对学生积极探究与发现的精神给予肯定和褒奖，让学生感受到探究的快乐。其次，家长应该积极配合，学生需要家长帮助时，家长应该尽量抽出时间参与到学生的探究活动中。

（3）营造良好的探究环境离不开社会的支持

社会可以为探究式教学的实施营造良好的环境，应该大力倡导和鼓励创新。现代社会需要具有创新精神和实践能力的人才，而这些人才培养的重要途径之一就是课堂教学中探究教学的运用。所以，社会必须为思想政治课探究式教学营造良好的环境。

2.创设适当的问题情境

创设情境是思想政治课教师在明确教学目标的前提下,根据教学内容创设出一个适当的情境,通过情境吸引学生对问题产生强烈的兴趣,刺激学生的探究欲望,激发学生的探究热情,有利于培养学生的创新所需要的思维素质和探究能力。思想政治课探究式教学中可以创设的情境大致有以下几种。

(1)生活情境:就是把学生带入社会,带入大自然,从实际生活中选取某一个场景,作为学生观察的客体,通过教师的形象描绘,展现在学生面前。

(2)实物情境:即以实物为中心,设置一定的背景,从而形成一个整体,展现出需要的情境。在课堂上,展示标本和实物,可使学生身临其境,产生联想和想象,从而加深学生对知识的理解。例如,在纸币一节的教学中,展示各种各样的纸币,比如人民币、美元、欧元、日元、韩元等,让学生观察、分辨各种纸币,从而使学生深刻认识纸币的特点及优点。

(3)音乐情境:音乐是神奇的、美妙的,它带给人的感觉有时是强烈和震撼的,令人回味无穷。音乐中特有的节奏和旋律,可以把学生带到想要的情境氛围中。使用音乐渲染情境的方法有很多,可以播放歌曲、乐曲;在教师有能力的情况下,也可以当场演唱。

(4)模拟情境:就是根据探究式教学的需要,让学生模拟一个情境亲自体验,然后在体验的过程中,产生探究的欲望。

3.建立科学的评价方案

思想政治课探究式教学应该建立科学的评价方案,这种评价应该重视学生的发展,淡化分数的观念;应该鼓励学生上进,使学生积极主动地参与探究教学;应该关注学生创新精神和实践能力的培养以及学生的学习过程,而不是只重视结果。科学的评价方案有助于教育者及时了解现阶段教学的结果和学生学习的进展情况、存在问题，因而可据此及时调整和改进教学工作。

（三）基本流程

1. 提出问题，明确探究目的

这个环节是探究式教学的重要环节，教师提出需要探究的问题后，让学生充分发挥自己的主观能动性，在探究欲望的驱使下去探究和发现。学生的探究活动必须要有恰当的问题引导学生进行探究，否则只是一种空洞的形式。比如，在《揭开货币的神秘面纱》"货币的本质"一节中，应提出这样的问题：你们在自由交换过程中产生了什么样的困难？这个困难可以解决吗？解决这个困难的办法跟我们今天所要学习的货币的产生和本质有什么关系？

2. 引导探究，相互合作交流

这是探究式教学的关键环节。在这个过程中，教师要给予合理的引导，使学生的探究有方向，使探究的活动顺利进行，提高探究的效率。仍以《揭开货币的神秘面纱》"货币的本质"一节为例，教师要引导学生去发现那个交换的媒介，当学生提出各种各样的猜想时，教师也不能打击学生的积极性和自信心，要给予耐心的引导，引导学生相互交流、相互合作。学生可能会直接想到用钱来进行交换，教师可以给学生适当的鼓励，以此让学生深入探究下去。这样，一步一步地探究，直至发现原来交换过程中可以先使用一个大家普遍乐意接受的物品作为媒介，然后，由于这个媒介本身的属性问题，某些媒介不利于长期保存和分割等自身的缺陷，最后才找到金银这个一般等价物。这样，探究一步步进行，学生一点点地发现。

3. 成果展示，评价探究结果

在交流的过程中，教师和学生都要学会倾听。教师要鼓励学生的探索精神和探索热情，鼓励学生提出自己的想法，发表自己的见解,要重视学生的感受和体验。在学生汇报完毕后,教师要给予学生及时的反馈。这样,可以使学生梳理知识脉络,使学生及时地发现自己存在的问题。比如,在《揭开货币的神秘面纱》"货币的本质"一节中,当上一步骤完成之后,教师应该组织学生展示成果。学生提出可以在自由交换的过程中,找到大家普遍喜爱的东西,然后再把这些东西与自己喜爱的东西相交换。这样就可以解决交换中的困难。在学生展示成果之后,教师就要适时给予评价,指出这种成果是正确的。然后引导学生联系货币的产生过程,积极探究货币的本质。

4.课后延伸,拓展探究

在课堂上,探究式教学的目的完成了之后,要继续引导学生探究,在《揭开货币的神秘面纱》"货币的本质"一节教学过程中,当上述三个步骤都完成之后,教师可以提出问题供学生继续思考探究,如在了解了货币的本质之后,知道货币的形式可以千差万别,那么货币都有哪些形式呢? 这样,学生就会积极主动地搜集历史上有关货币的各种形式,在搜集的过程中,不但了解了货币的形式,加深了对货币本质的理解,还训练了搜集资料的能力,这样的探究对学生学习有很大的帮助。

第四节　思想政治理论课"3＋2"教学模式研究与实践

理论教学和实践教学要密切结合、相互促进,这样才能切实提高高校思想政治理论课教学的实效性。基于此,"3＋2"教学模式应运而生,为高校思想政治理论课教学提供了新的范本。

一、"3＋2"教学模式的内涵

"3＋2"教学模式是指思想政治理论课教学和考核采用"3 模

块+2 考核"的方式。"3 模块"即课堂讲授由 3 个模块组成,包括教师围绕专题精讲 45 分钟、班级围绕专题研讨 25 分钟、学生围绕专题写发言 20 分钟。"2 考核"是指学生成绩考核由平时考核和期末考核两部分组成,平时考核主要包括上课出勤、课堂表现、课内和课外作业等。①

二、"3+2"教学模式的具体运用

(一)课堂教学模式

"3+2"教学模式对学生的考核由两部分组成,包括课堂考核和期末考试,课堂考核包括学生出勤、课堂表现和作业,满分为 100 分,按 30%的权重折算到期末成绩中。课堂考核的目的是通过课堂的"情境、发现、点拨"来激活学生的"思辨、运用"两大能力,提高学生对课程的参与和运用。

这一教学方式需要建立在"小班化教学、小组合作探究"的基础上才能达到预期效果。在运用该模式时,思想政治理论课基本以 3～4 个小班为主,学期初或课后由老师根据教学内容提前把班级划分为几个小组,选出组长和发言人等角色,课堂上教师精讲给学生提供问题情境,班级或小组围绕专题进行讨论发现内在机理,学生围绕专题发言,教师在关键处进行答疑解惑和疏导,点拨学习思路,使每一个学生能从中享受学习的乐趣,从而激发学生潜能,引发思辨兴趣,获得解疑技能,拓展迁移运用能力。

(二)课外教学模式

除了课堂内的教学外,思想政治理论课还要对课外教学进行探索和延伸,具体做法可有以下几种。①由学院出面跟博物馆、革命历史纪念馆等单位签订共建协议,使其成为高校思想政治理

---

① 尚发成.高校思想政治理论课"3+2"教学模式的实践与探索[J].学校党建与思想教育,2015(4).

论课的社会实践基地。②在重大历史节日来临前,组织学生在校内展开各种形式的宣传活动,或者开展相关的知识竞赛。这些活动对于大学生来说可谓一举三得,既巩固了课堂所学的知识,又培养了实践能力,还在活动中还受到了爱国主义教育。③邀请校内外的专家学者,定期举行专题讲座或讨论。④开展思想政治理论课课程的暑期实践活动。由任课老师和学生结合教学内容和所在地域,以便于开展为原则,共同选定题目,由学生利用暑期或现场实习,或就近访谈,或网络问卷,最后撰写一份实践报告,开学后上交思想政治理论课任课教师,以优秀、良好、中等、合格和不合格五个等级打分,合格及以上者获得 1 个学分,不合格者需要重新实践和撰写实践报告,直到获得学分为止。通过这种方式,学生不仅得到了实践锻炼,而且增强了学生运用知识去发现问题、分析问题和解决问题的能力。

三、"3+2"教学模式取得的成效及存在的问题

(一)"3+2"模式取得的成效

1.学生到课率稳步增加,听课积极性明显提高

据调查可知,在使用了这一教学模式之后,任课教师改变了以前"满堂灌"的教学状态,积极调动学生的学习兴趣,并将课堂发言与课堂作业作为平时成绩的重要构成部分,因此学生主动参与的积极性大大增加,对这门课的认识和觉悟也逐步深刻,学生的出勤率得到了保证。

2.进一步丰富了教学方法,深化了教学内容

主要体现为"四个突出":第一,突出了授课的专题性,教师授课选定几个专题,围绕专题重点精讲、细讲、深讲;第二,突出了学生的主体性,做到课堂教学尊重学生的主体地位,一切以学生为

中心,围绕提高学生素质能力开展课堂教学;第三,突出了课堂的互动性,做到课堂互动式教学,加大课堂研讨分量,在教与学的互动中,明辨是非、提升素养;第四,突出了教学的实效性,做到教学过程中学生不只是简单地听课,而是要积极参与课堂教学,做到眼到、手到、心到,把落脚点放在提高教学实效性上以及培养学生的能力上。

3.促进教师教学水平的提高

在原来的教学模式下,任课教师围绕教材备课和授课。在新的教学模式下,任课教师不仅要吃透教材,而且要关心时政,关注社会热点,熟练运用微博等新的通信软件。这种模式使任课教师更贴近于社会、贴近于生活、贴近于学生,使学生真正认识到政治理论课不但是科学的理论,还是指导我们认识社会的工具。

(二)"3+2"模式存在的问题

在"3+2"模式实践过程中,高校思想政治理论课教学也体现出了一些问题,有待于在下一步改革的过程中,逐渐予以解决。如课堂教学环节存在的问题。从学生来看,第一学期他们的思维习惯一时跟不上这种教学模式的转变,参与较为被动。针对这种现象,目前的做法是以引导为主。以《中国近现代史纲要》和《思想道德修养与法律基础》两门课程为例,教师提前把需要讨论的内容布置给学生,课堂授课时多以启发式的问答为主,不断激发学生思考,等到讨论环节时,教师要积极参与到每一个小组的讨论中去,便于及时掌握学生讨论问题的深度、价值取向等,对于分析不深入或偏激的言论可以及时做出指导,同时每一位同学都能参与到讨论中来,发表自己的见解。对于《马克思主义基本原理》和《毛泽东思想和中国特色社会主义理论体系概论》这两门相对综合的课程,需要学生具有较强的运用知识和分析问题的能力,教师在上课时,可以运用探究式教学、启发式教学等模式,以增强思想政治理论课教学的针对性、实效性,让学生可以直接把课堂所学与现实中的政治生活紧密结合起来，避免"学"和"用"脱节或"两张皮"的现象。由于安全、经费、交通、时间等条件的局限，课外实践活动在组织上相对困难，以校内活动为主，校外活动则较少。针对以上问题，"3＋2"教学模式还需要进一步完善。

本章小结

教学模式是教学理论研究和教学实践变革中一个备受人们关注的热门话题。在高校领域内，尤其是高校思想政治理论课部分，对教学模式的研究和发展还不是十分理想，远远不能满足现实需求。从横向上来说，可追溯到西方的夸美纽斯、杜威等人；从纵向上来说，可追溯到我国古代的孔子、孟子等人，他们都对教学模式进行了深入的研究并总结出了具有突出作用的理论成果。纵观当前的各种教学模式，本章选取了四种较为有效且广泛流行的教学模式，分别是研讨式教学法、启发式教学法、探究式教学法、"3＋2"教学模式，企图通过具体深入的研究、剖析为当前的高校思想政治理论课教学提供有益借鉴。

第八章　当前我国高校思想政治理论课教学改革的实践保障

我国教育部针对高校思想政治理论课教学改革印发了《普通高校思想政治理论课建设体系创新计划》，要求各高校根据实际情况贯彻实施，由此可见我国对这项工作的重视。高校思想政治理论课教学改革是一个复杂的系统工程，为了该工程可以顺利推进，就必须提供相应的保障措施。高校思想政治理论课教学改革的保障措施也包括很多方面，学科建设和发展、教学队伍建设、教学评估体系构建等可以为教学改革提供有力保障。

第一节　深化高校思想政治理论课的学科体系改革

学科发展是保证学科时刻保持先进性、时代性的重要前提，所有学科都应该重视在当前的基础上不断发展，高校思想政治理论课也不例外。基于高校思想政治理论课的学科特征，其学科发展可以理解为马克思主义理论学科发展。本节就高校思想政治理论课学科建设面临的主要问题以及建设途径进行研究和分析。

一、高校思想政治理论课学科建设面临的主要问题

高校思想政治理论课的主要内容为马克思主义理论，该学科是新设立的，但马克思主义理论学科的博士学位和硕士学位授权

单位和授权点的数量是相当可观的。据统计,2006 年,经国务院学位委员会审核通过的马克思主义理论一级学科博士学位授权单位 21 个,二级学科博士学位授权单位 72 个;马克思主义理论一级学科和二级学科硕士学位授权单位已有 300 多个。因为设立了大量的学位授权单位和授权点,这就要求我们要在保证学科建设标准和规范的基础上,提高学科建设的质量;要在保证培养单位各自的学科优势的基础上,形成各个学科的整体合力,由此实现开展有效的马克思主义理论研究和人才培养的目标;要研究并提出学科建设的可行性思路和方案,以此保证高质量地推进高校思想政治理论课学科建设。

在还未正式成立马克思主义理论学科前,已经在学科建设的各个方面进行过较为深入的研究和探讨,其中获得了比较重要成果的主要涉及以下几个方面:第一,设立马克思主义理论学科的深刻背景,设立马克思主义理论学科的客观依据;第二,关于马克思主义理论学科的重要性、必要性和可行性的论证;第三,关于马克思主义理论一级学科以及各二级学科的内涵和体系的论证;第四,马克思主义理论学科中各二级学科的学科内涵,其中包括学科名称、历史沿革和培养目标等方面的研究。

对于这些课题开展初步研究取得的成果可以有效推进马克思主义理论学科建设。但因为这些研究很大一部分都是在马克思主义理论学科正式设立之前进行的,这就导致缺乏相应的实践经验为马克思主义理论学科建设问题的研究提供有力支撑;一些关于学科建设实践的比较深层次的问题并没有得到研究和探讨。尤其是关于马克思主义理论学科的内涵、学科定位的理解,关于马克思主义理论学科建设的发展战略、基本措施、学科基本标准、学科人才培养等方面的问题,是当前面临的需要及时解决的重要问题。

针对以上这些情况,国务院学位委员会专门设立了"关于开展马克思主义理论一级学科建设和人才培养方案研究"项目,从而推动高校思想政治理论课的学科发展。该项目主要研究以下六个方面的问题。

第一，基本理论研究。高校思想政治理论课学科基本理论研究的主要内容是马克思主义理论学科的历史发展、学科内涵、学科定位、学科特点与学科功能；从学术研究、教师队伍建设、人才培养等方面对涉及的各项基本问题进行研究探讨；强调对马克思主义理论学科及其相关学科之间的关系进行研究，研究马克思主义理论学科及相关学科的发展情况以及实践经验，从而掌握它们的基本特点和发展趋势等。

第二，现状调查研究。研究马克思主义理论学科目前的学位授权单位、授权点情况，研究马克思主义理论学科建设方面以及相关人才培养方面的实际情况，对马克思主义理论学科现状进行客观的、深入的调查研究，从而及时发现问题和解决问题。

第三，战略规划研究。研究马克思主义理论学科的学科布局、学科特色、学科发展、学术队伍建设等方面的问题，研究搭建学科建设共享平台的条件以及方法，并针对当前的情况提出可行的战略规划和实施建议。

第四，培养方案研究。根据马克思主义理论学科的学科内涵和学科定位，将我国经济社会发展的现实需要作为基本要求，在尽可能满足马克思主义理论学科发展和队伍建设需求的基础上，针对马克思主义理论学科人才的指导性培养提出切合实际的方案建议。

第五，教学体系研究。按照以上的人才培养方案建议，科学合理地整合全国马克思主义理论学科的重要学术力量，并进一步对各二级学科硕士研究生培养的核心课程开展深入研究，形成各核心课程的大纲或基本教授要求，以本学科人才培养作为基础建设相应的数据资源库与信息共享平台。

第六，评估体系研究。研究马克思主义理论学科建设的基本规范与质量标准，制定科学合理的学科建设评估体系方案，以此引导学科建设沿着正确的方向开展，监测学科建设现状，增强学科发展力度，保证学科建设质量。

二、加强高校思想政治理论课学科建设的路径

为了进一步加强高校思想政治理论课学科建设,构建具有中国特色的马克思主义理论学科体系和研究体系,应该将稳定规模、提升质量,优化队伍、调整结构,完善体系、强化管理作为总体思路,开展相应的工作。

(一)加强学科建设意识

马克思主义理论学科既具有一般学科的普遍性质,同时还具有独特的特殊性质。这就要求在加强马克思主义理论学科建设时应该强调科学性和学术性。党和国家将深刻理解马克思主义理论学科的研究对象作为根本指导思想,同时这也是中国特色社会主义意识形态的旗帜,是我国社会主义核心价值体系的核心与灵魂,也是全国人民团结一致推进改革开放和社会主义现代化建设的共同理论基础和强大思想武器。马克思主义理论是我国哲学社会科学的基础学科,对于我国教育以及整体发展具有理论指导意义。在实施和落实马克思主义理论研究和建设的过程中,应该具有充分的政治意识、大局意识和责任意识,要在之前研究的基础上进一步推进马克思主义中国化的发展和创新,要巩固和加强马克思主义在高校教育教学中的指导地位,加大力度建设马克思主义理论学科。

因此,应该加强马克思主义理论学科建设的基础,具体来说有以下几方面工作:第一,将马克思主义理论学科建设纳入中央实施的马克思主义理论研究和建设工程的总体建设规划。专门设立关于马克思主义理论学科建设的课题组,并专门配置相应的首席专家和课题组成员,以马克思主义理论学科的特点作为基础,着重进行综合性和整体性的研究;应该加强马克思主义理论学科硕士生、博士生基础课程的教学建设,要组编和出版相应的大纲和教材,并纳入中央实施的马克思主义理论研究和建设工程

的教材建设规划中;要注重对马克思主义理论学科建设状况的评估,定期开展全国性的专项调研以及评估分析。第二,应该在国家重点学科中设置一定的马克思主义理论一级学科,并根据《中共中央关于进一步繁荣发展哲学社会科学的意见》的精神,参照《教育部关于加强国家重点学科建设的意见》和《国家重点学科建设与管理暂行办法》,制定更具体、更科学、更合理的学科建设规范。第三,设有马克思主义理论一级学科博士点、并列入教育部专项工程建设的学校,应该更重视对将马克思主义理论学科的建设,将其列入专项工程建设计划,加大各方面的投入以夯实建设基础。

(二)优化学科结构

在夯实学科建设基础的前提下,应该优化学科结构,以此实现对学科建设质量的实质性提高。我国马克思主义理论学科的发展已经达到了一定规模。博士点的整体发展规模以及地区分布,基本上与我国社会经济的发展状况、我国高校的整体发展水平、党和国家对社会发展提出的战略要求、我国高校思想政治理论课改革的基本要求相适应。为了切实保证马克思主义理论学科建设的质量,以及学科发展规模的相对稳定,应该加强学科结构优化,加强对现有博士点的建设以打好基础,注重形成学科优势和特色,加强学科体系的进一步完善。

除了对马克思主义理论学科硕士点、博士点建设加以关注外,也应该加强对马克思主义理论本科专业的建设。根据国务院学位委员会、教育部文件精神,在具有相应条件的高校中设置马克思主义理论本科专业,可以将原有的思想政治教育本科专业加入更多的马克思主义理论专业性内容,拓展为马克思主义理论与思想政治教育专业。

(三)加强马克思主义理论队伍建设

对于马克思主义理论学科建设来说,只有保证理论队伍建设,才可以保证学科建设的高质量、可持续发展。目前我国马克思主义理论学科队伍的整体状况处于较好状态,年龄结构也比较合理,同时拥有一批具有高理论水平、高科研能力的学科带头人。但不可否认的是,学科队伍建设方面也存在一定的问题。主要表现在中青年学科带头人的数量比较少,有本专业背景的导师数量比较少,一些教师缺乏科研能力,一些导师缺乏指导学生进行学科研究的实践经验等。因此,有必要加强对马克思主义理论队伍建设重要性的认识,切实强化理论队伍的整体素质水平。

第一,应该明确队伍建设的基本目标。按照中央提出的要求,培养三种层次的人才,也就是培养一批学贯中西、在国内外具有广泛影响的马克思主义理论大家,培养一批马克思主义理论学科建设中的带头人以及优秀教学导师,培养一批具有较高素质的中青年理论骨干以及后备人才。要将人才培养纳入中央实施的马克思主义理论研究和建设工程队伍建设计划,并挑选出优秀的人才列入名单。第二,开设各种研修班,通过培训培养出学科科研骨干以及优秀研究生导师。应该由中组部、中宣部、中央党校、教育部等相关部门联合举办研修班,集中对高校哲学社会科学教学科研骨干进行培养和培训,提高人才培养的力度,争取尽快实现对全国高校的马克思主义理论教学科研骨干进行一次轮训;借鉴这种集中培训的骨干研修班的做法和经验,针对马克思主义理论博士、硕士学位点导师开设专门的研修班进行集中培训。第三,充分发挥学科带头人的积极作用。将课题项目作为纽带,组织各种项目研究来实现研究生导师能力的提高,有针对性地提高他们的专业化、学科化程度以及科研能力和水平。进一步对学科方向进行合理规范,整合各种研究资源,凝聚学科力量,从而形成老、中、青合理配置的马克思主义理论研究团队。第四,强化学风建设,提高学术道德修养和学术道德水平。坚持理论联系实际的基本原则建设学风,加强马克思主义理论师资队伍的社会责任感;坚持实事求是的基本原则,在实践中坚决反对弄虚作假;坚持严谨治学的基本原则,要踏实搞研究,切忌浮躁漂浮;坚定不移地维护、践行和弘扬良好的学风，成为社会道德的榜样和示范。第五，增加经费投入、加强条件保障、实施政策支持等，通过各个方面的共同努力创造良好的条件和环境，以有效推进马克思主义理论师资队伍的建设，以有效提高马克思主义理论师资队伍的整体素质，尤其可以加强对中青年骨干和学科带头人的培养。第六，将高校辅导员培养也纳入马克思主义理论队伍建设工作之中，统筹规划，整体实施。应该挑选符合条件的、优秀的马克思主义理论学科硕士生、博士生纳入高校辅导员队伍。

（四）树立社会服务意识

马克思主义具有很强的实践性，这就决定了马克思主义理论学科具有很强的实践性，所以应该树立社会服务意识，从实践角度增强学科服务功能。

1.为高校思想政治理论课提供学科支撑

设立马克思主义理论学科的一个主要原因就是将高校思想政治理论课提高到学科的高度来加强建设。由此可以看出，马克思主义理论学科建设的一项重要内容就是加强高校思想政治理论课的建设。在马克思主义理论学科建设的过程中，应该将高校思想政治理论课的特点和要求作为基础，在学科建设的整体工作中应该包括高校思想政治理论课程体系、教材体系、教学体系、教师队伍建设、教学中的难点及热点等内容，使高校思想政治理论课教师可以用研究的成果进行武装，可以进一步充实教材和教学的内容，切实有效地提高高校思想政治理论课的针对性、思想性、科学性和实效性，为高校思想政治理论课建设提供更为坚实的学科基础。

2.促进广大干部提高理论素养

应该用马克思主义基本原理、马克思主义发展史特别是马克思主义中国化的历史、马克思主义中国化的最新成果武装全党，以此开展对广大人民群众的教育工作,尤其是对党员领导干部的教育,这是马克思主义理论学科建设的一项重要任务。在对不同群体开展马克思主义理论教育时,应该充分发挥学科优势,采取多样的、有针对性的教育形式,推进党的战略任务的实现。

3.协助营造良好的社会舆论环境

具备一定条件的马克思主义理论学位点可以专门建立起高水平的宣讲队伍,深入基层帮助人民解决现实问题,针对人民普遍关注的重大的理论、他们面临的现实问题以及社会难点及热点问题,开展深层次、有说服力的高水平的专题报告,并编写适合百姓的具有思想性、可读性强的通俗读物,以此为建设和谐社会的目标,为营造良好的社会舆论环境提供有力支持。

(五)注重人才培养质量

学科建设最关键的一个内容就是培养高质量人才,这就需要制定科学合理的人才培养方案。在制定人才培养计划和方案时,应该将《中华人民共和国学位条例》《中华人民共和国学位条例暂行实施办法》作为依据,并充分考虑本学位点的实际情况。人才培养方案应该包括学科概况、培养目标、研究方向、学制、课程设置、学位论文、其他学习安排、培养方式等八项内容。制定人才培养方案需要注意处理以下几种关系。

1.学科属性和研究特色之间的关系

以经济社会发展要求、本单位的学科基础以及学者自身研究状况作为基础,各学位点会形成各自研究方向的特色,在这个过程中应该满足马克思主义理论学科专业属性提出的要求,不可以按照自身意愿随意设置研究方向。

2.各二级学科及本学科与相关学科之间的关系

在马克思主义理论学科下会细分各种不同的学科,如中共党史党建、马克思主义哲学、科学社会主义、政治学理论、政治经济学等学科,要处理好各学科之间的关系。要把握不同学科之间的相互联系、交叉和渗透,同时还要全面了解和掌握各学科各自的特点以及各学科之间的差异。

3.基础理论研究和应用研究之间的关系

马克思主义理论学科发展的基础,是准确把握马克思主义的科学原理、科学精神、科学态度以及科学方法。不论是马克思主义理论一级学科还是各二级学科,都应该保证体现这一学科基础。在开展研究和解决实际问题时,应该重视运用马克思主义的立场、观点和方法,以此为前提研究关系党和国家事业发展全局的战略性、前瞻性重大问题,使马克思主义理论成为中国特色社会主义建设强有力的理论支撑。制定人才培养方案时,应该重视基础理论研究和应用研究的紧密结合。

4.育人功能和育人方法之间的关系

在人才培养的工作中,育人功能和育人方法都是不可或缺的重要方面,二者之间也具有紧密联系。制定人才培养方案时,首先要强调思想政治理论的育人功能,也就是应该站在提高人的思想道德素质、有效促进人的全面发展的高度上,对马克思主义理论以及相关理论进行深层次的研究;其次应该注重思想政治理论的育人方法,也就是从教育的方法、手段、途径等方面,对以科学的理论和精神武装人、引导人、塑造人的可行方法进行研究。在人才培养中,育人功能和育人方法都需要重视,要相互联系地看待两方面的工作,这是马克思主义理论学科建设和发展的特色,同时也是马克思主义理论学科建设进一步发展的根本要求。

(六)加强课程建设

学科建设的一项基础内容就是加强课程建设,这是有效提高学科专业水平的途径。从总体上看,我国当前的马克思主义理论学位点的课程设置比较符合学科专业的要求。但是在某些方面仍然存在随意性、重复性、低水准和专业性弱等情况，这些方面对马克思主义理论学科建设水平的提高产生了阻碍。

为了进一步规范课程建设，提高教育教学质量，应该切实有效地加强基础教材建设，首先应该确定学科硕士生培养核心课程或基础课程。按照学科建设的基本要求，在核心课程或基础课程的设置中应该包括马克思主义发展史、马克思主义基本原理研究、当代国外马克思主义研究、马克思主义经典著作选读、当代社会思潮研究、马克思主义与当代社会发展研究、马克思主义文献学、中国化的马克思主义理论研究、中国特色社会主义重大理论和现实问题研究、马克思主义思想政治教育史等12门课程。应该组织或委托充分掌握马克思主义理论知识，具有高素质、高水平的专家编写核心课程或基础课程的教学大纲和教材。在教学大纲和教材的编写过程中，应该保证大纲和教材充分反映基础理论研究以及社会主义现代化建设研究，尤其应该在教材中突出强调马克思主义中国化研究的最新成果，这样才可以保证课程内容具有科学性和时代性。

（七）加强马克思主义理论建设

马克思主义理论学科建设的一项中心任务就是加强理论建设。学科理论建设，要坚持理论联系实际的原则，弘扬马克思主义优良学风、科学精神和科学态度，不仅要加强马克思主义基础理论研究，还应该对我国当前面临的重大现实问题以及广大人民群众迫切关心的问题进行深入研究。

1.建立马克思主义理论研究和建设创新基地

加强理论建设的一项重要举措就是建设理论研究基地，基地应该有各个方面的项目，如马克思主义基础理论研究、马克思主义中国化最新成果研究、马克思主义理论学科建设研究等方面的项目，有组织、有层次地引导本学科各博士点的导师集中到基地开展相应的学科研究,将他们的高水平研究成果进行集中并编辑出版,以此提高导师的思想政治素质、专业理论素质以及专业的科学研究能力。

2.安排专项课题和重点项目

教育部应该根据马克思主义理论研究和建设的实际需求,每年安排一定数量的专项重大招标课题以及重点项目,提供给马克思主义理论学位点的导师按照自身情况进行申报。

3.建立信息资源共享平台

选择一些具备相应条件的学校,搭建起马克思主义理论学科建设信息资源共享平台,该平台可以实现全国范围内的马克思主义理论学科建设相关资源的共享,以此为各学位点开展研究工作提供便利。

4.加强国际交流

加强马克思主义理论建设应该重视拓宽学术研究的国际领域和视野,不拘泥于国内进行研究,应该加强与国外马克思主义研究机构之间的高水平学术交流,积极组织和参与国际合作研究项目,力求在国际马克思主义理论研究领域有中国马克思主义理论研究者的卓著成果和良好影响。

(八)深化体制改革

深化体制改革,建立健全教学科研机构,可以有效促进学科的管理,提高学科建设的质量。在开展加强马克思主义理论学科建设工作的过程中,应该注重体制的深化改革,建立起科学合理的管理机构和工作机制,以此促进高校马克思主义理论教育的质量和水平,提高理论研究的科学创新能力。尤其是对于学位点分散于多个单位、无统一管理的情况,应该科学有效地开展管理工作。

（九）增加资金投入

学科建设的一个基础保障就是有充足的经费，为此有必要设置专项建设资金。我国马克思主义理论学科发展的一个重要制约因素就是资金不足。国家、有关部门、省（自治区、直辖市）以及所在单位，应该共同筹集用于马克思主义理论学科建设的资金，同时也应该鼓励各社会机构为项目投资。教育部针对马克思主义理论学科建设应该设立一定数额的专项资金，以此促进学科发展。省（自治区、直辖市）每年应该投入一定数额的专项资金，以支持本省（自治区、直辖市）二级学科博士点的建设。设有本学科博士点的部门（单位），也应该将用于学科建设的经费列入本单位的年度预算，以保证学位点在进行研究时有一定经费可以使用。

（十）加强国家重点学科建设

加强马克思主义理论国家重点学科建设，是贯彻落实科学发展观和实施科教兴国、人才强国战略的需要，也是贯彻落实《教育部关于加强国家重点学科建设的意见》和《国家重点学科建设与管理暂行办法》的重要措施，对于马克思主义理论学科建设具有十分重要的意义和作用。

加强马克思主义理论国家重点学科建设，应该以原有的马克思主义理论与思想政治教育国家重点学科建设作为基础，将马克思主义理论一级学科建设和发展的要求作为主要依据，设立若干个一级、二级国家重点学科。国家重点学科建设要全面落实教育部的相关要求和意见，这是指要从指导思想、基本条件、建设经费、考核认定、管理职责等各个方面实施和落实相关建设意见。对于国家重点学科来说，有责任培养高层次人才、开展各项科学研究、追赶并超越世界先进水平以及切实提高我国的国际竞争力等，应该成为其他高校学科建设的模范，要充分发挥带头作用引领全国马克思主义理论学科的建设和发展。

(十一)组建学科评议组

马克思主义理论学科具有综合性和整体性的特点;马克思主义理论学科规模大、数量多,涉及范围十分广泛。根据中共中央、国务院《关于进一步加强和改进大学生思想政治教育的意见》和中共中央宣传部以及教育部《关于进一步加强和改进高等学校思想政治理论课的意见》的精神,专门组建马克思主义理论学科评议组,以该学科的学位授予进行科学合理的评审,对本学位点的建设进行符合实际的规划和指导,并对学位点开展定期评估。

(十二)加强学科建设评估

在学科建设中,通过科学合理的学科评估可以有效加强学科管理、提升学科建设质量。我国针对评估工作有"以评促建、以评促改、以评促管、评建结合、重在建设"的方针,在构建学科建设评估标准时应该符合这项方针,建立科学有效的评估指标体系,以此对各单位的建设工作进行科学、规范的评估,可以有效强化马克思主义理论学科建设的规范性。评估结果不合格的单位应该在规定期限内进行整改;逾期仍不合格的单位,撤销其学位授予权。

评估模式可以采取自我评估与专家组评估相结合的方式。自我评估是指由高校主管部门组织各学位点对其研究方向、课程设置、教学质量、队伍建设、人才培养、经费投入、学位论文、招生考试等各方面进行学科评估,并根据实际情况编写评估报告。自我评估的基本数据应该在其学位点网站上公布;专家组的评估意见和最终评估结论在教育部网站上公布。

第二节　加强高校思想政治理论课的教学队伍建设

在新环境下,高校思想政治理论课队伍建设应该注重创新。

在队伍建设方面,一方面应该激发教育者自身的主动性和内驱力,让他们意识到提高自身素质的重要性,加强自我学习、观念转变、行为改变,成长为符合时代需求的创新思想政治教育者;另一方面应该加强对教育的管理,建立并完善优化大学生思想政治教育队伍建设的机制和环境,从制度上保证高校思想政治理论课队伍建设不断走向创新。

一、高校思想政治理论课教学队伍建设的方法

(一)加强教学队伍的思想政治工作

当前的市场经济时代,使一些高校思想政治理论课教育者在一定程度上受到了"经济潮""实惠欲"的影响,无法抵制物质上的诱惑,追求个人利益和欲望的满足。一些教师认为仅从事高校思想政治理论课教学工作无法满足他们的物质需求,导致他们将大量的时间和精力投入教学科研以外的事情上,有一些直接跳槽到其他行业,一些则热衷于第二职业,他们对本职工作缺乏敬业精神和积极性。这是导致我国当前的高校思想政治理论课教育队伍不稳定、人员数量不足的一个重要原因。因此,有必要加强对思想政治理论课教师的思想政治工作,通过及时沟通和交流解决他们思想上的问题,引导他们树立正确的人生观、价值观,使他们可以正确认识个人利益与国家利益、集体利益之间的关系,并且引导他们正确处理这些关系。

《国家中长期教育改革和发展规划纲要(2010—2020 年)》指出,应该"加强教师职业理想和职业道德教育,增强广大教师教书育人的责任感和使命感。教师要关爱学生,严谨笃学,淡泊名利,自尊自律,以人格魅力和学识魅力教育感染学生,做学生健康成长的指导者和引路人。将师德表现作为教师考核、聘任(聘用)和评价的首要内容。采取综合措施,建立长效机制,形成良好学术

道德和学术风气,克服学术浮躁,查处学术不端行为"。① 党一直十分重视高校思想政治教育队伍的建设。在建设高校思想政治理论课教学队伍时,应该充分发挥思想政治教育工作的特殊功用,加强对理论课教师的思想政治工作,从整体上提高他们的政治素质,帮助他们树立正确的教学态度,营造良好的教学作风。通过适当的思想政治教育,让高校思想政治理论课教师意识到自己身为马克思主义的信仰者和宣传者所担负的职责和使命;使他们明确地意识到自己并不只是担任教师这一职业,他们担负的更重要的使命是为国家培养建设者和接班人,培养他们的阵地意识,培养他们甘于奉献的崇高精神;帮助他们解决思想上存在的问题,从根本上消除影响高校思想政治理论课教学队伍不稳定的主观因素,有效促进高校思想政治理论课教育队伍建设工作的展开。

(二)加强机构调整和资源整合工作

1.调整教学机构与管理机构

应该厘清高校思想政治理论课教学的责任体系,以此体现高校对高校思想政治理论课的重视。以西南师范大学为例,2000年该校将思想政治教学部与原政治系合并组成了政法学院,该学院专门设置了马克思主义理论教育系,由其承担全校思想政治的教育教学工作。这就可以使高校思想政治理论课教师在一定程度上有了相应的专业依托,有效地拓展了高校思想政治理论课教师的发展空间,也可以在一定程度上调动他们从事思想政治教育教学工作的积极性。

---

① 中华人民共和国教育部:国家中长期教育改革和发展规划纲要(2010—2020年)[EB/OL]. http://old. moe. gov. cn//publicfiles/business/htmlfiles/moe/moe_838/201008/93704. html.

2.完善教师职务聘任制

《中华人民共和国高等教育法》规定,高校应该广泛实行聘任制。聘任制的一个关键就是切实区分职称评定与职务聘任,也就是在同样具备相应任职资格的教师中选择优秀者担任相应职务。高校思想政治理论课教师的选聘应该实行聘任制度,要求他们与学校人事处签订工作协议,在协议中应该规定主要工作任务,以此保证思想政治教育教学工作可以有所依据地正常开展。一些地方还没有完全推行聘任制,这样就无法打破职务终身制的限制,不符合当前竞争上岗的要求。真正实行聘用制,可以帮助高校留住优秀人才,同时还可以淘汰不符合要求的人员,以此保证高校思想政治理论课教学队伍的高水平和高素质,促进队伍建设水平的提高。

3.整合现有思想政治教育个体资源

应该充分利用各学科、各专业个体资源,将相关学科的教师资源也纳入高校思想政治教育队伍中。高校思想政治理论课的课程内容并不是只有一两个,可以充分利用教师资源。让思想政治教育系的专业课教师教授《中国近现代史纲》《毛泽东思想、邓小平理论和"三个代表"重要思想概论》等课程;经济系教师可以教授《马克思主义原理》;法律系教师可以教授《思想道德修养与法律基础》课程。应该使校内教师资源的潜力得到充分挖掘,这样可以在一定程度上缓解高校思想政治理论课教育专职教师短缺的局面,同时还可以实现优势互补,增进教育队伍结构建设。

(三)加强支持、激励机制的建设工作

高校思想政治理论课教学队伍不稳定的另一个重要原因是教师的基本利益得不到保障,而建立和完善高校思想政治理论课教师支持和激励机制可以在一定程度上解决这个问题。

1.及时解决思想政治理论课教育面临的实际问题

高校应该设立以主要领导牵头的思想政治教育建设领导小组,并定期召开思想政治教育建设工作会议,对于高校思想政治理论课教育教学中出现的具体问题予以及时解决。这样可以从时间上对高校思想政治教育教师及其教育教学工作提供有效的支持和鼓励。

2.设立思想政治教育建设专项资金

设立专项资金用于思想政治教育教学、科研、队伍建设以及硬件设施建设。高校思想政治理论课教师必须深刻地了解、认识、分析社会,而实现这一点就需要教师开展各种社会实践和考察活动,这就需要高校提供相应的资金支持。在资金保障的情况下,学校应建立高校思想政治理论课教师社会实践机制,积极组织高校思想政治理论课教师参与各种社会实践和考察活动,有效地增强他们理论联系实际的能力,同时还可以不断完善高校思想政治理论课教师的工作条件和环境,激发他们从事教育教学和科研工作的热情。

3.加强职称评定制度建设

高校应该针对思想政治理论课教师制定专门的职称评定条例,在标准设定方面适当放宽。充分考虑高校思想政治理论课教学的特殊性,应该将职称评定的重点放在教师的教学成绩方面,适当调整对教师科研方面的要求,适当降低对科研成果数量和档次方面的要求。对于已经达到思想政治理论课教师职称评定标准的,都应该予以晋升,应该不设指标限制或者适当增加名额。

4.提高教师经济待遇

目前,高校思想政治理论课教师的薪资水平普遍比较低,应该适当提高薪资待遇以激励教师热心本职工作,才可以更好地完成党和国家交给他们的教育教学任务。实际上,高校思想政治理论课教师在备课准备和课堂教育上,很多时候要比专业课教师花费更多的时间和精力,课后疏导学生的任务也更重,因此他们大部分时间都会花在本职工作上,并没有什么机会参与其他工作,导致他们的经济待遇总体上要低于专业课教师。在充分考虑高校思想政治理论课教师的实际工作量后,应该适当调整他们的课酬,以提高经济待遇的方式激发他们的工作积极性。

二、高校思想政治理论课教学队伍建设的创新

全面推进高校思想政治理论课教学队伍建设的创新,就要求思想政治理论课教师本身必须具备良好的素质。教师素质是一个动态、发展的概念,教师素质需要根据不同的时代要求有所改变。高校思想政治理论课教育者必须充分认识到,不想被时代淘汰,就必须主动适应社会的变化,不断学习、提高自己,成为具备创新意识和创新能力的高校思想政治理论课教学队伍的一员。2014年9月9日,习近平总书记在会见庆祝第三十个教师节暨全国教育系统先进集体和先进个人表彰大会受表彰代表后,在北京师范大学强调全国广大教师要做"四有"教师,即"有理想信念、有道德情操、有扎实知识、有仁爱之心"的好老师,为发展具有中国特色、世界水平的现代教育,培养社会主义事业建设者和接班人做出更大贡献。

(一)教师思想政治素质的创新

高校思想政治理论课教学队伍建设的创新首先体现在教师必须具有高尚的政治品质、思想品质。思想政治素质是高校思想政治理论课教师素质结构的核心,它直接关系到其他素质的发展,并且还会对大学生政治素养的形成、发展产生潜移默化的影响。因此,高校思想政治理论课教学队伍,必须具有很高的思想政治素质,这主要包括以下几个方面。

1.具有坚定的理想信仰

习近平总书记提出,做好老师,要有理想信念。他提出:"我们的教育是为人民服务、为中国特色社会主义服务、为改革开放和社会主义现代化建设服务的,党和人民需要培养的是社会主义事业建设者和接班人。好老师的理想信念应该以这一要求为基准。……好老师应该做中国特色社会主义共同理想和中华民族伟大复兴中国梦的积极传播者,帮助学生筑梦、追梦、圆梦,让一代又一代年轻人都成为实现我们民族梦想的正能量。"①只有教师本身有理想、有信仰,才可以使其在教授理想、信念时真正说服学生、打动学生,才可以达到良好的教学效果。高校思想政治理论课教师应该全面、深刻地理解马克思主义,将其作为信仰,通过对马克思主义经典原著进行学习并与其他社会思潮进行比较,深刻地感受马克思主义的伟大,从而从内心深处产生对马克思主义的热爱,并运用它来观察和分析社会现实问题,把握人类历史发展的客观规律和趋势。只有高校思想政治理论课教师拥有坚定的信仰,才可以让他们在教授思想政治理论课时更为真切,才会讲得声情并茂、有血有肉,才可以使学生折服和信服。如果高校思想政治理论课教师不将马克思主义作为自身信仰,就不会拥有讲授马克思主义的热情,无法运用马克思主义的立场、观点和方法去观察和分析社会现实问题。高校思想政治理论课教师如果不具备崇高的理想、不信仰马克思主义,那么就不可能通过自己的宣讲感染学生,不可能培养学生正确的政治方向和坚定的信仰,而这样的教师也不是合格的高校思想政治理论课教师。

2.具有过硬的政治素质

所谓政治素质,是指政治方向、政治立场、政治敏锐性、政治理论水平和思想作风的总和,包括始终坚持正确的政治方向,坚

---

① 人民网.做党和人民满意的好老师——同北京师范大学师生代表座谈时的讲话[EB/OL].http://politics.people.com.cn/n/2014/0910/c1024-25629312.html.

定不移地保持政治立场,牢记党的宗旨,从思想上、政治上、行动上与党中央保持高度一致,要有较高的马克思列宁主义、毛泽东思想、邓小平理论和"三个代表"重要思想的理论水平,具有一定政治鉴别力以及政治敏锐度,要时刻保证自己在政治上的清醒和坚定。只有具备过硬的政治素质才可以成为合格的高校思想政治理论课教师。虽然高校思想政治理论课教师的教学任务是讲授政治思想,但有一些教师并不具有较强的政治责任感,也没有坚定的政治信仰,政治鉴别力和政治敏锐度较低,这就导致他们在课堂教学时发牢骚,言行举止无法时刻与党中央保持一致。而引起这些问题的主要原因就是高校思想政治理论课教师不关注政治、不进行学习,没有着重提高自己的思想政治素质,没有对马克思主义和社会主义的深刻认识。

3.具有高尚的道德品质

习近平总书记指出,做好老师,要有道德情操。他提出:"教师的职业特性决定了教师必须是道德高尚的人群。合格的老师首先应该是道德上的合格者,好老师首先应该是以德施教、以德立身的楷模。师者为师亦为范,学高为师,德高为范。老师是学生道德修养的镜子。好老师应该取法乎上、见贤思齐,不断提高道德修养,提升人格品质,并把正确的道德观传授给学生。"[1]思想政治教育的主要任务是培养人。因此,高校思想政治理论课教学的主要作用不是传授知识而是对大学生进行思想政治教育。思想政治理论课教师不仅在理论知识方面帮助学生,同时还帮助学生形成完整的人格。根据现代心理学的研究表明,学生具有一定向师性,这是指教师的言行举止会对学生产生潜移默化的影响。因此,高校思想政治理论课教师应该严格自律,成为学生的模范,应该用自己高尚的品德和行为号召和影响学生,充分发挥模范作用,帮助学生树立正确的思想品德观念,形成正确的思想品德行为。

---

① 人民网.做党和人民满意的好老师——同北京师范大学师生代表座谈时的讲话[EB/OL].http://politics.people.com.cn/n/2014/0910/c1024-25629312.html.

(二)教师科学文化素质的创新

习近平总书记指出,做好老师,要有扎实学识。他指出:"扎实的知识功底、过硬的教学能力、勤勉的教学态度、科学的教学方法是老师的基本素质,其中知识是根本基础。……知识储备不足、视野不够,教学中必然捉襟见肘,更谈不上游刃有余。"①现代科学发展的趋势是既不断分化又不断综合,随着科学发展不断涌现出各种边缘学科、交叉学科,学科之间开始逐渐消除了明显界限。很多现代高科技往往都是若干学科交叉渗透的产物。在这样的环境下,只有不断学习、拓宽知识面,才可以在科技革新浪潮中生存和发展。《国家中长期教育改革和发展规划纲要(2010—2020 年)》指出,应该进一步完善教师培养培训体系,制定合理培养培训规划,优化队伍结构,整体上提高教师专业水平和教学能力。思想政治教育本身就是一门综合性学科,所以高校思想政治理论课教师必须具备广博的科学文化知识和较高的科学文化素质。具体来说,高校思想政治理论课教师应该具备以下几个方面的科学文化素质。

1.具备深厚的专业理论素质

高校思想政治理论课教师必须具有深厚的专业理论素质。只有保证高校思想政治理论课教师具备扎实的马克思主义理论功底,才可以更好地开展教育。这是指教师应该熟读马克思主义经典著作,全面掌握马克思主义基本原理,以及与马克思主义相关的哲学、政治学、社会历史等方面的知识,要懂得运用马克思主义基本观点和方法观察与分析社会现实问题。尤其对自己任教的科目,应该有全面、深刻的了解,要熟知本学科的历史发展,同时还应该了解本学科的最新研究成果,具有一定预测本学科未来发展趋势和方向的能力。

---

① 人民网.做党和人民满意的好老师——同北京师范大学师生代表座谈时的讲话[EB/OL].http://politics.people.com.cn/n/2014/0910/c1024-25629312.html.

2.具有较强的学科辐射能力

高校思想政治理论课具有很强的综合性,因此,教师提高创新水平的一个基本前提就是充分且深刻地了解本学科专业知识,以及拥有相关学科的丰富知识,这样才可以使自身具有较强的学科辐射能力。这就要求高校思想政治理论课教师不仅要具备与思想政治教育密切相关的伦理学、社会学、逻辑学、中外历史等多学科知识,同时自身还应该不停补充关于其他社会学科的知识,如人际关系学、人才科学、管理学等方面的知识。只有这样,高校思想政治理论课教师才可以在其教学、科研的过程中旁征博引、挥洒自如。

3.具有科学的创新教育理念

教育科学知识是人类几千年教育实践活动的经验总结和高度概括,随着社会发展以及人们认识的不断加深,教育科学知识也在不断地补充新内容。高校思想政治理论课教学的主要目的是培养学生的思想政治素养,通过开展理论知识教育切实实现思想品质教育的目的。高校思想政治理论课教师的主要任务是通过讲授科学理论说服学生、引导学生,这就要求他们应该具备相应的教育学、心理学等教育科学知识。高校思想政治理论课教师必须保证自己可以了解学生的心理,才可以依循教育的规律因材施教,只有尊重学生的主体地位才可以顺利地开展教育教学工作,并得到良好的教育实效。

4.具备广博的文理综合能力

按照创新理论的观点,自然科学知识和社会科学知识需要运用两种不同的思维方式,二者可以相互补充、取长补短,通过两种思维方式可以为人们提供一些新颖的方法和视角,这对于培养高校思想政治理论课教师的创造性思维能力十分有效。高校思想政治理论课教师应该掌握一定的创新科学理论中的辅助知识,如信息论、控制论等，可以用这些理论成果指导自己的教育教学，学习和掌握这些知识可以帮助他们更深刻地理解党的路线、方针和政策，从而可以更好地进行宣传。

(三)提高教学队伍能力创新

高校思想政治理论课教学队伍创新的一个重要前提就是队伍要有合理的能力结构。高校思想政治理论课教师具备较强的能力才可以获得学生的喜爱和认可。这就要求高校思想政治理论课教师具备以下几项能力。

1.具备个人魅力

第一，高校思想政治理论课教师应该具有较强的人格魅力。高校思想政治理论课的主要任务就是通过理论知识说服学生、教育学生，因此，教师要想培养学生良好的政治素质和个人品格，就必须保证自身具有高尚的道德品格。只有具有高尚人格的教师才可能培养出具有高尚人格的学生。

第二，高校思想政治理论课教师应该具有较强的语言魅力。高校思想政治理论课的课堂教育主要是通过语言进行知识传授、情感渗透和品格塑造，这就需要教师有足够的语言魅力，以此实现教育目的。

因此，高校思想政治理论课教师需要具备较强的语言表达能力，要使自己的语言可以切实地感染学生，还必须保证可以准确无误、清晰明了地表达自己的思想，要运用语言技巧准确、严谨地表述观点。

2.具备科研能力

高校思想政治理论课教师必须具备较高的科研能力。一方面，高校思想政治理论课教师应该根据社会发展的需要，选择适合自己的课题开展研究；另一方面，可以针对在教育教学过程中遇到的实际问题，以教育教学理论作为指导进行深入的研究和思考；通过研究和思考解决遇到的各种难点和疑点，并将自己的科研成果运用到教学中,要践行理论联系实际的原则,对课堂内容进行合理充实。另外,必须同时抓教学和科研,才能切实有效地提高高校思想政治理论课教师的创新水平。

3.具有终身学习的能力

高校思想政治理论课教师只有不断学习、不断充实自己,才可以适应这个知识爆炸、信息急增的创新社会。对于高校思想政治理论课教师来说,在复杂多变的世界中,必须具备良好的学习能力,善于经常地、系统地认真学习党的方针、政策、政治理论专业知识、现代社会科学知识和自然科学知识,不断地学习和借鉴各种相关知识,才可以讲好高校思想政治理论课。高校思想政治理论课教师必须学会有机结合自身需求与社会需求,不断更新知识,调整知识结构,使自己具备终身学习的能力。

4.具有不断创新的能力

马克思主义的一个根本特征是与时俱进,马克思主义始终是处于不断发展的状态中的。毛泽东思想、邓小平理论和"三个代表"重要思想都是对马克思主义的继承和发展。高校思想政治理论课教师也应该保持与时俱进,不要单纯地做一名知识的传播者,应该勇于突破和创新,力求成为一个科学文化知识的创造者。高校思想政治理论课教师能力的提高应该表现在创新能力上,应该不断用新信息补充课堂内容,不断提出新问题和新见解,使学生在每堂课上有新收获。在理论方面,高校思想政治理论课教师应该坚持不懈地进行研究与探讨,通过自我研究和集体探讨等方式加深其对高校思想政治理论的理解,并在此基础上追求进一步的创新。在实践方面,马克思主义是实践的,高校思想政治理论教育也应该是实践的,教师不能只注重理论层面的提升,还应该加强实践方面的创新。通过理论创新结合实践创新的方式加强高校思想政治理论课的教学效果和水平。

第三节 构建高校思想政治理论课的 教学评估体系

高校思想政治理论课教学评估体系的建设可以保证教育教学的科学、有效,可以保证高校思想政治理论课学科的教学质量。通过整体把握教学评估主体,全面了解教学评估内容,以及掌握教学评估标准拟定的基本程序,可以构建一个科学合理、切实有效的高校思想政治理论课教学评估体系。

一、高校思想政治理论课教学评估主体

(一)校外评估主体

1.行政评估主体

高校思想政治理论课的行政评估主体就是相应的教育行政部门,包括中央和地方各级的教育行政部门。中央教育行政部门主要是指教育部,教育部的一项重要职能就是对学生思想政治工作负责,对于这方面的重大事项需要请示中央宣传部。教育部下设 18 个职能司,它们负责规划高校社会科学研究、马克思主义理论课和思想品德课建设工作并对各高校的具体实施给予相应指导;负责高校党建、学生与教师的思想政治工作和稳定工作;规划并指导高校思想政治工作队伍的建设工作。可以看出,教育部会从宏观的层面对高校思想政治课有效教学进行科学评估,考查高校思想政治理论课践行政策方针的情况,以及教育目标的实现情况。地方教育行政部门实际上是中央教育部的具体执行机构,这些部门主要领导和负责本地区学校的教育教学工作,它会对高校思想政治课的评估进行有效补充。教育行政部门对高校思想政治课的评估具有一定检查的性质,例如,检查教学目标的实现情况、检查教材的选择和使用是否符合相关规定、检查高校思想政治

理论课教师团队的建设是否符合要求等。通过教育行政部门的评估,有效保证了高校思想政治课方向的正确性。

2.学术评估主体

学术评估主体是指专业评估委员会,该委员会的成员由在高校思想政治理论教育方面有突出贡献、有声望、学术威望较高的专家组成。该委员会的组成成员均为高校思想政治理论课研究的精英,他们具有很高的学术水平和专业性,因此专业评估委员会对高校思想政治理论课进行评估时更关注的是教育对学生思想产生的影响,尤其是对学生精神层面的影响,他们关注教学是否引起学生思想上的共鸣,从而有效地提高了学生的思想境界。

3.社会评估主体

社会评估主体具有一定特殊性。社会与教育部门、学术团体、学校不同,它并不会直接参与高校思想政治理论课的制定和实施,但是教育部门、学术团体、学校实际上都属于社会这个整体,同时,学生的思想政治素质也会在社会中有所体现。高校主要通过考试、测验等方式检查和衡量学生的思想政治情况,这只是从理论上对学生进行检验,但更重要的是检验学生是否将思想理论内化为思想观念、外化为实际行为,这就需要社会作为评估主体对高校思想政治理论课的教育成果进行检验。通常会选择社会上各行各业的代表组成社会评估主体,对高校思想政治理论课有效教学进行评估。

(二)校内评估主体

校内评估主体包括高校的管理人员、思想政治课的任课教师以及高校学生。校内评价始终与高校思想政治理论课的教学紧密联系,因此,校内评估主体会对高校思想政治理论课的教学情况有更深刻的体会和感受。

1.高校管理层的评估

管理层包括高校分管思想政治教育工作的校领导、教务处长、思想政治课教研主任等。高校管理层对高校思想政治理论课的评估主要具有以下两个作用:第一,对课堂教学进行监控。例如管理层人员会直接到高校思想政治理论课的课堂上听课,一方面,可以体现出学校对思想政治课的重视,从而激发教师教学和学生学习的积极性;另一方面,通过听课可以直观地检查学生的实际上课状况,可以提出有针对性的意见。第二,查找问题。高校管理层人员可以深入高校思想政治理论课课堂,直观地查找教师在授课中存在的问题,从而对教师的教学提出建设性意见。

2.任课教师的自我评估

高校思想政治理论课教师的自我评估相较于其他评估更加微观,因为这是自己对自己授课的评估,对自己课前教学设计、授课意图以及课堂开展情况等方面进行分析和评价。教师作为课堂教育的直接参与者,会更直观地了解和感受课堂情况,他们可以直接感受到授课中容易传授的知识和不容易传授的知识,可以了解学生对哪些观点看法认同度较高而对哪些观点的认同度较低等。高校思想政治理论课教师自评的重要意义,在于通过教师对思想政治课教学的反思促使自己更加深刻地理解思想政治课的教学本质,从而可以使他们更好地设计教学、组织教学。

3.高校学生的评估

学生也是高校思想政治理论课课堂的直接参与者,他们是课堂传授知识的直接接受者,作为课堂教育客体的高校学生对高校思想政治理论课的教学评估是最直接、最客观的,他们会根据在高校思想政治理论课中的实际感受对教育教学进行不同的评价。

4.同行之间的评估

同行评价是指由教研室或学校其他的老师对某位高校思想政治理论课教师的教学做出评定。参与教育教学评估的教师之间比较了解,对本学科的教学目标、意图、内容、方法等以及师生的具体情况比较熟悉,这是同行评价的明显优势。因此,同行评估往往会比较符合实际,同时也有利于教师之间的相互学习、相互交流,可以有效地从整体上提高教师的教育教学水平。同行评估通常采取教案诊断和课堂听课的形式进行。教案诊断就是从教法的角度出发,通过考查教师准备的教案目标是否清晰具体、内容是否得当、重点难点是否突出等,进行分析并提出建议。课堂听课是指学校组织同学科教师相互听课,在现场观察的基础上,按一定的指标对教师课堂教学进行评分。

二、高校思想政治理论课教学评估内容

(一)教学决策评估

高校思想政治理论课与其他专业课不同,其具有明显的意识形态性。因此,在对高校思想政治理论课进行教学评估时的一个重要内容就是对教学决策的评估。这主要包括两方面的内容:第一,评估高校思想政治理论课是否符合国家政策要求。通过这项评估可以有效保证高校思想政治理论课的正确方向。高校思想政治理论课的一项重要任务就是向学生传递社会主义主流意识形态的理论体系和思想体系,帮助学生树立适应我国社会主义性质的政治立场和观点,以此为基础形成符合国家和社会要求的世界观、价值观和人生观。第二,评估高校思想政治理论课的教学目标。高校思想政治理论课的教学目标也是教学决策的一项重要内容,所以在进行教学决策评估时,就应该评估高校思想政治理论课的教学目标是否符合国家相关政策要求,是否符合国家对思想政治课的要求。

(二)教学管理评估

教学管理是指学校为了实现教学目标,按照一定的原则、程序和方法,对教学活动进行计划、组织、领导、控制和实施的过程。因此,对高校思想政治理论课教学管理评估实际上就是对高校思

想政治理论课计划、组织、领导、控制和实施过程的评估。第一，对高校思想政治理论课的管理层进行评估，评估管理层对于教学管理的落实情况，评估校内相关领导对思想政治理论课的管理工作是否协调得当等。第二，对教学过程管理进行评估，教师与学生都是高校思想政治理论课教学活动的直接参与者，其中包含了教学内容和教学手段等因素。对教学过程管理进行评估，应该关注教师设计教学活动的合理性、教师组织课堂教学的效果、学生在课堂教学中的参与程度、教学内容安排的情况、教学手段的选择和使用情况等。第三，对高校思想政治理论课教学质量管理进行评估，教学质量很大程度上反映出思想政治课教学的有效性，通常都会以学生为中心进行教学质量的评估，通过学生思想行为上的变化来判断教学起到的效果，可以通过试卷或者问卷等方式进行教学质量的评估。

（三）教学课堂评估

高校思想政治理论课教学课堂的评估主要将重点放在教师的课堂教学和学生的课堂学习活动上，对课堂教学的评估，是处于高校思想政治理论课课堂教育的实际情境中对教学进行评估。第一，对教师的课堂表现进行评估。教师会在高校思想政治理论课上进行相关理论、原理、观点的阐述，会对相关价值观、人生观按照一定方式进行分析，同时还会主动与学生进行互动交流等，这些都是进行评估所需要的信息。第二，对学生的课堂表现进行评估。这项评估的主要内容包括对学生的课堂参与程度进行评估，对学生理解和掌握基本理论知识的情况进行评估，对学生关于相关问题和观点所持态度进行评估等。通过对高校思想政治理论课的动态课堂场景进行评估，可以了解很多信息，这种评估可以有效地提高教师的教学质量，同时可以帮助提高学生对高校思想政治理论课的兴趣。

（四）教学实践评估

为了提高高校思想政治理论课的教学水平，就要求不仅要进行课堂教育,同时还应该进行实践教学,这样可以促进学生深入理解和掌握相关理论知识,并运用这些知识观察、分析和解决实际问题的能力。但是,当前的高校思想政治理论课仍然存在重视理论灌输忽视实践教学的情况,主要原因在于教学经费投入不足,在组织学生方面相对课堂教学更困难,也没有专门针对高校思想政治理论课实践教学的有效、规范的监控机制等。因此,对高校思想政治理论课实践教学进行评估应该注意以下三个问题:第一,学校应该给予高校思想政治理论课实践教学评估充分重视,要对其进行检查、指导、评估与建设。第二,建立并完善针对高校思想政治理论课实践教学的评估标准,做到有据可依,保证实践教学评估不会流于形式。第三,将学生参与社会实践活动的表现纳入高校思想政治理论课的成绩评定制度中,从而实现学生思想政治理论的认知水平和实际行为的相互结合、合理统一。

三、高校思想政治理论课教学评估标准的确定

(一)确定教学预期目标

只有确定了目标和计划才可以顺利地开展相应的活动,设置一个合理的预期目标,有助于有序地开展后续工作。在对高校思想政治理论课教学预期目标进行分析时,应该坚持以实事求是的精神作为原则,在充分了解社会实际和学生思想现状的基础上,从学科、学生、社会发展等多角度考虑问题,要重视思想政治理论课的科学性,还应该充分考虑并尽量满足学生个体思想现状及其发展的需要,更重要的是要保证教学目标符合社会主义社会发展的最终诉求,要充分体现共产主义理想信念。在确定教学预期目标时,应该对相关政策、文献进行分析,开展调查,以此收集资料,这样才可以确定评估内容的程度。

(二)确定教学评估对象的性质

事物的性质是事物本质的体现,不同性质的教学评估其标准

是完全不一样的。在对高校思想政治理论课进行教学评估的过程中,首先就应该明确评估对象的性质。从有效教学的角度来说,对课堂教育进行评估时,首先要了解和确定的是课堂教学的性质,也就是确定这是理论课还是实践课、是进行复习还是讲授新知识等,在此之上进行评估才具有实际效用,才可以切实地促进教学。因此,明确评估对象的性质,是拟定高校思想政治理论课教学评估标准的前提。

(三)依据教学目标构建评估指标

通常都会按照教学目标构建评估指标,教学评估是指通过定性或定量分析,对教学目标达成情况进行度量的过程。在教育改革中,基础教育确定了知识与技能、过程与方法、情感态度和价值观的三维目标,这同样可以在高校思想政治理论课教学中有所体现。对高校思想政治理论课教学进行评价时,可以确立学生的学习成绩、学习方法、学习兴趣这三个方面的教学目标,这三个目标分别对应的是知识积累、过程方法和情感态度三个维度,这样可以全面、系统地对高校思想政治理论课进行评估。首先评估学生是否"学会",这时可以按照布鲁姆的目标分类学对掌握知识进行分类,分别划分为记忆、理解、运用、分析、综合和评估六个层级。对于高校思想政治理论课来说,可以将以上六个层级大致划分为三个层级,即应用层,包括记忆、理解、运用;分析综合层,包括分析、综合;评判层,包括评估。针对不同的评估对象,对于"学会"的评估标准也会有一定区别。在评估"会学",也就是学习方法时,主要是从读、听、看、做、说和想来对学生实际情况进行衡量和评估。在评估"好学",也就是学习兴趣时,可以将学生的学习兴趣分为功利性、体验性和本能性三种境界。

(四)分解并解读评估指标

在确定了评估指标之后就应该对其逐层进行分解,保证指标具有可操作性。分解指标的最佳效果是下级指标各项之和完全吻合上级指标,虽然这只是一种理想状态,但在实际操作中我们还会将"完全切合"作为目标,尽可能地向其贴近。在分解并解读评估指标的过程中,有两点需要注意:第一,确立指标等级。对高校思想政治理论课有效教学评估表的评估指标进行分解和解读时,"思想政治课有效教学"是一级指标,有效果、有效益、有效率则是分解之后的二级指标,还可以将"有效果"这一指标继续细分,分解为"培养学生科学思维方式""促进学生自由全面发展""体现共产主义理想信念的教育核心"等三级指标,还可以将"培养了学生科学的思维方式"继续细分,分为"用相关理论知识解答试题""可以用所学知识解释相关事件"等具体操作。第二,解读标准。解读标准的工作可以自己进行,也可以请专家执行,这项工作的目的是对评估内容、评估方法、评估程度等问题进行说明。

(五)分等并进行权重分配

分等是指对操作性指标的实际运用进行合理的价值判断。例如,可以"用相关理论知识解答试题"这一可操作的细分评估指标划分为五个等级,即优秀、良好、合格、较差、非常差,也可以直接划分为非常好、较好、一般三个等级。在评估量表中,按照不同等级在教学评估中的实际作用,确定其具体的权重;在不同性质的教学评价中,同一个指标的权重也不一定相同。例如,"用相关理论解答试题"这一操作性指标,在对初学学生的学习情况进行评估中,所占的权重比较大;在对教师教学能力进行评估中,这一指标的权重就比较小。因此,由于评估观的不同,评估标准拟定会出现一定权重不平衡的现象。在高校思想政治理论课教学评估中,应该通过合理的权重划分体现该学科的学科特性以及有效教学特性。

按照以上步骤,结合高校思想政治理论课有效教学特性,就可以拟定出其评估标准。在得到评估标准后可以进行标准初试,根据初试的结果对评估标准进行研讨、修订和优化,直到最终形成一套适用于高校思想政治理论课教学的理想评估标准。

四、高校思想政治理论课教学评估体系的构建

构建高校思想政治理论课教学评估体系有利于了解实际教育教学情况,掌握学生的学习情况和教师的教学情况,以此为基础,可以有针对性地采取措施推进高校思想政治理论课的进一步改革创新。下面以学生满意度的角度为例,构建参考评估因素指标体系,如表8-1所示。

表8-1 评估因素指标体系

因素指标	项目内容	因子负荷
课程价值	该课程对大学生树立正确世界观、人生观、价值观、道德观和法制意识等方面的影响	0.672
	该课程教材对大学生学习积极性的影响	0.672
	该课程对大学生成才的影响	0.663
	该课程开设对大学生的意义	0.655
	该课程理论的科学性	0.649
任课教师	教风严谨,既教知识又教做人	0.776
	专业水平	0.765
	任课教师对大学生人生的影响	0.733
	坚信他/她讲授理论的科学性	0.706
	衣着打扮、言行举止、注意为人师表	0.699
教学态度	上课时很投入,充满了激情和活力	0.747
	对学生很民主、很友善	0.728
	对讲课内容方法都做了充分准备	0.727
	批改作业认真,悉心辅导学生,严格要求学生	0.725
	严格遵守教学纪律	0.656

续表

因素指标	项目内容	因子负荷
教学内容	结构合理、紧扣主体,内容有逻辑次序	0.775
	理论联系实际,例证生动、贴切有说服力	0.769
	不让人感到陈旧、空洞、枯涩、乏味、难以理解和接受	0.767
	讲课内容丰富,信息量大,吸收学科新知识、新成果	0.757
	讲授观点正确,符合大纲要求	0.705
教学方法	专题讲授,目标明确	0.708
	采用辩论、演讲、讨论、模拟法庭等教学形式	0.628
	观看相关影视片或指导学生阅读课外书籍	0.621
	利用多媒体或各种教具辅助教学	0.604
	组织参观访问、社会调查等教学活动	0.576
教学技能	深入浅出,旁征博引,通俗易懂	0.791
	善于课堂管理,能调动学生听课的积极性,课堂气氛好	0.771
	语言生动清新,讲课条理清楚	0.762
	能激励学生积极思考,引导学生围绕议题展开课堂讨论,并善于点评和总结	0.760
	板书字迹清楚,层次分明	0.616
教学效果	通过老师的教学,大学生能增长知识,完善知识结构,开阔视野	0.752
	通过老师的教学,大学生学会了为人处世	0.726
	通过老师的教学,大学生认识问题、分析问题、解决问题的能力得以提高	0.710
	学习该课的总体收获	0.692
	通过老师的教学,大学生更加关心国家大事和时事政治	0.679
	通过老师的教学,大学生的法制意识得以增强	0.646
	认真听课,不在课堂上做其他事情	0.596
	考试成绩	0.533
	考核成绩的方法	0.522
	从不逃课	0.462

本章小结

高校思想政治理论课教学改革是我国高校教育面临的一个重要问题,为了这项工作的顺利开展,就需要为其提供有力的保障,本章就是针对教学改革保障进行研究和分析。高校思想政治理论课教学改革的保障包括很多内容,因为篇幅有限,本章主要在高校思想政治理论课学科发展、高校思想政治理论课教学队伍建设和高校思想政治理论课教学评估体系构建这三个方面进行讨论。具体来说,主要是对学科发展面临的问题和建设途径、教学队伍建设的方法和创新、教学评估的主体、内容以及标准拟定进行讨论。通过本章内容从整体理念和具体操作两个层次对高校思想政治理论课教学改革的保障进行了概述。

参考文献

[1]马克思主义哲学[M].北京：高等教育出版社,2009.

[2]马克思恩格斯选集(第1卷)[C].北京：人民出版社,1995.

[3]列宁选集(第2卷)[C].北京：人民出版社,2012.

[4]习近平.决胜全面建成小康社会　夺取新时代中国特色社会主义伟大胜利——在中国共产党第十九次全国代表大会上的报告[R].北京：人民出版社,2017.

[5]胡锦涛.高举中国特色社会主义伟大旗帜,为夺取全面建设小康社会新胜利而奋斗[N].人民日报,2007—10—25.

[6]刘艳军,田建湘.高校思想政治理论课教学改革研究与实践[M].北京：中国书籍出版社,2016.

[7]李亚青,张国磊,夏鑫."互联网＋"大学生社会主义核心价值观实践教育研究[M].北京：知识产权出版社,2016.

[8]顾海良.高校思想政治理论课程建设研究[M].北京：中国人民大学出版社,2016.

[9]李维昌.现代思想政治教育学理论基础探微[M].北京：中国社会科学出版社,2015.

[10]谢晓娟,王东红.多学科视角下的思想政治教育研究[M].北京：中国书籍出版社,2015.

[11]忻平,吴德勤.高校思想政治理论改革发展研究[M].上海：上海大学出版社,2015.

[12]王仕民.思想政治教育心理学概论[M].广州：中山大学出版社,2015.

[13]靳玉军,周琪.思想政治教育学原理[M].重庆：西南师范大学出版社,2015.

[14]李斌雄.高校学生形势与政策教育引论[M].北京:中国文史出版社,2014.

[15]季海菊.新媒体时代高校思想政治教育的解构与重塑[M].南京:东南大学出版社,2014.

[16]郭纯平.我国高校思想政治理论课实践教学研究[M].广州:世界图书出版广东有限公司,2014.

[17]林建华.21世纪高校思想政治理论课教学改革研究[M].北京:知识产权出版社,2014.

[18]张耀灿.高校思想政治理论课教育教学质量检测体系研究[M].北京:经济科学出版社,2014.

[19]方鸿志,李洪军.高校思想政治理论课教学管理创新研究:基于辽宁省思想政治理论课的实践探索[M].沈阳:辽宁大学出版社,2013.

[20]李达龙.高校思想政治理论课实效性探究[M].成都:西南交通大学出版社,2013.

[21]胡飒.新时期思想政治教育基本经验论[M].北京:知识产权出版社,2012.

[22]施丽红.高校思想政治课有效教育[M].北京:光明日报出版社,2012.

[23]忻平.通幽曲径——马克思主义理论最新成果进高校思想政治理论课方法研究[M].上海:上海大学出版社,2011.

[24]卢新文.新时期大学生思想政治教育创新研究[M].西安:西安地图出版社,2010.

[25]张光慧.大学生网络思想政治教育机制创新研究[M].北京:中国言实出版社,2009.

[26]吕志.面向社会,实践育人——高校思想政治理论课实践教学探索[M].广州:华南理工大学出版社,2009.

[27]刘丽琼.思想政治理论课教学接受论[M].北京:人民出版社,2009.

[28]刘素芬.思想政治理论课改革衔接[M].北京:社会科学

文献出版社,2009.

[29]苗丽芬.大学生日常思想政治教育[M].北京:高等教育出版社,2009.

[30]艾四林.思想政治理论课新体系与教师队伍建设研究[M].北京:清华大学出版社,2008.

[31]高青兰.思想政治课教学艺术导论[M].成都:电子科技大学出版社,2008.

[32]林庭芳.高校思想政治理论课教育教学现代化研究[M].北京:人民出版社,2006.

[33]李松林.思想政治理论课教学模式研究[M].北京:首都师范大学出版社,2006.

[34]石云霞.高校思想政治理论课程建设史研究[M].武汉:武汉大学出版社,2006

[35]骆郁廷.高校思想政治理论课程论[M].武汉:武汉大学出版社,2006.

[36]刘志迎.管理科学理论在思想教育中的应用[M].合肥:合肥工业大学出版社,2005.

[37]沈壮海.思想政治教育有效性研究[M].武汉:武汉大学出版社,2001.

[38]吴鸿章,姜维茂.高校思想政治教育新论[M].济南:山东教育出版社,1990.

[39]杨舜清.论地方本科院校开展研讨式教学的必要性[J].高教学刊,2016(3).

[40]徐林林.多媒体教学软件的设计与制作[J].软件开发,2016(16).

[41]何莉琼,李金年,朱阮芳.高校思想政治理论课堂教学改革的意义和途径[J].学理论,2015(24).

[42]邹曙南.高职思想政治理论课教学面临的挑战、机遇及对策[J].高职,2013(24).

[43]胡锦涛.坚定不移沿着中国特色社会主义道路前进,为

全面建成小康社会而奋斗——在中国共产党第十八次全国代表大会上的报告[J].求是,2012(22).

[44]朱淑琴,黄少花.高校思政理论课教学改革创新探析[J].华章,2012(18).

[45]王杨.国际化视野下大学生意识形态教育问题探析[J].思想理论教育导刊,2011(12).

[46]庞明珍,谢建芬.新形势下高校思想政治理论课教学面临的挑战及对策[J].社科纵横:新理论版,2010(3).

[47]姜华,李晓晴.关于新时期高校思想政治理论课建设及教学改革的研究[J].教育探索,2006(2).

[48]刘伟.研讨式教学模式建构[J].高等教育研究,2008(10).